U0048893

1 慈禧於1904年送給美國總統老羅斯福的照片，感謝他在她七十壽辰時發來祝福。照片上的臉經過「整容」，美國報紙評論：「她看上去四十歲，而不是七十歲。」

2 宮廷畫師筆下的慈禧與太監（站立者）下圍棋。

(3) 咸豐皇帝「標準像」。咸豐1861年死於承德避暑山莊。他不肯回北京，或許部分原因是不忍離焚毀的圓明園太近。

(4) 圓明園內的五條獅子狗被帶回英國，成為中國以外北京犬的祖先。這條取名「劫來的小傢伙」（Lootie），被獻給維多利亞女王，女王讓畫家畫了這張像。

(5)（左）童年的同治，與他同父異母的姊姊大公主遊戲。儘管同治比她小，在宮廷畫中，形象卻總是比姊姊高大。

(6)（右下）光緒皇帝。1875年同治死後，慈禧過繼了三歲的他，指定他做皇帝。

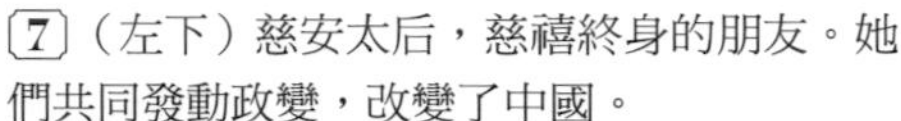

(7)（左下）慈安太后，慈禧終身的朋友。她們共同發動政變，改變了中國。

(8) 紫禁城的後宮。慈禧討厭它監獄似的高牆窄巷和重重大門。

(9) 紫禁城廣闊宏偉的「外朝」，這裡禁止女人涉足。慈禧做最高統治者時也未進入過。

10 當時西方藝術家筆下的頤和園。

⑪ 慈禧垂簾聽政的地方。

⑫ 戊戌變法後不久，慈禧設茶會招待公使團夫人，以示友好。英國公使竇納樂的夫人在覲見慈禧、光緒後，請人畫了這幅畫。

13 美國女畫家卡爾繪製的慈禧肖像。1904年美國聖路易斯博覽會上展出後送給美國政府。羅斯福總統說肖像「讓我們永遠記住兩國都希望友誼天長地久」。

14 慈禧信仰佛教，尊崇觀音。1903年，她打扮成觀音菩薩，跟關係最密切的兩個太監合影。圖右：李連英，圖左：崔玉貴。

⑮ 老北京的街道。前方可見騾車，當時相當於「出租車」。1852年，慈禧就是乘坐類似的騾車進紫禁城接受「選閱」，被咸豐皇帝選中。

⑯ 載滿貨物的駱駝隊從北京城門前走過。據說每天出入北京城的駱駝多達五千匹。

17 慈禧上早朝。圖右前方是李連英，左前方是崔玉貴。

皇太后重用的人：

⑲ 恭親王奕訢，慈禧打開國門、開始現代化進程時的得力助手。

⑱ 醇親王奕譞，慈禧的妹夫，對慈禧的開放政策，他從反對變為積極執行。

㉑ 曾國藩，慈禧倚重的首批漢人之一，為她初期執政立下汗馬功勞。

⑳ 左宗棠，慈禧一手提拔的得力幹將，屢立戰功。

23 李鴻章，慈禧時期最重要的改革家和外交家。1896年出訪歐美時，與英國首相索爾茲伯里勛爵（圖左）、柯曾勛爵（圖右）合影。

22 張之洞，慈禧的重要支持者和聲望卓著的改革家。

25 袁世凱，後來成為中華民國第一任總統。

24 榮祿（前排中央），慈禧的忠實追隨者，與家人招待西方女客。

皇太后的西方朋友：

26 中立者為美國總統林肯派駐中國的首任公使蒲安臣。任期結束後，慈禧任命他為中國第一位赴歐美各國特使。他左右兩邊坐著的是中國副手志剛、孫家穀。他們兩側是代表團英、法祕書。

28 女畫家卡爾，身穿慈禧選擇或設計的中式服裝。

27「中國戈登」。他幫助清王朝打敗太平天國，為慈禧時代鋪平了道路。

29 著深衣者為莎拉・康格，美國駐華公使夫人，她拉著慈禧的手。其他婦女為公使團夫人，以及攝影者勛齡的女兒。

30 赫德爵士和他的西樂隊。慈禧執政數十年間，他一直任海關「總稅務司」，對中國經濟貢獻良多。

31 慈禧的「一筆壽」。裱過的這筆字211釐米高、102釐米寬，比她人還高大。慈禧有時邀請西方外交官夫人看她現場寫字，把作品作為禮物送給她們。

32 慈禧的繪畫。她的老師繆嘉蕙對朋友說，皇太后的筆「有勁、準確」，是個出色的業餘畫家。

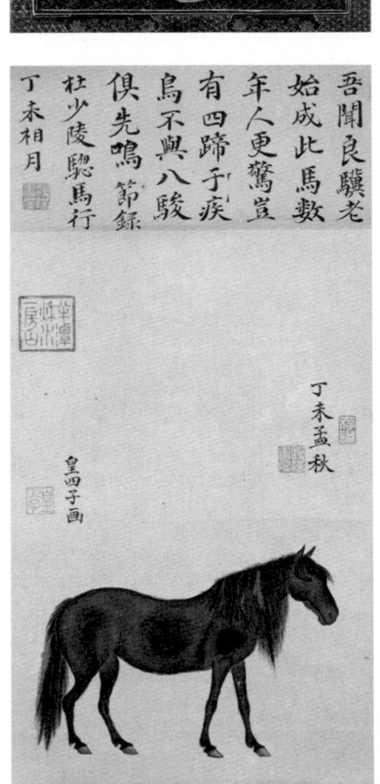

33 咸豐皇帝16歲時的作品。

34 1903至1904年的一個雪天。慈禧身後不遠處是她的親密顧問、美中混血的路易莎・皮爾遜（裕庚夫人）。她的女兒德齡和容齡侍立在慈禧兩旁。

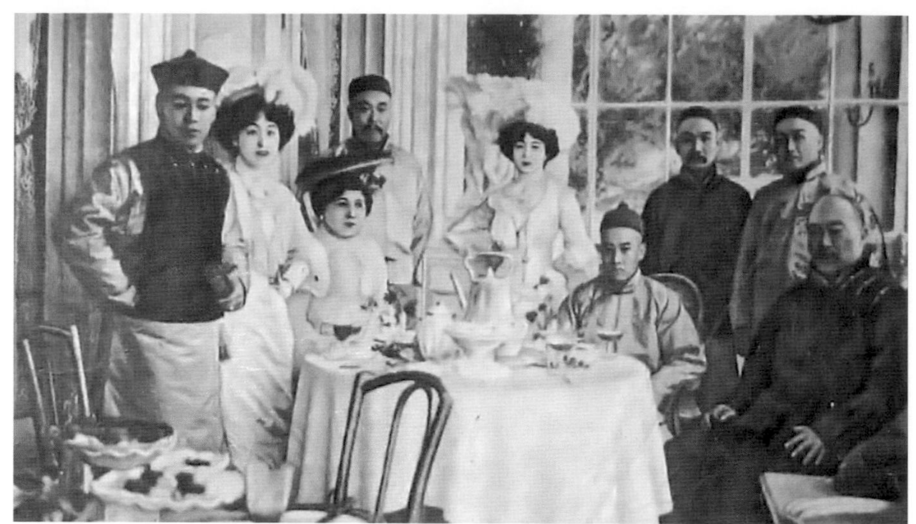

(35) 1902年駐法公使裕庚全家，在巴黎一家餐館款待剛代表中國出席英國國王愛德華七世加冕典禮的親王載振一行。桌前就坐者（左起）：路易莎・皮爾遜、載振、裕庚。德齡、容齡立後，兒子馨齡立左前，勛齡拍照。

(36) 容齡在巴黎學過跳舞。根據慈禧建議，她開始在宮內研究、編寫舞蹈。今天她被稱為「近現代第一舞人」。

(37) 1901年在父母舉行的慶祝中國新年的化裝舞會上，馨齡扮作拿破侖。

38 在西方人繪製的這幅畫上，中國大地到處是人們在精心護理祖墳。祖墳情結是慈禧對修建鐵路網遲疑不決的主要原因。

39 作為慈禧現代化計畫的一部分，1870年代，一批批少年赴美國接受系統教育。

40 1889年初，慈禧歸政，光緒接班。這是光緒皇帝寵愛的珍妃。

41 帝師翁同龢，對光緒而言他就像父親。

42 光緒討厭慈禧為他挑選的隆裕皇后（左二）。隆裕背駝，常常一副提心吊膽的樣子。左一為太監崔玉貴，右一為路易莎·皮爾遜。

皇太后的政敵：

43 張蔭桓，繼翁同龢之後光緒最親近的人。他極可能是日本在華的最大代理人，甲午戰敗他也有份。

44 康有為。戊戌變法時，康曾密謀殺死慈禧。

45 梁啟超，康有為的大弟子。

46 日本重要政治家伊藤博文。甲午年他任首相，發動對華戰爭；戊戌年康有為等要求光緒聘請他參與為中國決策。

47 排外的義和團，1900年引起八國聯軍入侵，慈禧逃離北京。

48 八國聯軍進入紫禁城。

(49) 1902年初，慈禧回到北京，城牆上觀看的外國人搶拍了這張照片。慈禧向他們揮手。

(50) 回京最後一程慈禧乘坐火車，聯軍為慈禧預備了用黃貂絨、黃緞鋪飾的皇家車廂。

51「三寸金蓮」。慈禧回京後的第一道改革諭旨，就是廢除纏足。

52 慈禧啟動了法律革命，廢止了包括凌遲在內的中世紀刑法。

53 慈禧在她的滿族頭飾上插花。她愛美，親自設計服裝和首飾，指導做胭脂、香水和肥皂。背景裡陳列的蘋果來自她的果園，為的是吸到它們淡淡的香味。

54 唯一一張慈禧帶笑的照片。其實她愛笑，但上朝（或面對照相機）時，她就收起笑容，滿臉嚴肅。

〔55〕西苑湖上蓮花中。右一是路易莎·皮爾遜；右五胖胖的是瑾妃，珍妃的姊姊。在慈禧太后面前，人人都只能站著。

〔56〕戲裝打扮的慈禧。慈禧極愛音樂，是她最終把京劇塑造成中國的國劇。

57 1902年，慈禧的養女固倫榮壽公主（中坐者）代表慈禧第一次率領宮廷貴婦去美國公使館晚宴。公使夫人莎拉·康格坐在她右邊。

58 夏天莎拉·康格家的露天庭院。這裡和整所房子，由工匠巧妙地用蘆葦席織成的奇大的「蚊帳」包起來。主客可以在室外納涼而不受蚊子騷擾。慈禧在頤和園的寢宮就有這樣的「蚊帳」，使她能總在戶外活動。

59 慈禧在年輕英俊的太監當中。德齡站在一旁。慈禧年輕時，曾愛上了太監安得海。安被處死，慈禧病倒，症狀頗似西醫的精神崩潰。

60 1908年慈禧臨死前，指定她的兩歲侄孫溥儀（站立者）為皇位繼承人，溥儀父親載灃（懷抱溥儀弟弟坐著）為攝政王。

61 孫中山（中），中國共和的先驅，多次試圖武裝推翻清王朝。

62 慈禧太后的葬禮。美國著名慈善家布魯克．阿斯特小時候在北京，和她家人在城牆上目睹了葬禮的過程。她寫道：「整整一天，送葬隊伍從我們腳下穿過城門，有穿白色長袍的和尚、道士，有穿黃袍佩紅帶的藏傳佛教喇嘛。無數太監身著白衣，一隊又一隊，不停地向空中扔紙錢（為了讓太后在天上使用）……二十四頭白色駱駝，馱著黃色錦緞帳篷……一大群小白馬……還有紙糊的皇太后宮殿的模型……送葬隊伍都一路痛哭，在鈸聲中呼天搶地。」慈禧的梓宮罩著明黃錦緞，上面繡著鳳凰。梓宮經過時，城牆上所有的西方人都站起來，摘下他們的帽子。

(63) 北京遠郊清東陵。慈禧太后和她的丈夫、兒子埋葬在這裡。1928年，一支土匪般的政府軍隊炸開她的墓穴，掠走隨葬的珠寶。她裸露的屍體被棄置一旁。

慈禧

開啓現代中國的皇太后

The Concubine Who Launched
Modern China
Empress Dowager
Cixi

張戎——著／譯

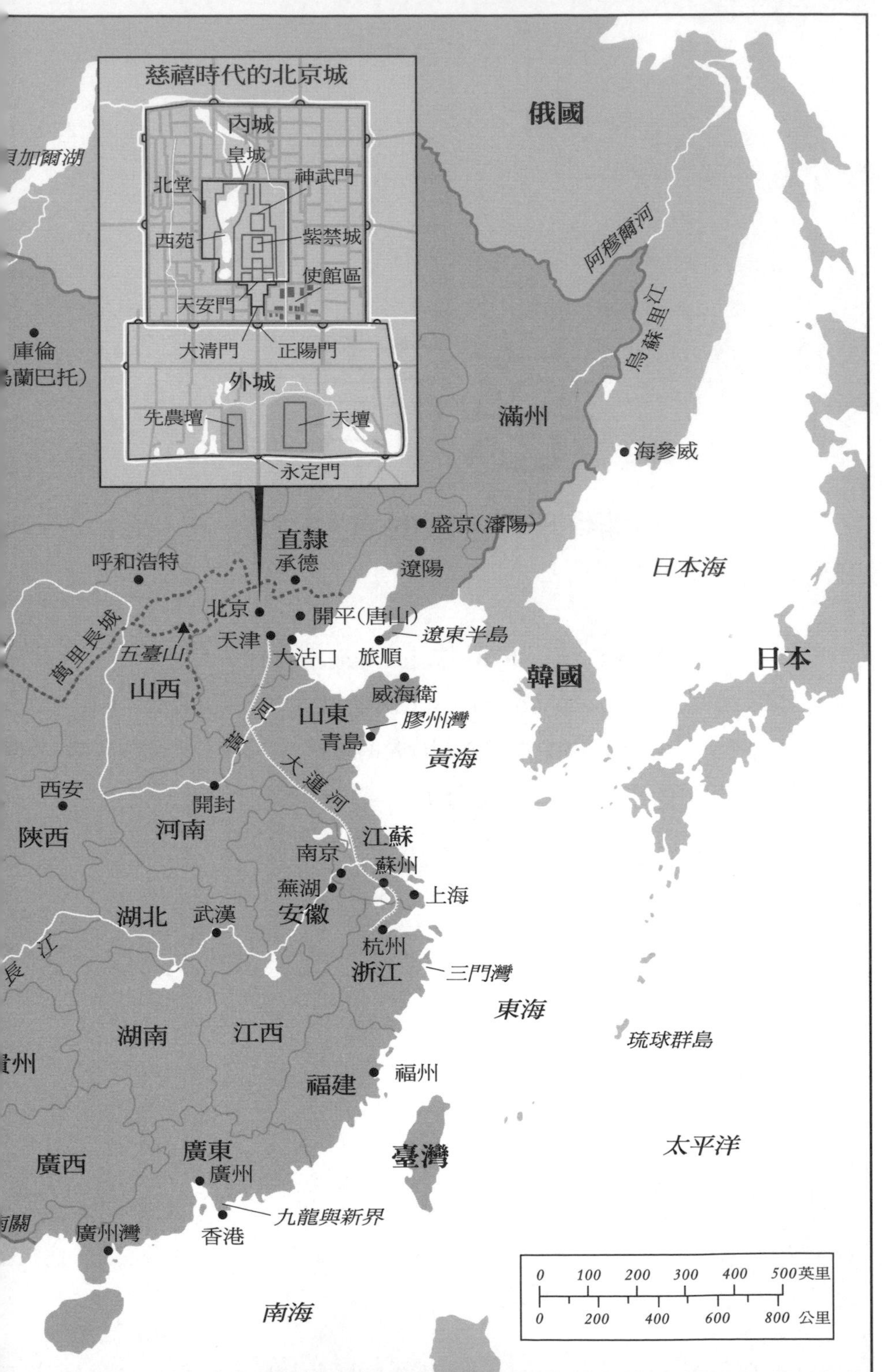
慈禧時代的北京城
內城
皇城
北堂
神武門
西苑
紫禁城
使館區
天安門
大清門
正陽門
外城
先農壇
天壇
永定門
俄國
加爾湖
阿穆爾河
烏蘇里江
庫倫
蘭巴托)
滿州
海參威
盛京(瀋陽)
直隸
承德
遼陽
日本海
呼和浩特
北京
開平(唐山)
遼東半島
萬里長城
天津
五臺山
大沽口
旅順
韓國
日本
山西
威海衛
山東
膠州灣
青島
黃河
大運河
黃海
西安
開封
陝西
河南
江蘇
南京
蘇州
蕪湖
上海
湖北
武漢
安徽
長江
杭州
浙江
三門灣
東海
琉球群島
湖南
江西
州
福州
福建
廣西
廣東
臺灣
太平洋
廣州
九龍與新界
關
廣州灣
香港
南海
0 100 200 300 400 500英里
0 200 400 600 800 公里

慈禧太后統治下的中國
俄國
巴爾克什湖
伊犁
蒙古
新疆
中
甘肅
青海
西藏
拉薩
尼泊爾
江孜
春丕山谷
四川
錫金
不丹
印度
雲南
緬甸
越
孟加拉灣
寮國

目次

獻給我的先生喬

中文版自序

秉筆直書寫慈禧

《毛澤東：鮮為人知的故事》中文版翻譯完畢、出版，浩繁的註釋也都整理上網後，二〇〇七年，我開始考慮下一本書。兩位朋友讓我動了寫慈禧的念頭。尼古拉・羅曼諾夫（Nicholas Romanov）是俄羅斯沙皇繼位人，他的祖上曾同慈禧打過不少交道。親王本人熱愛歷史，建議我寫慈禧傳記。英國畫家詹姆士・里烏（James Reeve）也希望我寫。他看過為慈禧畫像的美國女畫家卡爾（Katharine Carl）的回憶錄，書中描寫慈禧能讓小鳥飛到她手指尖停下，這一本事讓詹姆士大為傾倒。他對我說：「你剛完成了一部沉重的大書，該寫本輕鬆的了！」當然，進入了研究後我才體會到，雖然慈禧有輕鬆的一面，但寫她我輕鬆不了。慈禧曾統治中國達數十年，掌握當時近世界三分之一人口的命運，是中國歷史上最重要的人物之一。

那時我對慈禧知之甚少，從小到大聽到的都是眾口一詞的譴責，只得了個人人喊打的印象。但我想起二十多年前寫作《鴻：三代中國女人的故事》時感受到的一次觸動：折磨姥姥的「三寸金蓮」，原來是慈禧最早頒發諭旨廢除的！這跟她頑固守舊又殘忍邪惡的形象是那樣不同。後來寫《毛澤東：鮮為人知的故事》，我更意識到，中國邁出現代化第一步是在一八六一年慈禧執政後。農家孩子毛澤東成長在慈禧和她之後的時代，他享受的機會和自由是我在毛統治下不敢夢想的。人們有時也提到慈禧時期的成就，但總會歸功於某某官員，慈禧仍逃不過遭受貶斥的命運。記得我時常忍不住想：當時誰是中國「領導人」？誰發指令？不是說慈禧「嗜權如命」嗎？到底是不是她掌權？如果是，為什麼「帳」不算在她頭上？

許多年過去了，這些問題重新撞擊我的大腦，使我充滿了探索真實慈禧的願望。我要了解慈禧太后到底是個什麼樣的人，對中國到底做了些什麼事，在中國現代化進程中到底扮演了什麼角色。做為一個對女性特別感興趣的傳記作家，我還想進入女人慈禧的內心。

就像當初寫《毛澤東：鮮為人知的故事》一樣，研究慈禧我當然也從史料著手。正如胡適先生所說：「科學精神便是尊重事實，尋找證據，證據走向哪兒去，我們就跟到哪兒去。」我很幸運，有關這段歷史時期的檔案全面開放，史學家還在不斷地系統公布原始資料。一個巨大而豐富的史料寶庫在等著我，我為又有了做「歷史偵探」的機會而喜不自禁。

我研究的大量文獻，有諭旨、奏摺和其他宮廷文件；有核心人物的日記、信件、箚記；有外國（如英國）的皇室檔案、國會紀錄、外交文件，以及當事人的回憶。所有引號，都徵引原文。一切細節，包括天氣、服裝，都有出處。我不用野史，偶爾需要採用時用「據說」一類詞彙標明。我寫歷史，不寫小說。

絕大部分檔案能為我所用，是史學界專家、學者的功勞。他們成年累月辛勤地把塵封文獻整理成書，一套套出版；或者把精心考證的史實發表在學術專著、論文中。沒有他們的鋪路，我的書不可能完成。在我研究、寫作的過程中，許多專家給我極其慷慨的幫助，包括在英文版出版之後電郵給我他們的最新發現。這一切都讓我感激不盡！

當然，寫歷史是對客觀史料作主觀解讀。對一些史料，我與敬佩的專家或許解讀不同。書中若干觀點更可能讓不少人震驚。希望這本照我自己的研究結果寫成的慈禧傳記，能為讀者了解中國歷史上那個大轉折的時代、了解那位把握時代命運的女人，提供新的視野。

《慈禧：開啟現代中國的皇太后》的寫作宗旨，除了言必有據，就是秉筆直書。

張戎

二〇一四年春，倫敦

第一部　風雨飄搖的帝國（一八三五～一八六一）

1 進入紫禁城

（一八三五～一八五六）

一八五二年春天，在全國上下數年一度為皇上挑選后妃的「選秀」中，一個十六歲的女孩被看中。已經沒人知道女孩的確切名字，清宮檔案只簡單記載她為「那拉氏」，意即「那拉家族的女人」。那時女人的名字微不足道，用不著記錄在案。*女孩入宮不到十年，發動宮廷政變，一躍而成為中國的實際統治者，掌握世界近三分之一人口的命運達數十年，直到生命的最後。她就是慈禧皇太后。慈而禧，這是她為自己選擇的徽號。

慈禧出生於顯赫的滿族世家。滿族原先生活在中國長城以外的滿洲地區，在那裡創立了清朝。一六四四年，農民起義推翻明朝，崇禎皇帝吊死在景山的樹上。清軍乘機入關，打敗農民起義軍，定都北京。一個新王朝誕生了：大清王朝。大清八方征戰，鼎盛時的領土有一千三百萬平方公里。

征服者以滿人為主，和他們一起入關的蒙古人、漢人也算在內，約占被征服人口的百分之一。大清初期的統治依靠嚴酷手段。作為歸順的標誌，漢族男子必須把頭髮剃成滿族的髮式：在腦後拖一條長長的辮子。當時的薙髮令說：「不隨本朝制度者，殺無赦。」在北京，征服者把漢族人趕出內城，用高牆隔開滿、漢。後來，壓制逐步放鬆，民族隔閡緩解。但上層職位仍然控制在滿人手裡。滿漢之間不許通婚，在一個以家庭為主的社會中，這意味著兩個民族間絕少親密交往。

清朝統治者吸收了漢文化和政治制度，主要任用漢族官員承擔這個龐大帝國的行政管理，官員的選拔採取中國傳統的科舉制度。大清皇帝受的是儒家教育，精通孔子的學說。滿人成為以漢人為主的中國的一部分，「大清」在各種正式檔案中都與「中國」通用。

統治中國的愛新覺羅家族中，出現了一批能幹勤勞的帝王。他們是高度集權的專制者，重要問題都親自裁決，沒有宰相一類人物代為決策，協助帝王的只有一個參謀、祕書班子：「軍機處」。皇上凌晨即起，批覽奏章、會商軍機、召見各地官員、頒發無窮無盡的諭旨。來自全國各地的報告，隨到隨處理，鮮有拖上幾天的。

皇宮紫禁城，建築面積世界最大，占地七十二萬多平方米，由高十米、底寬近九米的城牆圍住。牆外環繞著護城河，東南西北各有一座氣派雄偉的城門。聳立在四個城牆拐角處的角樓，顯得玲瓏典雅。皇宮大部分屋頂鋪蓋著只供皇家使用的明黃色琉璃瓦，像波濤般此起彼伏，陽光下一派金光燦爛。

紫禁城外西邊的西四牌樓是商業區，北京人做飯取暖靠燒煤，運煤的駱駝隊必經這裡。趕駱駝的人在此休息吃飯，掛著形形色色招牌的商店應運而生。據說那時每天有五千頭駱駝進出北京。駱駝緩步行走的街面是泥地，晴天塵土紛紛揚揚，下雨便成了泥河。跟北京城一樣古老的排污系統，

---

* 後來有人說她叫「蘭兒」，她家後人卻說是「杏兒」，「杏」與「幸」同音。

整年散發出臭味。垃圾就倒在路旁，任由狗鳥爭食。吃飽的禿鷲和烏鴉飛進紫禁城棲息，金色的屋頂上黑壓壓一片。

熱鬧的大街旁，胡同像棋盤般縱橫交錯。一八三五年十月初十，未來的慈禧皇太后就出生在劈柴胡同的一所宅院裡。胡同人家的庭院常收拾得整潔有序，與外面髒亂的街道形成鮮明對比。房頂蓋著灰瓦。當時用瓦有嚴格的顏色規定：皇家用明黃，王公用綠瓦，其他人用灰色。

慈禧家世代是官員。她父親惠徵曾在吏部做過「筆帖式」，主要做翻譯、擬稿、抄寫工作，後來升為主事。慈禧是滿族女孩，不必纏足，逃過了漢族女人終身得忍受的痛苦。其他大部分規矩則與漢族一樣，如男女隔離。身為官宦人家小姐，她學過琴棋書畫，對女紅也有興趣。後來當皇太后時，為了表示政務繁忙仍不忘家事，在「裁衣大吉」的日子，她會興致勃勃地親手裁剪衣衫。

慈禧沒有學過滿文，也不會說，執政時她下令把所有滿文寫的奏摺翻譯成漢字再上呈。儘管滿文是官方語言，儘管好幾個皇帝曾努力保持它，但兩百年來生活在漢文化裡，大多數滿人已經不會說滿文了。少年慈禧的漢語文字程度不高。做為女孩子她所受教育的目標，不是為了把她培養成讀書人去做官，只是初通文字。慈禧年代的書面語言是文言文，若要稱得上讀書人，從幼年起就得經歷「十年寒窗苦」，死記硬背既範圍狹窄、又枯燥無味的儒家經典，孩子讀來讀去不知所云。當時全國識字的人口不到百分之一。

雖算不上讀書人，慈禧卻有過人的天賦、敏銳的判斷力。這從小就能看出。一八四三年她七歲時，中國剛跟西方打完鴉片戰爭，在這首次交鋒中，中國戰敗，需要賠一筆鉅款。這對財政拮据的道光皇帝、慈禧未來的公公，不啻雪上加霜。道光採取了一系列節儉措施，宮中節慶活動被壓縮，兒子的婚宴從簡，按例該賞給新娘的嵌珊瑚東珠金項圈也沒給。後宮寡居的太妃，有的私下做針線活，讓太監偷偷拿到市上去賣錢。后妃日常穿的多是粗棉布衣服，皇上甚至親自查點，看她們有沒有私自買綢緞衣裳。

那年道光調查國庫存銀，發現虧空九百多萬兩銀子。他又氣又急，下令從嘉慶五年到道光二十三年中，所有歷任管庫、查庫的官員，一律罰賠銀，已故者由子孫照半數代賠。慈禧的曾祖父吉郎阿從前是管庫司員，按規定要賠銀四萬三千二百兩。這是一筆鉅款，跟一個京官的收入完全不成比例。由於他早已死去，他的兒子、慈禧的祖父景瑞需代賠二萬一千六百兩，儘管景瑞時任刑部郎中，跟國庫一點關係也沒有。三年後，他只交出一千六百兩。道光一道命令，把景瑞投進刑部大牢，什麼時候慈禧的父親惠徵交完賠銀什麼時候放人。

這場飛來橫禍打亂了慈禧全家的生活，籌款成了生命攸關的中心大事。十一歲的慈禧也做襪底賣，賺些零錢貼補家用。後來做了皇太后的慈禧，還不時對宮裡人追憶這段往事。她是家裡二女三子中最年長的，父親跟她商量應付的辦法，她出過不少主意。什麼家產可以變賣，哪件值錢物可以典當，哪些親友可以告貸，如何向他們開口。她的主意都經過細心考慮，實用有效。惠徵最終湊齊六成罰款上交，道光下旨：「景瑞著即釋放，並准其開復原官。」

在這場危機中年幼的慈禧挑起大樑，成為親屬代代相傳的佳話。父親的誇獎堪稱當年對女兒的最高表彰：「這個女兒，可以當兒子使。」

父親跟慈禧談論一般不和女人談的話題，他們自然會談到國家大事，這有助於形成慈禧一生的興趣。父親徵求她的意見，她的建議實施後卓有成效，這無疑給慈禧帶來自信。她從不認同人人信奉的「真理」：女子的頭腦不如男子。這場危機還讓慈禧體驗到遭受不公正的待遇是什麼滋味。掌權後，她盡力公平地對待臣下。

惠徵交款有功，一八四九年一年之中連升三級，欽定山西歸綏道最高長官：道臺。這是個蒙古族人聚居的地區，首府在綏遠城，即今天的呼和浩特。夏天，惠徵帶著全家上任。慈禧第一次離開擁擠的北京，穿過年久失修的長城，沿著石鋪的古道，來到一望無際的蒙古大草原。或許，就是在這裡，慈禧愛上了她一生渴求的清新空氣和遼闊天地。

道臺的職責之一是管理稅收。惠徵有機會就撈錢，以補回失去的財產。官員從治理的地方撈錢在當時是「正常現象」，由於薪俸相對微薄，他們都企望「肥缺」。慈禧在這個傳統中長大。

＊

一八五〇年二月，惠徵全家在歸綏道安頓下來沒幾個月，道光去世，咸豐奕詝即位。新皇上十九歲，因為是早產兒，體弱多病。他的臉瘦瘦的，眼神憂鬱，一隻腿瘸，據說是做太子時打獵墜馬造成的。在北京的街談巷議中，他被稱作「蹶龍」。

咸豐登基後，為充實後宮，全國開始選秀。候選人是滿人或蒙古人，家庭要有一定地位。符合規定的都必須參選。慈禧屬於應選對象，她回到北京，住進老屋。選秀時間定在一八五二年三月，慈禧將會同來自全國各地的秀女，從皇上面前走過，由他「選閱」。皇上為自己選妃，也為皇室的其他男子擇偶。只有挑剩的女孩才可以回家嫁人。

選閱遵循固定的程式。入宮前一天，秀女們乘坐當時京城的「出租車」騾車到紫禁城去。乾隆皇帝曾下旨：「每人賞銀一兩，以為僱車之需。」騾車看上去好像一口穹頂大箱子放在兩隻輪子上，車篷用竹木編成，糊上浸過桐油、不透雨雪的布料，外罩鮮藍的圍子。車內人盤腿坐在鋪著厚厚氈子的木板上，依著靠墊。貴族家也用這種交通工具，不過內外都考究得多。對歐洲人來說，騾車十分奇異。著名作家毛姆（Somerset Maugham）一次看著它走過，走進愈來愈濃的暮色裡，不禁浮想聯翩：

> 是誰盤腿坐在裡邊呢？是訪友的書生嗎？見面後他們是否一遍遍相對行禮，然後討論唐宋詩詞，那一去不返的黃金時代？要不，是個歌妓，應召去參加飯局？她應該穿著精工刺繡的華麗綢衣吧？烏黑的頭髮上戴著碧玉釵子？席間她一定會唱支曲子，然後跟那些聽得懂她機智笑話的年輕人調情……

毛姆想像中「充滿東方神祕」的騾車，坐著難受已極。木製的車轂轆外鑲鐵箍，沒有彈簧，乘車人只好在凸凹不平的路上顛來倒去、四處碰壁。不習慣盤腿坐的歐洲人更是受罪。曾在英國駐華使館任職的米特福特（Algenon Freeman-Mitford，著名的米特福特六姊妹的祖父）議論道：「在中國騾車裡坐上十小時，一個人就散架了，只配賣給收破爛的。」

運載秀女的騾車，從北京各處一顛一顛地行到紫禁城外圍：皇城，在北門會合排隊。紅牆黃瓦的皇城奇大，裡面廟宇、後勤部門、倉庫、作坊以及其他為皇家服務的設施應有盡有，人和牲口進進出出，整天忙忙碌碌。這天黃昏，一切都安靜下來，為騾車清出一條大道。騾車井然有序地魚貫穿過皇城，在紫禁城神武門外停下來。

神武門是紫禁城的後門，女人只能從後門出入。前門為「午門」，入門後是規模宏大的「外朝」宮殿區，舉行典禮之地，嚴禁女人涉足。女人住在後宮，那裡的成年男子只有皇上和數百名太監。秀女們在神武門外廣場上各自的騾車裡蜷伏過夜。天明後大門開啟，她們將走下騾車，由太監領入宮中，引到皇上、太后面前，供他們選閱。數人一排站在皇上面前，特許「立而不跪」：皇上需要仔細觀看她們的長相。

選秀不是選美，門第、品德是主要標準。冊封后妃的記載中常見的字眼是誕育名門、寬仁、孝慈、溫恭、淑慎等等。女孩們身著簡單的滿族女裝，「禁止時俗服飾」。

慈禧的容貌雖不足以沉魚落雁，仍算得上美人。她個頭只有一米五幾，但看上去高得多，滿族服飾幫了她不少忙。滿族女人穿的高跟鞋，跟在腳底中心，可達十四釐米，感覺像踩高蹺。頭飾像門樓般高高聳起，上面插珠戴花，需要挺著脖子支撐，讓人顯得高眺挺拔。慈禧皮膚很細，即使到了老年，一雙手仍像小姑娘似的。畫過她肖像的美國女畫家卡爾（Katharine Carl）稱她有著靈活的紅嘴唇、有魅力的微笑、堅定的下頜，給人有決心但不固執的印象。但慈禧最著稱的還是她一雙會說多種語言的眼睛。長期在宮中服務的老太監信修明寫道：

慈禧皇太后之威嚴，皆在眼神。平日直如日電，無人敢對其光，聲音亦宏亮。每朝見群臣時，霽顏寒暄，令大臣之心情有意外之感激。初見面，必問大臣家中日常之瑣事，如妻妾子女等，無不詳細動問，乃至姬妾孰賢，子女孰肯讀書。對於老臣之飲食起居，亦切切囑之以珍重，令大臣等幾乎忘記是在朝廷之上。言談之間，忽然辭鋒轉變，眼光灼燿，問某一件事情，「你們辦得怎麼樣？」此一問往往令人答之不及，不由汗透衣褂。所以，每一大臣覲見退朝時，差不多滿頭是汗，極道太后之聖明。袁世凱曾說：「余在萬軍之中，心極坦然，獨朝見皇太后時，不知汗從何處來，而如此之心怯也。」

或許是慈禧的某種眼神打動了咸豐，她進入複選行列，經過「留宮住宿」的考察，終於與其他幾個女孩一道中選。毫無疑問，這一未來滿足了她的願望，對政治感興趣的慈禧進入了政治中心。她沒有什麼遺憾，男女隔離使她缺乏機會發展愛情，父母也不敢在皇上挑選前為她安排婚嫁。當年乾隆皇帝曾規定：「未選女子，斷不可私自與人結親，務須照例挑選後，方准結親。」雖然深宮是個不得見人的去處，但也沒有斬斷親情：「凡秀女入宮，有名號者，父母年老，特旨許會親，一年或數月，許本身父母入宮……」紫禁城內東北角樓下有一處院落，就是供入宮探望女兒的父母住的。

慈禧雖被選上，但還不能馬上進宮：咸豐仍處在為期兩年的喪服期，按規矩不能過度行房。直到他在道光陵前行了釋服禮，慈禧等人入宮的時間才定下：一八五二年六月二十六日。入宮時，慈禧被起了個名字：蘭。據清史專家王道成教授考證，這是她的姓的省略，「那拉」有時寫為「納蘭」。「蘭」是花名，女孩子以花為名非常普遍。慈禧顯然不喜歡這個名字，一有機會就讓皇上給她改了。

*

慈禧入住的後宮，是一個高牆深巷的世界。與外朝相比，這裡沒有宏偉建築。外朝為了烘托威嚴肅穆，盡除樹木花草，在環繞大殿的廣闊地面上遍鋪石板；這裡卻是假山小院、四季留香。皇后有自己的宮殿，嬪妃按等級分居套間。從吃到穿到用，一切都有定制。后妃分為八等，皇后之下是皇貴妃、貴妃、妃、嬪、貴人、常在、答應。慈禧只是一個低微的「貴人」。康熙年間的一份「本朝定制」，說明「皇后居中宮，主內治」，皇貴妃等「分居東、西十二宮，佐內治」，稱貴人等最低的三等為：「俱無定位，隨居十二宮，勤修內職」。

皇后有十個宮女僕人，慈禧有四個。日常膳食，皇后每日份例是：「盤肉十六斤，菜肉十斤，雞、鴨各一隻……日用玉泉水十二罐，茶葉十包。」各類蔬菜、油鹽醬醋等也都有規定。另外，「皇后例用乳牛二十五頭，每天共得乳五十斤。」*與大多數漢人不同，滿族人喝牛奶、吃奶製品。慈禧沒有私人奶牛，每天只有「盤肉四斤，菜肉二斤，每月鴨八隻」。

跟慈禧一塊中選的有後來的慈安皇太后。慈安剛進宮時是「嬪」，四個月內連跳幾級封為皇后。如此看重並非因為她有傾城之貌，慈安相貌平平，身體多病。咸豐被稱為「蹶龍」，她也被叫做「病鳳」。可是她最具備做皇后的條件。皇后等於後宮主管，需要跟嬪妃友好相處，善於管理她們以及眾多的僕人。慈安的性格人品使她能卓有成效地履行職責，她主持的後宮，是一個相安無事的地方。

對皇帝的性生活紫禁城有嚴格規矩。他不能在后妃房中過夜，需要誰來伺寢，就在晚飯時由太監總管把她的名字寫在特定的竹製簽牌上。他的寢宮有兩張床，分放在兩間屋子裡，其中一間鑲嵌著玻璃水銀鏡。床帳上掛著填滿香料的香囊、荷包。入寢時兩張床的帳幔同時放下，據說是為了安全，使身邊近侍也摸不准他睡在哪張床上。另據傳聞，應召的女人得赤身裸體裹著綢被由太監背到他的床上。有一項規定，皇帝行房過後，她們就得離開，不能跟他整夜同寢。

咸豐性欲旺盛，清帝中數他的緋聞最多。不久他的欽定后妃就達到十九人。有的是從宮女中提拔上來的。宮女也從全國挑選，來自地位低下的滿蒙家庭。野史傳說咸豐對纏腳的漢女有特別嗜好，搜羅了不少，包括有名的藝妓。這些女子常被帶進西郊圓明園，在這座似乎無邊無際的皇家園

---

* 當然吃不了的也不會浪費。「雍正二年六月諭，膳房凡粥飯及餚饌菜類，食畢有餘，不可拋棄溝渠，或與服役下人食之。人不可食者，則哺貓犬。再不可用，則曬乾以飼禽鳥。斷不可委棄。派人稽查，如仍不悛改，必治以罪。」

林裡，規矩沒有紫禁城嚴格，咸豐得以肆意放縱。

沒有跡象顯示他特別寵愛慈禧。進宮兩年，慈禧依然是個貴人。咸豐沒有提拔她，反而把比她低等的人提到她的級別。顯然，她並不合皇上的意，原因可能是年輕的慈禧想為丈夫分憂。

*

咸豐當政時憂患重重。一八五〇年繼位，就遇上了中國歷史上最大的農民起義——太平天國。從時逢大荒年的廣西開始，成千上萬的農民因食不果腹起來造反。儘管他們都明白造反的後果是什麼：最輕也是砍頭，領導者還要凌遲處死。但與其餓死，不如拚命，太平軍很快發展到幾十萬。一八五三年三月，太平軍攻陷南京城，並正式定都，與北京抗衡。接到南京失守的消息，咸豐當著大臣的面失聲痛哭。

這還不是他唯一的麻煩。關內十八省，幾乎都爆發了大大小小的農民戰爭，大清王朝一片混亂。咸豐不得不於一八五二年五月十七日下罪己詔：農民起義「未能迅就蕩平，皆予罪也」。

慈禧入宮，正在此時。丈夫的困境在宮廷中也一目了然。為了支撐戰爭，咸豐下令拿出皇家私產，管理宮內事務的內務府一度只剩四萬一千兩銀子，連日常開支都不夠。大批宮廷金器、銅器被化掉製錢，甚至乾隆年間精製的三口合重兩千數百斤的大金鐘，也被熔為金條。管理國家財政的戶部存銀低到僅有二十九萬兩。咸豐要後宮佳麗「樸素為先」，親筆寫指示說：「不准戴大耳鉗、玉耳環」，「梳頭時只准戴兩枝花，若有戴三枝花者，即應懲辦……鞋底只准一寸厚，若有一寸五分者，即應懲辦。」

王朝的災難直接影響到慈禧的家庭。進宮前她父親被調到安徽寧池太廣道，駐地長江畔的蕪湖，下轄二十八個縣，鄰近太平軍戰場。一年後太平軍打到家門口，惠徵只得逃命。皇上的命令是「棄城先逃、臨陣逃避者」要重處，有人因此被殺了頭。逃亡辛苦，心理負擔又重，惠徵不久病倒，於一八五三年夏天病故。

父親的死，再加上大清王朝和皇上丈夫的危機，促使慈禧向咸豐提出解救危機的建議。以慈禧的性格，她不主動出主意是不可能的。從小她的建議就受到父親重視，她或許認為丈夫也會像父親一樣對她讚許有加。可是，清廷有祖傳的規矩：女人不許干政，違者嚴厲處罰。咸豐討厭她「道政事」，叫慈安管管她，說她「機詐」。有人說慈禧幫咸豐批閱公文，這沒有根據。倒是有個廣為人知的故事或許可信。咸豐死後，慈安有天告訴慈禧，皇上曾給過她一紙手諭，說他「實不能深信其人〔慈禧〕」，「此後如能安分守法則已，否則汝可出此詔，命廷臣傳遺命除之。」慈安接著把這張要置慈禧於死地的聖旨「取火焚之」。

慈安勇敢，也善於化解矛盾。皇上跟哪個妃子生氣，她從中調停。咸豐對慈禧不滿時，她也一定為慈禧辯解，說慈禧道政事，是愛皇上愛得太深。在慈禧面臨危險的時刻，皇后保護了她。這可以解釋為什麼慈禧一生都敬重慈安。慈安顯然也感激慈禧。她們一同進宮，她當了皇后，慈禧卻長期只是貴人，慈禧當然不會滿意，但她從沒拆過皇后的臺。慈禧不可能毫無嫉妒心，只是不會讓心中的不快影響兩人的關係。慈禧不是個心胸狹窄的女人，她更是個聰明人。這兩個本來可能互相嫉恨的女人，成了一對生死之交的朋友。慈安叫慈禧「妹妹」，儘管她比慈禧小一歲，畢竟她是皇后。

可能是慈安美言的結果吧，一八五四年，慈禧升了一級為嬪，還得了個新名字「懿」，意思是德行美好。皇上親筆寫了硃諭，慈禧接旨時，宮廷音樂部門「昇平署」的太監來到她所住的儲秀宮院內吹打助興。但受優待的並不光是她，另一位同時進宮的麗貴人不久也升為嬪，而且在生了個女兒後晉升為妃，名位超過慈禧。

皇宮的經歷告訴她：要在這裡生存，不能談政治。這不是那麼容易做到的，慈禧關心政治，清王朝又岌岌可危。太平軍不僅鞏固了在中國南部的地盤，還揮師北上要攻北京。慈禧認為自己有拯救的辦法——事實上，後來正是在她統治下太平天國被打垮。可是她不能建言，只能跟丈夫談別的話題，比如音樂、藝術。咸豐是個藝術細胞很濃的人，他少年時代畫的人物十分傳神，馬匹眼睛富於表情。慈禧從小就會設計刺繡的圖案，也能畫上幾筆。在戲劇方面她跟丈夫的共同語言更多。咸豐不僅愛看戲，會奏樂器，還能編曲、填詞、導演，甚至化妝參加演出。他想提高演技，就讓專家「御前教唱」，指點太監，他在一旁觀看學習。慈禧是個戲迷，後來把京劇發展為成熟的國劇。

一八五六年四月二十七日，慈禧生了個男孩。她的命運改變了。

2 風雨飄搖的帝國（一八三九～一八六〇）

慈禧生下咸豐皇帝的第一個男孩，是清宮一件天大的事情。之前，皇上只有女兒大公主，但女兒不能繼承王位。紫禁城所藏《懿妃遇禧大阿哥》的檔案，記載了她分娩前後的眾多細節。分娩前幾個月，根據清宮一條合乎情理的規定，慈禧母親進宮來照看她。宮廷欽天監測定吉時，選定地點，太監在儲秀宮後面刨了個預備掩埋胎盤、臍帶的「禧坑」。禧坑前大家念「禧歌」，把裹著紅綢子的筷子放在坑裡，要慈禧「快」把兒子生下來。

新生嬰兒需要的衣物，由質地最好的絲綢、細布製成。幾十名有生育經驗的成年婦女被帶來讓慈禧挑選，挑中的和御醫一道輪流守在慈禧身旁。本來守護應在懷孕近八個月時開始，但咸豐特別關照要提前。慈禧的身體狀況隨時向他報告。兒子一出世，太監總管就飛奔而至：「三月二十三日未時，懿嬪分娩阿哥，（大夫）請得懿嬪母子脈息俱安。萬歲爺大喜！」

大喜的萬歲爺立刻把慈禧晉封為「妃」。新生兒取名載淳，宮廷為他舉行了一波又一波慶祝活動。出生後第三天，欽天監選定「午時面向正南」用大金盆洗浴。皇室每個人，包括皇帝，都送了禮。不久，大阿哥「升搖車」，又是一番繁複的禮儀和一大堆禮品。然後是「小滿月」、「滿月」，滿月那天載淳第一次剃了頭。週歲時，他被抱著面對一桌物件讓他抓，據說從他抓的物件能看出他未來的愛好。載淳第一個抓的是書——可他後來見了書就害怕。到此時，載淳收的禮有金銀器八百多件，衣物五百多件，荷包、玉器等物七十件。送禮是中國人生活的重要部分，宮廷裡每天都有禮品送進送出，宮內人也不停地互相贈送。

因為生了兒子，慈禧成為無可爭議的僅次於皇后的後宮第二號人物。兩年後另一名妃子也生了兒子，但男孩只活了幾個小時，沒來得及取名字就夭折了。因為地位鞏固，慈禧說動皇上，把十八歲的妹妹許配給皇上十九歲的弟弟，即後來被封為醇親王的奕譞。慈禧對這位皇弟相當了解，宮廷內看戲等場合他們會不時相遇。當然在這些場合男女間有屏障隔開，但從她們坐的地方，皇家女人能看到男人而不被男人看見。後來曾為包括慈禧母親在內的許多貴族婦女治過病的美國教會醫生何德蘭女士（Mrs Isaac Headland）寫道：「這些溫順的女子不乏好奇心，也有辦法打聽到那滿宮廷的國家棟梁中誰是誰。當我問起某位英俊或者氣概不凡的客人是何許人物時，她們總是能立刻答覆。」有心人慈禧肯定對奕譞深入了解過，果然，在慈禧未來的大業中他將舉足輕重。

由於皇家規定子女不吃母乳，慈禧為兒子挑選了來自皇室奴僕之家的乳母。為乳母準備了專門的催奶食品：「每日用鴨子半隻，或肘子、肺頭，輪流食用。」乳母自己的嬰兒由皇室出錢另請奶媽照顧。

依祖制，慈安皇后是載淳的「母后」，名義上高過生母慈禧。這並沒有影響兩個女人之間的關係，載淳長大成人的過程中有兩個愛他的母親。載淳還有個玩伴：比他大一歲的姊姊大公主。宮廷畫師的〈荷亭晚釣〉、〈庭院遊戲〉圖中，畫的就是玩耍的他倆，畫軸上載淳總是比姊姊高大一倍。

畫師筆下的宮廷好似安樂窩，可是現實沒那麼輕鬆，大清帝國風雨飄搖。除了太平天國和其他農民起義，就在載淳出生那一年，外國人又打來了。

*

一八五六至一八六〇年英法對華之戰，根源可追溯到一百年前。一七五七年，乾隆皇帝實行閉關鎖國政策，關上了中國的大門，只留廣東的粵海關對外通商。皇上考慮的是如何控制他巨大的帝國，關起門來自然好辦得多。但是英國急切地想擴大貿易，它從中國主要進口絲綢與茶葉，茶葉當時只產於中國。每年僅入口稅一項，英國政府就能收入三百萬英鎊，可以供養半個皇家海軍。為了說服乾隆皇帝多開幾個口岸，英國於一七九三年派馬戛爾尼勛爵（Lord Macartney）來到北京。勛爵盡量滿足中方要求，在進京的車船上都掛著大旗，繡上大字：英國使節前來向中國皇上進貢。只是他不願意向乾隆行三跪九叩禮，再三拒絕，直到乾隆威脅不見他才讓步。勛爵勉強下跪，乾隆滿意了，說：「伊等航海遠來，因初到天朝未諳體制，不得不稍加裁抑。今既誠心效順，一尊天朝法度，自應仍加恩視，以遂其遠道瞻覲之誠。」

乾隆對這位據他說是前來「瞻覲」的英國人優禮有加，但對英國人真正要的擴大貿易毫不遲疑地拒絕。為了讓乾隆看到英國可以提供些什麼，馬戛爾尼帶來的禮品中有兩門山榴彈砲，乾隆任它們鏽蝕在圓明園的倉庫裡。在給英國國王喬治三世的回信中，乾隆仔細地、一條條地駁斥勛爵的要求。多設「泊船貿易之處，皆不可行」；外國使節駐京，「更斷不可行」。馬戛爾尼請求准許讓傳教士來華，乾隆的回答是「尤屬不可」，中國人必須跟西方人嚴格隔開，他們的腦子不能讓西方思想攪亂。

乾隆聲稱「天朝物產豐盈，無所不有，原不藉外夷貨物，以通有無。特因天朝所產茶葉、瓷器、絲巾，為西洋各國及爾國必需之物，是以加恩體恤……」這些誇口的話，既不是事實，也不是乾隆的真正想法。海關稅收，是他可觀的財源。僅拿三年前的一七九〇年來說，稅銀就達一百一十萬兩，一半進了每年開支約六十萬兩的皇宮。乾隆親自審查海關稅收，對此非常清楚。他對歐洲的科技發達也不是不知道。對大清帝國農業發展至關重要的農曆，就是歐洲耶穌教傳教士，尤其是比利時人南懷仁，在十七世紀最後確定的。那時康熙大帝用南懷仁的意見，「新法測驗，改正閏月，節氣占候，悉用其說」。南懷仁主持觀象臺，引進西洋儀器。當乾隆大言不慚地「加恩體恤」西洋各國時，大清王朝的天文臺還在由西洋人主管。就連中國地圖也是在康熙、乾隆時，由歐洲人用歐洲的辦法測繪出來的。

事實上，正是歐洲的先進，讓乾隆感到了威脅。他的統治奠基在中國老百姓無條件的服從之上，任何不符合這種盲目順從的外國文明，他都擔心；特別是這時的清王朝已經出現危機，社會底層騷動不安。王朝直到乾隆中期都處在興盛時期，相當程度上得益於小農經濟賴以生存的風調雨順。僅康熙時就有五十年好天氣、好收成。*

十八世紀下半葉開始出現的危機跟人口激增分不開。**馬戛爾尼使華時，中國人口已在半個世紀內增加了一倍，超過了三億。再過五十年，人口將達到四億多。傳統的小農經濟難以負擔急劇增長的人口，一旦天災發生，人民就餓肚子。馬戛爾尼觀察到：「不少省份每年差不多都有暴動。當然它們被鎮壓下去了，但暴動如此頻繁，表現出人民對現狀的強烈不滿。就像一場嚴重的疾病，標是治了，但沒有治本。」

馬戛爾尼使團被催促著一事無成地離開了中國。乾隆給喬治三世的信咄咄逼人，一開頭就像上司訓斥下屬：「皇帝敕諭英吉利國王知悉……」結尾警告說英國貨船如果「駛至浙江、天津地方，欲求上岸交易，」他就要開打，「勿謂言之不預也。」這位天子好似一頭猛獸，嗅到了危險的降臨，一身毛髮豎起，準備迎敵。乾隆的隔絕中外，並非出於所謂的夜郎自大，而是他的擔憂，他的警惕，他的一心加緊控制。

兒孫嘉慶和道光，在清王朝日益衰落的狀況下，堅持閉關自守的政策。一八三九至一八四二年，緊閉的大門被英國用砲艦轟開了一條縫：鴉片戰爭。

＊

鴉片出產在英屬印度，主要由英國商人偷運到中國出售。一八〇〇年以來，清政府禁止鴉片進

＊ 康熙把這歸功於他的虔誠祈雨，曾說：「朕臨御五十七年，約有五十年祈雨，每至秋成，悉畢豐稔。」

＊＊ 導致人口激增的原因之一是從美洲新大陸引進了馬鈴薯、番薯、玉米等高產農作物。

口、種植和吸食。鴉片大量吸走了用作貨幣的白銀，既損壞國家財政，也傷害人民體質。當時人們這樣描述鴉片癮君子：「黧面聳兩肩，眼垂淚，鼻出涕，一息奄奄死相繼。」

一八三九年三月，道光派堅決禁菸的林則徐為欽差大臣，到外船集聚的廣州執行禁菸令。林則徐下令外商交出鴉片。外商不從，他就把他們的住地圍起來，直到外商不得不交出重達一百多萬公斤的二萬零一百八十三箱鴉片，林則徐才撤了圍。他在廣州外的虎門銷毀這批鴉片，將其傾入海灘銷煙池，銷化後由海水捲走。傾倒之前，他先祭海神，要求神明警告水族「暫徙」，以免受到毒害。

林則徐知道英國「現係女主，年紀亦輕。然聞號令係其所出。」他於是寫信給一八三七年即位的維多利亞女王，請她合作。林則徐寫道：英國人「未必有心為害，而貪利之極，不顧害人，試問天良安在？聞該國禁食鴉片甚嚴，是固明知鴉片之為害也……設使別國有人販鴉片至英國，誘人買食，當亦貴國王所深惡而痛絕也。向聞貴國王存心仁厚，自不肯以己所不欲者，施之於人。」

道光批准了林則徐的信：「朕詳加批閱，所議得體周到。著林則徐等即行照錄頒發，該國王俾知遵守。」沒有紀錄顯示信到了倫敦，溫莎城堡的英國皇家檔案中也沒有維多利亞女王收到此信的記載。但當時在廣州的英國報刊登載了這封信，包括《廣州新聞》（*Canton Press*）和新教傳教士辦的《中國博物》（*Chinese Resopitory*）一八四〇年二月號。

女王沒有「遵守」道光的命令。從倫敦到格拉斯哥的商會和貿易公司呼聲四起，都說林則徐繳菸、銷菸損壞了英國財產，要政府對華開戰，以取得精神和物質的「賠償」。英國外相巴麥尊勛爵（Lord Palmerston）是「砲艦外交」的推崇者，堅持要打。當英國國會在一八四〇年四月八日辯論此事時，年輕的保守黨人、後來的首相格蘭斯頓（William Gladstone）充滿激情地發言反戰：

我不知道，也沒有讀到過，比這在起因上更加不義的戰爭，比這更有意使本國永久蒙受恥辱的戰爭。對面令人尊敬的先生昨天晚間大談英國國旗如何在廣州上空迎風招展……但是現在，在勛爵的指揮下，國旗的升起是為了保護臭名昭著的走私貿易……我相信女王陛下的政府永遠不可能說服議院贊同這場非正義的、罪惡的戰爭。

保守黨動議否決戰爭，但以九票之差的兩百六十二票對兩百七十一票落敗。此後兩年，數十艘戰艦、兩萬名官兵（包括七千名印度軍）襲擊中國南部和東部的海岸，占據了廣州，甚至一度占領上海。中國沒有砲艦，只有裝備落後的陸軍，在戰爭中敗北，於一八四二年簽訂中英南京條約，被迫賠償英方二千一百萬元洋銀的損失費和戰費。*

走私鴉片受到鼓勵，毫不奇怪地興隆起來。從加爾各答和孟買出發的鴉片立即倍增，從一八四

* 戰敗賠款那時並非歐洲慣例。巴麥尊後來為此受到抨擊。他在國會為自己辯護說：「當時政府要求的是對本國受到傷害的尊嚴的賠償，賠償尊嚴的途徑之一是要求賠償被勒索去的鴉片……」巴麥尊承認，要中國償付戰費，「在歐洲戰爭中當然是不尋常的」。但是，「為了讓中國人懂得他們的蠻橫逞凶行不通，為了讓他們充分意識到英國有力量捍衛自己的尊嚴，政府認為除了要他們向受傷害者賠償損失，還應當讓他們償付戰費。這不失為一種辦法，是正當的。」

〇年的一萬五千六百一十九箱跳躍到一八四一年的二萬九千六百三十一箱，到了一八六〇年已是四萬七千六百八十一箱。禁菸的努力毫無希望，清政府只得於一八六〇年十月宣布鴉片貿易合法，以期收稅。鴉片那時被稱為「洋藥」，跟西方連在一起。美國教會醫生何德蘭女士回憶道：「我訪問中國家庭的時候，主人總是請我吸鴉片。當我拒絕時，她們總是很吃驚，說她們以為所有的外國人都吸鴉片。」

南京條約迫使中國在廣州之外再開闢四個通商口岸：福州、廈門、寧波、上海。口岸裡的西方租界，由西方法律管轄。條約還把「香港一島給予大英君主」「任便立法治理」。那時南方烈日下的香港是個荒島，石山樹叢中只有些孤零零的打魚人小屋，而上海的西方租界則是一片沼澤地。從這兩塊不起眼的地方，兩座舉世矚目的國際大都市將拔地而起。除了中國人的勤勞，主要靠外國、特別是英國的投資與治理。二十世紀初，慈禧當政下的主要外交官伍廷芳這樣談到香港：

> 為了把香港建成貿易港口，鼓勵人們安居樂業，英國政府年復一年花費大量錢財，用於改進和開發，香港目前已經成為繁榮的殖民地……香港的繁榮依靠的是華人，無須贅言，他們擁有英國居民享有的一切特權……必須承認，英國政府在香港做了許多好事。它給中國人提供了西方施政體制行之有效的模式。執法公允，人道地對待罪犯，這不能不激起當地人的敬佩，贏得他們的信任。

*

鴉片戰爭使中國接受了西方傳教士。在此之前，傳教被禁了一百年。戰後，法國乘著英國人的勝利，全力要求清政府解禁。法國跟中國貿易很少，一心追求的是傳播天主教。道光皇帝開始拒不答應。法國人不斷對打交道的欽差大臣耆英施加壓力。耆英為南京條約簽字者，此時建議道光准許天主教弛禁。道光的性格本來就優柔寡斷，戰敗了又惶惶不安。一八四六年二月二十日，一道具有深遠歷史意義的上諭，解除了禁止西方人傳教的命令。

解禁只針對通商五口，上諭說：「外國人概不准赴內地傳教」。但傳教士是阻擋不住的。有了根據地，他們立即著手向廣大的內地進發，不管聖旨怎麼禁止。這時的傳教士迥然不同於早期的耶穌教教士。早期的教士個人受僱於宮廷，從不挑戰皇帝的旨意；如今的教士有砲艦做後盾，大膽無顧忌。他們狂熱地投身於這塊古老的土地，到處傳播西方文明。在中國現代化進程中，他們所起的作用無論怎樣估計也不過分。沒有傳教士，就沒有中國的巨變——儘管他們發展的教徒數量有限。巨變包括後來清王朝被推翻，當然這也許並非他們的初衷。

道光不會看到未來，可他能感覺到他釋放了一股強大而不祥的力量，讓他感到沉重不寧。他時常悔恨被外國人逼著做不情願的事：「受此逼迫，憤恨難言。」「忿懣之至，朕惟自恨自愧。」「深自悔恨，至於握拳捶心。」他的預感果然不差，天主教弛禁上諭公布不久，內地省分紛紛急報傳教士的到來和引起的一系列麻煩。在這樣的背景和心態下，道光立下遺囑，指定接班人。他要把工朝交給一個比他更能決絕抵制西方的兒子。他選中了皇四子奕詝，未來的咸豐皇帝、慈禧的丈夫。奕詝在鴉片戰爭時長大，從小就仇恨西方。

清王朝不採取長子繼位，而是由皇上祕密立儲。經過仔細考慮，一八四六年八月七日，道光鄭重其事地用漢、滿雙語硃筆寫下他的選擇：「皇四子奕詝立為皇太子」。這份遺囑他用兩層黃紙包好，寫上當天的日期，簽上自己的名字，放進黃紙裱面、白紙襯裡的硬紙板夾中，外面再用黃紙包封。封好後他用硃筆寫上滿文「萬年」二字，並再度簽名。接著，他把遺囑放進一只楠木匣子，匣內黃綾襯裱，匣外黃呢封套。銅質的合葉和鎖匙上雕刻著精美的蝙蝠祥雲圖案。這只匣子專為歷代皇帝祕密立儲所用。道光沒有立即鎖上匣子，他還要再想一想。第二天，他親手鎖了匣子，在三面啟口處貼上封條，條上簽名，正面寫上日期：「道光二十六年立秋」。然後，這只匣子被小心地置放在紫禁城乾清宮的「正大光明」匾背後。

道光的立儲跟從前的皇上有所不同：在立皇四子的同一張紙上，他特地寫道：「皇六子奕訢封為親王」。「親王」在太子以外的皇子中地位最高。道光選接班人，只在老四和老六之間挑選。*他的意思是皇六子不能繼位。後來臨死前，道光掙扎著再次硃筆重申他指定的接班人：皇四子。

道光其實喜歡皇六子。但他看出，奕訢性格隨和，容易讓步，而且不痛恨西洋人。道光擔心奕訢要是掌權，會對西洋人軟弱，中國的門會開得更大。知子莫如父，未來兩個兒子的表現，正如父親的預料。一百多年來人們不斷猜測為什麼道光選擇四子而非六子。有人說這是因為在一次打獵中，四子奕詝不肯射箭，道光問他為何，他答道春天是鳥獸懷孕生產的時候，他不忍傷害生命。道光說他「有君子之度」，決定讓他繼位。野史作者的這一想像，解釋不了事關王朝命運的決策心理。

鴉片戰爭爆發時，皇四子奕詝八歲，戰爭對父親的打擊，他都看在眼裡。一八五〇年繼位成為咸豐皇帝不久，他下詔譴責簽署南京條約並勸說道光解禁基督教的耆英，痛罵耆英「無能已極」、「喪盡天良」，先降了耆英的職，後來又令其自盡。一次他看報告說上海洋涇濱天主教堂的十字架和架上的耶穌像被雷雨「全行擊毀」，他認為這是「天威震怒，誅其所尊」，硃批道：「敬感之餘，更深慚愧。」

咸豐對基督教的仇恨，還緣於他的死敵「太平天國」以「拜上帝」的名義起事，領導人洪秀全自稱是耶穌的弟弟。咸豐要盡一切努力把洋人擋在中國大門之外。

*

這時的英國人一心擴大貿易，要求開闢更多的通商口岸，要求公使駐在北京。受命對付他們的兩廣總督葉名琛和咸豐一樣仇外，千方百計迴避他們，對他們想與中國政府對話的請求充耳不聞。英國認為「派戰艦絕對必要」。一八五六年，一艘名叫「亞羅」號的船隻上發生偶然衝突，點燃了「第二次鴉片戰爭」的戰火。** 慈禧的兒子就在這一年出世。

---

* 道光有九個兒子，第一、二、三子已死去，五子過繼他人，第七（慈禧未來的妹夫）、八、九子都還年幼。

** 這場戰爭的起因與鴉片無關，但導致了鴉片進口合法化。

次年，額爾金伯爵（Lord Elgin，其父以掠奪希臘神廟雕塑聞名）受命帶著砲艦來到中國。想取得無限制傳教權的法國人也跟著來了。英法聯軍占領了廣州，把葉名琛押解到加爾各答，不久他死在當地。聯軍隨即北上，於一八五八年五月攻占北京東南一百五十公里外的大沽，進入天津。聯軍逼近，咸豐依然拒絕考慮使節駐京、開放更多口岸、傳教士入內地等要求。直到額爾金威脅進軍北京，他才被迫派人去天津談判。咸豐的代表別無選擇，只能接受聯軍的所有要求，簽了「天津條約」。經過幾天痛苦的反反復復，在法國使節葛洛男爵（Baron Glos）稱為「手槍對準喉嚨」的逼迫下，咸豐不得不批准條約。聯軍的要求滿足了，乘著戰艦離開大沽。

咸豐痛恨這個強加給他的協定，想盡辦法要毀約。對他來說，公使「駐京一節，為患最巨，斷難允行」。他甚至提出免徵英、法貨物的進口稅，只要他們願意廢約。兩國的答覆是他們歡迎免稅，但條約仍要執行。咸豐不斷責備在上海跟這些歐洲人談判的代表，可是責備也沒用。

一年過去，到了在北京互換條約的時候。額爾金伯爵之弟卜魯斯（Frederick Bruce）於一八五九年六月帶著英軍和一小部分法軍（法國那時正忙著征服印度支那）前來。咸豐製造了一個又一個障礙阻撓他們。他下旨說，他們的船隻只能停在小鎮北塘，「進京時，所帶人數，不准過十名，不得攜帶軍械。到京後，照外國進京之例，不得坐轎擺隊。換約之後，即行回帆，不許在京久駐。」坐轎是身分的標誌，不坐轎就只能坐騾車甚至牛車，車轂轆沒有彈簧，在坑坑窪窪的鄉村土地上碰來撞去，對公使顯然是羞辱。卜魯斯無法忍受，決定攻打大沽口。出乎他的意料，竟沒能攻下。咸豐深受鼓舞，立刻下令按他的意思重寫天津條約。

再過一年，額爾金伯爵和葛洛男爵帶著強大的遠征軍來了。他們從香港到上海，沿海北上。這支隊伍有兩萬人，其中兩千五百人是廣東人組成的運輸隊。經過激戰，英法聯軍占領了大沽口。據英軍沃爾斯列中校（G. J. Wolseley）說：「英國前所未有地一開戰就使用組織良好、訓練有素的部隊。」與之相比，大部分中國隊伍「穿著不整，有的只帶弓箭，有的拿著梭鏢，其他的有火繩槍，看去鏽跡斑斑。馬隊裝備極差。」中國人作戰的決心在歐洲人眼裡也大打問號：「中國人只需實行焦土政策，把所有的莊稼都燒掉，牲口都趕走，船隻都沉掉，我們就不可能到達北京。」沃爾斯列中校留心到老百姓對他們的態度：登陸後，「當地人熱心幫忙，把他們知道的情報都告訴我們。」中方作戰的是蒙古部隊，當地人「似乎討厭他們，說他們『人粗野，說的話聽不懂，吃的大半是生羊肉，比你們英國人膻味兒還重。』」中校不無幽默地加上一句：「這話太恭維我們民族了，尤其約翰牛*一向認為自己是人類中最愛乾淨的。」

戰爭，對中國老百姓來說，是遙不可及的皇上的事，與他們無關；甚至一般官員也覺得事不關己。這很自然，清王朝就連士人也不許問政。英法聯軍一路無阻地到了北京城外。他們的目標不再只是天津條約換約。折騰了兩年之後，他們提出新要求：開放天津口岸、賠款。咸豐怒不可遏，為了激發軍民的抗敵熱情，他懸賞道：「如有能斬黑〔印度〕夷首一級者，賞銀五十兩；有能斬白夷首一級者，賞銀一百兩。」

---

* 約翰牛是一個卡通人物，代表典型的英國人，通常描繪成穿馬褲、英國國旗背心加大禮服的強壯男人。

額爾金伯爵希望談判，派代表巴夏禮（Harry Parkes）和隨員打著白旗找到中方官員。咸豐親自下令抓捕他們，把他們投入刑部大牢，並加上「栲杻」。當時刑部規定：罪稍重者，「曳鎖於項；又重，拘手足；至重，乃加栲杻。」栲杻加身，人不死也得脫層皮。

按中國的傳統，「兩國交兵，不斬來使。」斬使表示自斷後路，決心死戰。蒙古軍統帥僧格林沁明白他的軍隊不可能取勝，緊急請求把英國人從監獄放出來，「分在指定公寓居住，飲食一切妥為看待。」萬分焦慮的他甚至主動寫信給額爾金：「我兩國原無深仇大恨，無論如何用兵，終歸和好。」咸豐知道了，責怪他「孟浪」。親信都慫恿咸豐不要妥協，其中一人叫焦祐瀛的，更鼓動他「立將巴夏禮極刑處死」。咸豐答道：「是極。惟尚可稍緩數日。」

咸豐相當樂觀，這也是受他派去「撫夷」的親信的影響。欽差大臣載垣、穆蔭呈給皇上的報告說：「該夷巴夏禮能善用兵，各夷均聽其指使，現已就擒，該夷兵心必亂，乘此剿辦，諒可必操勝算。」

就在這份盲目樂觀的報告呈上三天之後，一八六〇年九月二十一日，清軍大敗於北京城外八里橋。咸豐在圓明園得到消息，決定逃命。當晚宮廷上下忙碌慌亂。第二天一早，臣子上朝時，皇上已經不見了。北京城百姓聽說皇上走了也開始逃離，路上堵滿車馬行人。

十月六日，法國軍隊進入圓明園。八日，巴夏禮和幾名被俘者獲釋。陸續送回的其他人大多數是屍體。三十九名俘虜中，有二十一名在咸豐指示的捆綁方式折磨下死亡。他們的朋友看到「他們的雙手雙腳被扭到身後緊緊捆在一起，繩子潑了水，不斷收縮，他們的手腳爛得慘不忍睹」。巴夏禮和別的倖存者能活下來，是因為刑部官員暗暗保護了他們。

看到、聽到這一切，額爾金伯爵深受刺激。他給妻子寫信說：「我親愛的，這裡的消息非常糟。我們受俘的朋友遭遇可怕極了。這樁殘忍的罪行必須嚴厲地處置，不是為了報復，而是為了我們將來的安全。」歐洲人從今以後要到中國來了，為了讓他們永不遭受同樣的待遇，額爾金決心火燒圓明園。格蘭特將軍（General Grant）寫給倫敦的彙報中說：沒有這樣的懲罰，「中國政府會以為我們國人可以被輕易地抓起來、殘殺掉。有必要讓他們體認到，他們是在做夢。」額爾金考慮過其他方式，但最後都否決了：「我真希望能狠狠打擊就在這一帶的中國軍隊。但我們可能被他們牽著鼻子圍著北京城牆繞來繞去，繞到世界末日也找不著他們。」他急切地想盡快完事離開中國，而不是陷進這裡。天氣開始冷了，中方增援隊伍也可能到來。一場大火是最簡單的辦法。

*

圓明園的命運就這樣決定了。始建於十八世紀初的這座巨大的宮殿群，有歐洲耶穌教傳教士設計的歐式宮庭，也有大清帝國屬下不同民族風格的樓臺亭閣；園林不是整齊劃一，卻模擬大江南北、長城內外各地山水，尤其是江南風光。古典詩句由景觀再造：比方從李白的「兩水夾明鏡，雙橋落彩虹」中，造出「夾鏡鳴琴」一景。乾隆描述說：「架虹橋一道，上構傑閣，俯瞰澄泓，畫欄倒影，旁崖懸瀑水，沖激石罅，琤琮自鳴……」圓明園追求的是美和享樂，而不是紫禁城的威嚴。經過一百多年的積累，這裡每間亭堂的角落無不陳設價值連城的珍品。

在額爾金伯爵焚毀這座藝術寶庫之前，法國軍隊率先洗劫。指揮官孟托班將軍（General de Montauban）描述他第一眼看到的圓明園：「我們歐洲沒有地方能給人如此奢華的感覺。我這幾行字無法描繪出它的輝煌，我被眼前奇異的景象驚呆了。」他手下的士兵馬上下手。遲到的英軍也很快加入。格蘭特將軍的翻譯史溫侯（Robert Swinhoe）說：「將軍不反對劫掠。」目擊這一切的沃爾斯列中校議論道：「官兵好像一起發了瘋，整個身心就是搶劫、搶劫。」孟托班將軍發現兩柄「權杖」，由黃金和碧玉做成，一支他要格蘭特將軍呈獻給維多利亞女王，另一支他準備拿回去獻給拿破崙陛下。

維多利亞女王得到的禮物中有條小狗。一位沒能跟皇帝出走的老皇妃，在聯軍到來時驚嚇而死，她身邊有五條獅子狗，這些狗被帶回英國，成了中國以外北京犬的祖先。其中一隻是哈特・頓上尉（Captain Hart Dunne）帶回的，他給小狗取名「劫來的小傢伙」（Lootie），把牠獻給女王。在獻狗的信裡，上尉寫道：「這個小傢伙可愛、機靈之至。牠習慣受寵，我把牠從中國帶回，就是希望女王陛下和皇室會同樣寵牠。」小狗在溫莎城堡引起了一場不大不小的風波。管家亨德森夫人（Mrs Henderson）在寫給上司的信中提及：「小狗吃東西可講究了，一般不吃麵包，不喝牛奶，只吃米飯拌雞肉和雞汁……」上司似乎有些不快，在又一封類似內容的信件背後寫道：「中國狗沒有雞肉不吃飯！」他指示亨德森夫人：「讓牠餓一餓，再引誘引誘，牠多半就會喜歡上那些對牠有好處的食物……」在溫莎，維多利亞女王讓德國畫家弗德雷克・凱爾（Friedrich Keyl）給小狗畫像，特別關照「凱爾先生畫狗時，一定要在旁邊放上點什麼東西，讓人看出牠是多麼出奇的小。」這個劫來的小傢伙在溫莎生活了十年。

額爾金伯爵火燒圓明園時，法國人拒絕參加，稱這是「針對無設防之地」的大破壞。破壞秩序井然。格蘭特將軍寫給倫敦戰爭大臣的信中如此描述：

> 十月十八日，喬治・邁克爵士（Sir John Michel）率領的部隊，包括一大部分騎兵，整隊來到宮殿，放火點燃了那一大堆建築。那景象真是壯觀。眼看著眾多的燦爛古蹟就這樣毀掉，我只能感到極度悲傷，感到我們行為的不文明。但我也相信，為了警告中國人，使他們將來不得任意殺害歐洲使節，不得任意違背國際公約，這是必要的。

兩百多座華麗精緻的樓臺亭閣成了燃料，大火燒了好幾天，京西上空籠罩著黑灰煙霧。沃爾斯列中校寫道：「初進園時，我們聯想到童話故事中的諸多奇妙地方；十月十九日隊伍離開這裡，留下的是一片廢墟。」

額爾金的目的部分達到。未來的中國掌權者對待外國人總是格外小心，跟對待本國人大不相同。但西方人遠遠不能放心，圓明園的灰燼孕育著仇恨的種子。後來以「中國戈登」著名的查理・戈登（Charles Gordon），當時是侵略軍的上尉，也加入了焚燒行動。他在致家人書中說：「老百姓對我們仍然友善，但我想上層人士都恨我們，他們不可能不恨。你真的無法想像我們焚毀的宮殿多麼美麗璀璨。火燒它們時，我們的心都在發痛。」法國文學家雨果（Victor Hugo）一年後寫道：

「我們歐洲人認為自己是文明人，中國人是野蠻人。文明就是這樣對待野蠻的。」

*

一八六〇年九月，慈禧跟丈夫、兒子一同逃離圓明園時，正值北京最美好的季節。既沒有盛夏的熱、嚴冬的寒，也不受春季必有的風沙抽打。英法聯軍攻陷大沽口前幾天，咸豐皇帝慶祝了他三十虛歲生日。儘管大難臨頭，他仍享受了四天鍾愛的戲劇。三層露天大戲臺坐落在湖畔，慈禧同他一道在廳堂觀賞。戲至高潮時，三層戲臺一齊湧出眾多演員，載歌載舞，恭祝皇上萬壽無疆。樂聲飄飄，圓明園裡無處不聞。無可比擬的美景深深印在慈禧的腦海裡，讓她回憶起來就惆悵心痛。重修圓明園成為她一生執著的追求。

向東北方跋涉兩百公里，咸豐一行來到塞外石頭山中的承德避暑山莊。這座始建於一七〇三年、供皇家打獵的山莊，比圓明園還要大。最早建造山莊的康熙大帝是位狩獵好手，據記載，有次他一週內就獵到了八隻老虎。這裡的建築各具民族風格，有拉薩布達拉宮的複製品、蒙古包群、漢族庭院。一七九三年，乾隆皇帝在這裡接見馬戛爾尼勛爵。乾隆皇帝閉關鎖國的政策，使勛爵一無所獲地離開，最終也導致曾孫咸豐的流亡。咸豐從未來過此地狩獵行樂，他統治的每一天都在應付天下大亂，直到落難的今天。

在清王朝的這場空前危機中，慈禧深居後宮，職責是照看四歲的兒子，無權參與政治。慈禧去世後，有個叫白克豪斯（Edmund Backhouse）的英國人在一九一〇年出版了一本廣為徵用的慈禧傳記，*China under the Empress Dowager*，中文譯名《慈禧外紀》。白克豪斯無中生有地把慈禧描述成一個仇外好戰的人物，說她竭力鼓動咸豐不要和談、不要逃跑、殺掉俘虜。白克豪斯今天已被揭穿為有妄想症傾向。*在他的形同淫書的「自傳」裡，他自稱來華後成為慈禧的英倫情人，隨侍慈禧身旁，直到皇太后臨死——死在袁世凱連發三彈的手槍下。這一切都毫無根據。浩如煙海的清宮史料中，沒有白克豪斯存在的蛛絲馬跡。

慈禧的對外態度與白克豪斯編造的恰恰相反。在她看來，咸豐死死抵住中國的大門，是愚蠢的、錯誤的；與西方為敵，沒能保衛大清帝國，還毀掉了她深愛的圓明園。咸豐走的是死路一條，她要走新的路。

---

* 這次作偽，看來程序是這樣的：白克豪斯編造了若干關於慈禧的段落，把它們塞進當時有名的《吳可讀日記》，首先在英文版中引用這些段落，後來中文譯本出版，它們堂而皇之變成日記的一部分，讓歷史學家猜不透，為什麼國內版本的《吳可讀日記》沒有那些東西。在作偽的篇幅裡，北京城的百姓都唯「懿貴妃」馬首是瞻。白克豪斯在華時，晚年的慈禧的確是一言九鼎，可是早年她還是「懿貴妃」時，說的話根本就不為人知。白克豪斯還偽造了別的、已被識破的假文獻。

3 咸豐皇帝之死（一八六〇～一八六一）

出走避暑山莊之前，咸豐把他二十七歲的弟弟恭親王奕訢留在北京與英、法談判。恭親王是道光皇帝的第六子，當年道光不挑選他做接班人，原因是他對西方人沒有仇恨，又容易妥協。這些特點如今使他的談判一帆風順：他接受了英法的要求，答應兩國各八百萬兩銀子的賠款。中英北京條約於一八六〇年十月二十四日簽訂；第二天中法條約簽訂。聯軍撤走，和平恢復。西方國家開始在北京設立使館，負責跟他們打交道的是恭親王。

恭親王小時候出過天花，臉上留下了麻子，但仍不失英俊。為他拍照的著名攝影師約翰．湯姆森（John Thomson）描述說：「面相學者會認為他的頭完美無缺，他的眼睛炯炯有神，當他安靜時，臉上的表情陰沉而剛毅。」外國人提及對他的印象：衣袍上金線繡著龍，帽子上嵌著象徵他地位的頂戴，坐時兩腿微微成八字分開，一副尊貴親王的樣子。只要他一舉起長菸管，隨從便一步上前單膝跪下，為管端的精製小菸鍋送上一束火苗。菸管通常插在黑緞靴子裡層的口袋裡。這類口袋功能就像衣袋，裡面什麼都裝：從菸絲到文件，從糖果到飯後擦嘴和象牙筷子的紙巾。滿洲貴族外出吃飯時常常帶著自己的筷子。恭親王本人的筷子盒，跟其他一堆考究的日常用品，如扇子，掛在他的馬鞍上。在京城，他的旅行工具是轎子，頂上一副華蓋，前面有開道的，左右是護衛，街上行人要為王爺讓路。快到目的地時，一匹駿馬飛馳超前，先去報告「王爺駕到」，以便大家迎接。

咸豐皇帝下令恭親王不得屈尊接見歐洲人，即使他們是勝利者。講求實際的恭親王知道哥哥的命令行不通，在簽訂北京條約時甚至先到會場等待額爾金伯爵。額爾金到來時帶著四百步兵、一百騎兵，兩隻軍樂隊在前面奏樂開路，吸引了成群看熱鬧的北京人，「無一對我們表示任何敵意」，格蘭特將軍如此寫道。恭親王迎上前來雙手抱拳問候額爾金，伯爵「輕蔑地掃了他一眼，只略略躬了躬腰以為回敬，這一定讓恭親王血管裡的血都凍住了。親王看上去文質彬彬，像個有教養的紳士。」但額爾金很快就收起了他刻意擺出的傲慢，「兩國代表顯然都願意平等相待，而不願誰高人一等。」恭親王的和解姿態贏得了歐洲人的同情。額爾金離開中國前寫了封真誠友好的信，希望未來中國的外交由恭親王主持。

咸豐讚揚恭親王，批准了北京條約，然後布告全國他已經同英法「永息干戈，共敦和好」。皇上的用意是讓那些想要利用戰爭乘機造反的「不逞之徒，知和議已成，不敢乘機滋事」。看了告示上中國皇帝與英法兩國君主「平列」，一個讀書人寫道，這是「千古未見未聞之事，名分自此掃地……不禁大哭！」

從這場戰爭中獲益最多的不是英法兩國，而是俄國。十一月十四日，恭親王與俄國使節尼古拉·伊格那提耶夫（Nicholas Ignatieff）簽定條約，把黑龍江以北、烏蘇里江以東的數十萬平方公里土地劃給俄國。在當時人們看來，那裡是荒蕪之地。一八五八年，駐守該地的黑龍江將軍、在鴉片戰爭中就已經表現無能的奕山，在俄國人的口頭恫嚇下，曾經簽了張紙，把這片地讓給了俄國。所謂「瑷琿條約」只有三段，不足一頁，而且沒有漢文本，咸豐皇帝沒有批准。

可這張紙卻被恭親王正式承認，成為中俄北京條約的一部分。伊格那提耶夫聲稱英法停火是他勸說的結果，他的祖國理應得到報償。恭親王告訴皇上他的話根本不符合事實，但「該酋狡執異常」，「俄夷之事一日不了，即恐英夷之兵一日不退，深為可慮。」「尤慮變生意外。」「事勢至此，不得不委屈將就，免致狼狽為奸。」

咸豐一邊咒罵伊格那提耶夫「播弄是非，勾結挑釁，最為可惡」，一邊也無可奈何地批准了恭親王的處理意見：「著照所議辦理。」其實，很難想像這位俄國使節能夠挑起什麼麻煩，英法都已簽約，急不可耐地要回家。

伊格那提耶夫的重孫邁克（Michael Ignatieff）後來寫道：「把這一紙條約放在口袋裡，伊格那提耶夫和隨從的哥薩克人躍上馬背，直奔聖彼得堡。他橫跨亞洲大陸，在馬背上過了六個星期。一到就受到沙皇的接見，被授予聖弗拉基米爾勳章，提拔為將軍，不久又當上了外交部亞洲司司長。未放一槍一彈，他為俄國取得一塊面積為法國和德國總和的人煙稀少的大陸，外帶一個太平洋岸的港口：海參威。」

恭親王毫不力爭就放棄大片領土，表現出他性格中軟弱怕事的一面。他父親道光早就看到的這一面，後來遇到危機時屢屢出現。咸豐皇帝之所以會批准，因為他更關心的是如何避免在京外交使節向他遞交國書。使節們一再要求見他，而咸豐皇帝像躲避瘟疫似地躲避這些人。他警告恭親王：

「若不能將親遞國書一層消彌，禍將未艾。」如果他回京後外國人再來要求，「朕惟爾等是問。」恭親王辯解說，親遞國書，「係兩國真心和好之據，非此不足以昭美意，若不呈遞，難以復命。察其情詞，似無詭謀。」但是咸豐不讓步。額爾金在一八五八和一八六〇年兩次來華，都帶來了維多利亞女王給咸豐皇帝的親筆信，希望交好。兩次信函都被帶回英國，沒有啟封，沒有送達。

*

從承德避暑山莊，咸豐跟在北京的恭親王保持密切聯繫，同時繼續處理每天來自全國各地的大量報告。文件的傳遞靠古老而行之有效的驛馬，馬速由文件的緊急性決定。最緊急的從承德兩天可以到達北京。起初，在英法聯軍撤走之後，咸豐帝準備回北京。氣候一天冷似一天，山莊多年無人居住，取暖等設施不能應付塞外的寒冬。但他遲遲不動，好幾次取消已經宣布的行期。王公大臣都勸他走，皇上不坐在紫禁城寶座上，國家就不算安寧。咸豐不為所動。他明知多病的身體受不了塞外的酷寒，但還是決定在山莊過冬。咸豐似乎不能忍受跟西方使節同居一個城市，身體力行著「不共戴天」的誓言。或許他不願離焚毀的圓明園太近，忍不住不去看，看了又會痛不欲生。就這樣，他自我流亡塞外，病倒咳血。在山莊住了十一個月後，咸豐於一八六一年八月二十二日病死——「龍御上賓」。

在咸豐皇帝生命的最後幾個月中，他工作照舊，除非臥床不起。但他不再像從前那樣發出詳細指令，而是把更多的時間花在他愛好的戲劇音樂上。到避暑山莊不久，他便傳令把昇平署的人召來。第一批剛到就急切地催他們開鑼唱戲，「衣裳齊不齊不要緊」。漸漸來了兩百多名藝人，一時住房短缺。咸豐帝又聽又看又提意見，非常投入，有人唱錯了一個聲調他也認真地指出。那人答道是按舊曲譜字聲唱的，顯然研究過的咸豐說：「舊譜就已經錯了。」

演出往往在湖中之島「如意洲」的戲樓上，戲樓取了個詩意的名字：「一片雲」。有時慈禧和兒子住的院裡也有小型演出、清唱或音樂演奏。一生的最後十六天，咸豐有十一天在看戲，每次都看上幾個鐘頭。臨終前兩天，如意洲從下午一時四十五分開鑼，到六時五十五分戲畢，中間只休息了二十七分鐘。第二天本來還要演，臨時撤消。皇上病危，失去了知覺。

當天晚上甦醒後，咸豐把他最親信的八名王公大臣召到床前，向他們宣布了遺囑。他的五歲獨子、慈禧的兒子載淳繼承皇位，由這八名大臣「贊襄一切政務」。諸臣請他用丹毫手諭，咸豐表示已不能執管，於是大臣們在遺囑上註明：「奉硃筆」。咸豐在數小時後死去。中國的命運如今握在八大臣手裡。

這八個人就是幫著咸豐下令逮捕、虐待巴夏禮一行，導致若干人慘死、圓明園被焚的那批人，包括寫自欺欺人報告的載垣、穆蔭，包括慫恿咸豐「立將巴夏禮極刑處死」的焦祐瀛。正是他們協助咸豐做出一連串災難性的決策，咸豐本人的死與此也不無關係。慈禧看得很清楚，如果這些人繼續當權，未來將有無窮禍患，將毀了大清帝國，也將毀了她的兒子。慈禧決定從八大臣手中奪權。

4 改變中國命運的一場政變
（一八六一）

雖然兒子繼承了皇位，但慈禧並沒有政治權力，她一開頭甚至連「皇太后」也不是。新皇帝的正式母親是皇后慈安，而不是她。咸豐死去的當天，內廷傳令：「自今日起，皇后寫皇太后，皇太子寫皇上。」慈禧沒得到「皇太后」這一頭銜。當「皇太后帥（率）琳貴太妃等至靈前奠酒」時，正式記載沒有提慈禧。她不大可能不參加奠酒，沒提她很可能是因為她不接受「皇太后」之下的任何稱號。

慈禧無疑提出了晉封皇太后的要求，這使她和慈安第一次發生口角。時人密信道：「風聞兩宮不甚恢洽，所爭在禮節細故。」但她們很快找到了解決辦法。祖制中有先例，兩百年前的一六六二年，康熙大帝即位時，他的生母也只是個妃子，仍尊為皇太后，兩位皇太后並存。有了這個先例，八大臣一天後以皇帝名義下聖旨：「懿貴妃晉封皇太后。」兩宮皇太后分別加上自己的徽號：慈安、慈禧。慈禧二字就是這時開始用的。

這兩個女人不僅消除了矛盾，還成為發動政變的志同道合者。那年慈禧二十五歲，慈安二十四歲，需要對付掌握國家政權的八個王公大臣。政變要是不成，後果將是極刑凌遲。但是她們寧願冒這個險。她們不僅要拯救兒子和王朝，還要拯救自己。皇家寡婦的餘生在封閉的後宮度過，形同坐監。於是，兩個年輕女子策畫如何行動，在花園裡「俯巨缸而語，計議甚密。」

慈禧發現了八人主政這一安排的重大漏洞。大清皇帝的權威，由硃批、硃諭顯示。將近二百年來，從康熙年輕時起，紅墨水書寫的東西都嚴格地出自皇上親筆。可是如今，皇上是個孩子，不能自己寫字，只能由他人代筆，怎樣才能表示聖旨來自皇上呢？皇上有印璽，但只蓋在極正式的詔書上，不用於日常指示。在八大臣發出首批公文後，就有人向他們指出這個問題，同時提出解決辦法：咸豐生前曾給兒子一枚印章，名「同道堂」，由母親慈禧收藏，同時給了慈安一枚「御賞」。何不把這兩枚印章蓋在聖旨上，代替硃筆？毫無疑問，指出問題、提出解決辦法的就是慈禧和慈安。皇帝在後宮贈送的印章，如果她們不說，大臣不可能知道。

八大臣接受了這項建議，在一道已經寫好、正要發出的諭旨後面加上一段話：「再，本王、大臣等擬旨繕遞後，請皇太后、皇上鈐用圖章發下，上係『御賞』二字，下係『同道堂』三字，以為符信。」「今因用印不及，先行白片，後補印文可也」。「再」字的使用和發函的匆忙，都表現出他們是臨時得知，臨時同意，匆忙付諸實施。圖章不在他們手邊，需要時間從後宮取來。顯然，八大臣以前並不知道兩枚圖章的存在，用圖章也不是咸豐臨死前的安排。有人說咸豐把這兩枚圖章留給慈禧、慈安，讓她們與八大臣之間互相制約。沒有任何文獻顯示咸豐有過這樣的意圖。他的臨終遺囑很明白，權力只交給八大臣。從他的統治方式來看，他也不可能讓兩個女人來制約八大臣。

圖章在手，慈禧、慈安有了皇權。這是未來政變成功的關鍵。很可能，那枚據說是咸豐送給兒子並由慈禧保管的圖章，其實是咸豐送給慈禧的。慈禧把它說成是給新皇帝的，以增加圖章的分量。八大臣同意使用圖章，以為這不過是橡皮圖章。他們不知道兩個女人腦子裡轉著什麼念頭。慈禧、慈安的表現，使他們以為一切「俱愜人意」，「事勢大局已定，似不致另生枝節……諸事循照舊章，並無人攙入。」

*

下一步是爭取恭親王，軍隊和皇宮禁衛軍都聽他的。他在王室中最受崇敬，上層軍政人物的普遍看法是，他才應該做攝政王。八大臣輔佐咸豐帶來災難，而恭親王成功地讓英法退兵。他的對外政策顯然與咸豐的不同。

一年前恭親王與英法簽約後，根據咸豐的命令，一直留在北京。咸豐生病以後，他懇求哥哥准許他到避暑山莊來探病。咸豐不讓他來，說見面後會「回思往事」，「於病體未宜」。臨終前，咸豐還專門命令恭親王在他死後不要前來。咸豐不準備把權位交給弟弟，理由跟父親當年不要恭親王繼位一樣。

對哥哥的決定，恭親王沒有流露出任何不滿。他一直有行為得體的好名聲。當年哥哥繼位，他毫無怨恨，相反地處處顯示沒有追求最高權力的欲望。他像臣子對皇上一樣歌頌哥哥，像親密朋友一樣在哥哥的畫上題詩。咸豐清楚弟弟的人品，信任他，明知外國人喜歡他，希望他取代自己，還是把他單獨留在北京應付外國人。恭親王的忠誠、毫無野心、不搞陰謀詭計，對慈禧也至關重要。

有這樣一個人當幫手，簡直是上天所賜。

丈夫死後不到幾天，慈禧就不動聲色地設法讓八大臣同意恭親王來避暑山莊奔喪。儘管這違背咸豐的遺命，但堅持不讓弟弟來看去世的哥哥實在太說不過去。

恭親王一到，就「伏地大慟，聲徹殿陛，旁人無不下淚。蓋自十七〔咸豐去世之日〕以後，未聞有如此傷心者。」在這一番悲痛的表示之後，一個太監出來說：「太后召見。」有的大臣反對，說「叔嫂當避嫌疑，且先帝賓天，皇太后居喪，尤不宜召見親王」，就是有屏風隔著也不行。但是兩位皇太后堅持要見，幾次派太監出來傳旨。小心謹慎的恭親王，請王公進去同見。皇太后說「不許」，他這才單獨進去。一進去就是兩小時。

咸豐死後，八大臣只見過皇太后兩、三次，每次時間也很短。皇太后這樣跟恭親王長談，似乎並沒有引起八大臣的懷疑。恭親王解釋說他花了很長時間說服皇太后盡快返回北京，八大臣信任他的為人。

慈禧深知恭親王的謹小慎微。看來，在第一次會面中，她沒有點明政變，只讓恭親王認可不能聽憑八大臣主宰一切。會面決定由恭親王在北京的部下某人上奏摺，要求「皇太后暫時權理朝政」，再「於親王中間派一二人，令同心輔弼一切事物」。奏摺沒提恭親王。顯然，他不願讓人感覺自己在爭權。這個布置祕傳給了恭親王在北京的人，由御史董元醇出面寫呈文。恭親王擔心八大臣看到後會懷疑是他支使，在奏摺到達前離開了避暑山莊。臨走前一天，他再次拜見慈禧、慈安。這一次他們不可免地會談到要是八大臣不讓權該怎麼辦。使用武力勢在必行。

根據事情後來的發展，恭親王大概認為使用武力必須是迫不得已，前提是八大臣的所作所為不可饒恕。親王十分愛惜自己的羽毛。他本人在奪權後擔任什麼職務仍舊沒有提及。這意味著他認為奪權不會很快發生，也許根本不會發生。

如果沒有慈禧的努力，政變的確不會發生。八大臣拒絕讓權：先帝遺囑不能改，女人絕不能搞政治。慈禧必須促使八大臣做出不可容忍之事，以有口實武力奪權。她和慈安抱著皇上兒子召見他們，就董元醇奏摺一事跟他們吵起來。八大臣怒不可遏，說「奉命贊襄幼主，不能聽命太后，請太后看摺，亦係多餘之事！」他們還說了不少激烈的話，聲音大得震動了宮殿，小皇帝嚇得哭起來，把太后的衣服也尿濕了。吵了許久，慈禧最後給人一個她認輸的印象，一道上諭否決了董元醇的奏摺。

慈禧終於給八大臣找了個罪名：驚嚇皇上，「無人臣之禮」。她手擬了政變上諭初稿，以小皇帝名義，稱董摺「正合朕意（議）」，可是「王大臣陽奉陰違，自行改寫，竟（敬）敢抵賴，是誠（成）何心！」括弧裡的字是慈禧寫的錯別字。她的文化程度欠缺在稿中一覽無遺。慈禧知道自己的短處，在手擬稿最後寫道：「求七兄弟改寫。」

七兄弟就是慈禧的妹夫、後來的醇親王奕譞。他時年二十，從小受過嚴格的古典教育。兩代帝師翁同龢稱讚他：「才思敏捷」，「雄文麗句，浩若江海。」他規規矩矩地上了十多年課，自述與老師的關係是「如負冬日，不可暫離；又如行懸崖，傍深淵，不敢旁移跬步」。這是個需要有人帶路的人，慈禧將扮演這一角色。

清王朝的慘敗、圓明園的焚毀、哥哥咸豐的早逝，都給奕譞極大打擊。逃往避暑山莊前，他曾措辭激烈地請求咸豐不要離京，懇求准他帶兵迎戰。咸豐不願把他送上不歸路，拒絕了他。他後來寫道：「設使當年果赴軍營，惟有身殉而已，」他還能活著，「皆先帝所賜也。」對哥哥的感情使他痛恨八大臣，願用一切手段把他們趕出權力中心。

慈禧的手擬稿由她信任的太監劉福喜交給奕譞。奕譞第二天送回修改好的上諭，將罷免八大臣。據說他的妻子、慈禧的妹妹把諭旨帶給慈禧，慈安隨即把諭旨縫在衣袍的襯底裡。跟諭旨一塊帶來的奕譞的信表示他完全站在慈禧一邊：「皇太后用意深遠，實國家之福也。臣以身許國，何顧利害！」

奕譞的話，代表了當時王公大臣、軍政官員的普遍情緒。慈禧知道她的行動會得到廣泛擁戴。慈禧的計畫是搶在八大臣之前趕到北京，再見恭親王，安排一切，待八大臣到達時即行抓捕。經過一番運作，八大臣同意小皇帝不跟咸豐的梓宮走。這副巨大的棺材，由幾十個人抬著，得走大道，後面跟著整個宮廷，路太長，走得太慢，小皇帝受不了這樣的辛苦。大家都贊成小皇帝走捷徑到北京。

咸豐故去兩個月後的一個吉日，他的梓宮離開了避暑山莊，登上回鑾之途。一路上，橋梁修結實，路面鋪平整，撒上皇帝所經之路必須的黃土。棺材上肩前，小皇帝跪在一旁送別；十天後，梓宮到達紫禁城東華門時，他將在那裡再度跪下迎接它。八大臣的一半跟隨梓宮走，奕譞同行。另一半人跟隨小皇帝便道前往北京。嚴格遵照祖制，小皇帝坐在慈安皇太后懷中，而慈禧自己另坐一轎，兩轎都用黑布轎圍。他們一路快行，六天就到了北京。一到城外，慈禧馬上召見恭親王，向他出示政變諭旨，一頭一尾赫然蓋著兩枚象徵皇權的圖章。恭親王這下從命，在奕譞定稿的諭旨上略加修改，刪去原稿中特別提到的自己「厥功甚巨」，把「夷情」改為「外國情形」。隨後他著手準備政變。

一八六一年陰曆九月的最後一天，當咸豐的梓宮還在通往京城的路上莊嚴行進時，慈禧發動了政變。她令恭親王把手下官員帶來見她和慈安，對他們哭訴八大臣如何欺負她們和幼主。在場官員紛紛表示「真堪髮指」。這時，八大臣中隨行的幾個來到，看見這些官員，大聲喊：「外廷臣子，何得擅入？」還以「不應召見」呵斥恭親王。慈禧做震怒狀，當即以小皇上的名義再寫一道諭旨，譴責這幾個人企圖阻止皇上見臣下：「其肆無忌憚何所底止！」她在諭旨上蓋上那兩枚圖章，命令恭親王「即行傳旨」，將他們「拿問」並「嚴行議罪」。

在恭親王向那幾個喧嘩的大臣宣示時，他們喊起來：「我輩未入，詔從何來？」就是說：我們才有資格寫諭旨啊！但是諭旨上那一前一後兩枚圖章讓他們啞口無言。恭親王帶來的衛士把他們拖走。

奕譞手持蓋著圖章的另一道上諭，帶兵逮捕了跟隨梓宮的另外四名顧命大臣。他親自去抓他們的首領肅順。熟悉內情的薛福成寫道：「逮者至，門已閉，乃毀外戶而入，聞肅順在臥室咆哮罵詈。又毀其寢門，見肅順方擁二妾臥於床，遂械至京。」肅順看到束手就擒的同事時，瞋目叱道：「若早從吾言，何至有今日！」他還說：「不料此婦人，竟能先發制我，悔無及矣。」

八大臣中唯有肅順看出慈禧不同尋常，有可能對他們構成威脅，曾主張殺了她；但他沒有充分認識到慈禧的能力和野心，最終在其他人的勸說下沒有下手。

依據固定的程式，恭親王率領主要官員對八大臣「議罪」，並提出懲罰方式供皇上考慮。政變要成功，罪行必須是「大逆」。但迄今慈禧根據八大臣的所作所為找的理由，如說肅順對著聖旨「咆哮狂肆」，護送梓宮時「輒敢私帶眷屬，尤為法紀所不容」，都不足以構成此罪。五天後無法再議，兩位皇太后出面提供了「鋼鞭」，說咸豐其實「並無令其贊襄政務之諭」，八大臣偽造了聖旨。這個指控是如此之嚴重，如此之明顯地不實，恭親王等人不敢引用，怕被人說是捏造罪行。兩位皇太后承擔責任，讓恭親王等宣布「一切罪狀，均經」她們「面諭」，問題這才解決了。恭親王等對八大臣定了「大逆」罪。三個主要人物肅順、載垣、端華，「擬凌遲處死」。慈禧刻意顯示寬宏大量，把肅順改為「斬立決」，另外兩人「賜令自盡」。

對肅順的處理大得人心。他曾做過科舉考試的監試官，其時同事翁同龢在日記裡寫道：他「頤指氣使，視士人若奴隸」。據薛福成記載：本身極其腐敗的肅順，以反腐為名「興大獄」，「無辜受害者尤多，都人士聞將殺肅順，交口稱快。其怨家皆駕車載酒，馳赴西市觀之。」其中一人是老下屬榮祿。肅順指責他貪污，差點讓他做了刀下鬼。據榮祿說，肅順迫害他的原因是，他收藏的上乘鼻煙瓶和一匹好馬，肅順索要，他沒給。斬肅順那天，榮祿一早就到行刑地去等著看肅順人頭落地。他「目睹其就刑，公憤私怨，一旦盡釋，特往酒肆一醉」。榮祿成為慈禧最忠實的追隨者之一，忠實到後世人傳說他們曾是一對情侶。當然，沒有史料證明他們確實是情侶。

賜令自盡的兩人各收到一條用來自絞的白綾，即所謂的「賜帛」。這種方式不但名字美，受刑者的名聲也不同：是自殺不是受斬，而且死在私下，不在公眾眼前。另外五位大臣中只有一人「發往軍臺效力」，其他都只受到「革職」的處分。很快慈禧又發布了一道為人稱道的上諭，跟肅順等有關係的大小臣工不用擔心，她一概「開誠相待，一秉大公，斷不咎其既往，稍有猜疑」。查抄出的帳目書信等一切文件，由軍機大臣「公同監視焚毀，毋庸呈覽。」

咸豐死後兩個月，二十五歲的慈禧成功地完成了政變，死亡三人，除此無任何流血，任何動亂。當時在北京的英國使節卜魯斯大感吃驚，向倫敦報告說：「那些大權在握的人，有國家機器和國家所擁有的一切做後盾，居然一槍不發地被繳了械，而且沒任何人發一點聲、伸一隻手來援助他們。這簡直是絕無僅有。」可以看出，慈禧的政變是何等受歡迎。正如卜魯斯所說：「據我確切知道，公眾輿論一致譴責肅順和他的同事，贊成對他們的懲罰。」政變不僅本身合民意，「過程也駕馭得極其精明，帶來的動盪比不上換一個部門。」大家都知道政變是慈禧皇太后發動的，她的聲望從此開端。當時的兩廣總督對英國領事「眉飛色舞地」讚美慈禧，說她是個「有頭腦的、有堅強意志力的女人」，政變「幹得好」，「從此有希望了。」曾國藩聽朋友講述政變細節後在日記裡留下如此之高的評價：「服皇太后英斷，為自古帝王所僅見，相與欽悚久之。」

恭親王也同樣敬佩慈禧。他手下的人上書皇上，要求慈禧，而不是恭親王主持朝政。這無疑也是他的意見。雖然大清沒有皇太后執掌政權的先例，但上溯至漢代，許多朝代都有垂簾聽政的例子。在他們舉出的一串名字中，武則天缺席。武則天是中國歷史上唯一稱帝的女人，為此她備受譴責。擁戴慈禧的人為她設計的路不是武則天之路，而是臨時當政的路，小皇帝「不數年即可親政」。

慈禧曾經設想讓恭親王做攝政王，現在她改變了主意。政變自始至終由她本人領導，奕訢聽她指揮，她的自信心大為增強。最後她授予奕訢「議政王」的稱號，表示主政的是她。慈禧給奕訢各種嘉獎，他「灑涕固辭，情詞甚為懇摯」，以致「聲淚俱下」。奕訢就這樣心甘情願地為慈禧服務。一八六一年陰曆十月初九，慈禧二十六歲生日的前夕，一道諭旨向整個大清帝國宣布：「現在一切政務均蒙兩宮皇太后躬親裁決，諭令議政王、軍機大臣遵行。」

雖然諭旨仍以皇帝的名義宣示，事實上的統治者是慈禧。為了表白自己不是抓權，不是取而代之，她又發表聲明：「垂簾之舉，本非意所樂為，惟以時事多艱，該王、大臣等不能無所稟承」，大家請求她參政，「共濟艱難。一俟皇帝典學有成，即行歸政。」

皇上載淳年號取為「同治」。*登基典禮那天，連綿細雨在清晨停止，早上七時，小皇帝被抬到紫禁城外朝最宏偉的太和殿，身穿黃龍袍，坐在金漆寶座上。這裡到處雕刻著龍，寶座上、屏風上、周圍的巨型金柱上。寶座上方的那條龍，龍齒間啣著一丸碩大的圓球，據稱是軒轅寶鏡，為古代黃帝所造，鏡下寶座上只能坐正統皇帝，不正統的坐上，球會落下讓他受滅頂之災。後來袁世凱稱帝時，下令將寶座後移，據說是心虛，怕圓球真的落下來。慈禧從來沒坐過這張寶座。

巨大的太和殿內氣氛肅穆神祕，爐、鼎噴吐著裊裊青煙，使本來光線就不足的大廳更加幽暗。大殿由三層漢白玉臺基烘托，顯得分外威嚴。殿前廣場占地三萬多平方米，此時布滿手持鮮豔的傘、蓋、旗幟的儀仗隊，以及身穿朝服、天不亮就按品級列隊的文武百官。在鐘鼓齊鳴的樂聲中，同治小皇帝登上寶座，百官行「三跪九磕」大禮，祝賀他登基。

朝賀完畢，足有數米之長、用滿漢雙語寫成的登基詔書，蓋著皇帝的大印，捲成軸，由禮部官員在黃蓋簇擁下「奉」出紫禁城，「奉」到天安門城樓上展開宣讀。文武百官跟隨詔書，在天安門外整齊排列，跪下聆聽宣詔。先用滿文，再用漢語，完畢後百官又再行三跪九磕禮。重新捲好的詔書由金鳳口中的彩繩繫住，沿著天安門城樓外牆徐徐垂下，放進「龍亭」，在儀仗隊和樂聲伴隨下一路來到禮部。禮部官員又是一通三跪九磕，然後「恭鐫詔書」，在全國各地宣讀，之後貼出告示。詔書所到之處，人人都要匍匐在地。

登基大典中沒有慈禧的影子。做為女人，她不能涉足舉行大典的紫禁城外朝，即便她是事實上的最高統治者也不行。她只能在幕後。據隨侍她的太監回憶，當她乘坐的轎子走到看得見外朝的區域時，她還得「掛簾掩照」，以防止女人的眼睛褻瀆了神聖之地。就是在這樣的重重束縛中，慈禧著手改變中國。

＊ 年號源自《尚書・蔡仲之命》：「為善不同，同歸于治；為惡不同，同歸于亂。」有人說「同治」指「兩宮同治」，這是誤解。兩位皇太后垂簾聽政是權宜之計，不可能成為皇帝的年號。

第二部　首次垂簾執政（一八六一～一八七五）

5 新時代的第一步
（一八六一～一八六九）

慈禧首先改組軍機處，由開明的恭親王主持。英國首位駐京使節卜魯斯評論新的軍機大臣說：「這些人都是政治家，他們決定信任我們，是因為他們了解我們的性格和動機，明白我們有力量也有節制。」他把軍機處的變化稱為「迄今為止最有利於英中關係的事件」。

經由恭親王的介紹，以及英法聯軍撤兵的消息，慈禧了解到跟西方建立友好關係是可能的。她認為這也是必要的。她從新的角度看待一個根本性的問題：擴大貿易、打開國門難道不利於中國？難道我們不能從中獲益？難道不能利用它解決面臨的問題？就這樣，慈禧時代誕生了。乾隆的閉關鎖國、咸豐的以憤怒和仇恨決定政策，把大清王朝推進死角。如今慈禧要走一條前景開闊的路：開放中國。

這條開放的路，決策在後宮的高牆深院中。慈禧、慈安清晨五、六點起床，有時早到四點，以便準備停當在七點鐘上早朝。早起不是慈禧的習慣，她時常強迫自己起來。梳洗打扮很費時間：穿鳳袍，著珠履，頭戴插滿珍寶的滿式鳳冠。在早朝大廳裡，兩個女人並排坐著，前面垂著擋住她們的黃色紗幔。從紗幔後面，她們同幔外的軍機大臣討論國事。大臣們早已在軍機處等候，去過那裡的人描繪：「其屋小如舟，十數人埋頭作書……其景況與寒窗無異。然其地極嚴謹，平時無論何人，不得踐其戶也。」見完軍機大臣後接見來自全國各地的官員。這時同治小皇帝出現，坐在幔帳前的寶座上，皇太后的身影依然藏在紗幔後，隱約可見。等待接見的文武官員一過午夜就起身前往紫禁城，乘坐騾車的轂轆聲和騾蹄聲是沉睡的北京城幾近唯一的聲音。接見過程中官員自始至終雙膝下跪，兩眼下垂。

問話的多半是慈禧。宮中人注意到，在後宮她活潑愛笑，但一旦太監報告說轎椅來了，請她上朝，她便立刻收起笑容，表情讓人望而生畏。即使有幔帳相隔，官員仍能感受到她的權威，覲見過她的人常說她好像「能覺出我們在想什麼」，「一眼就能看穿她面前的人」。對慈安皇太后的觀察則是她「不甚發言」，「吶吶如無語者」。

退朝後，兩人回到住地，換下盛裝，摘下沉重的首飾，處理用黃匣子帶回的奏摺。她們很快熟悉了皇帝批奏摺的慣例，在貢宣紙摺子上用拇指的指甲劃道打勾、或折起奏摺的紙角，軍機處的官員便明白意思是「知道了」、「依議」等等。慈禧決定政策大計。許多日常工作是批准官員升遷等例行公事，這類摺子慈安處理，上面往往只有她的印章。慈禧決定政策大計。二十年來，她們配合完美，直到一八八一年慈安去世。超乎世人想像的是，兩人之間沒有勾心鬥角，而是相契治國、生死與共，「在歷史上可算是獨一無二」，一位美國傳教士這樣評論。

人們一般認為決策都是恭親王做的，慈禧這個半文盲女人不具備足夠的知識與經驗。實際上，從他們之間大量的文書往來、從慈禧與其他官員的文書往返，可以清楚地看到：恭親王和其他官員都是向慈禧請示，由慈禧做主。當然她事事與恭親王商量，也不時在高層展開辯論，聽取眾人的意見，但決策人是她。她把決定口述給軍機大臣，由他們或他們的祕書（軍機章京）起草成諭旨，或稱上諭、聖旨，經她認可後同慈安一道蓋章發下。根據清朝的規定，包括恭親王在內的任何軍機大臣都無權對諭旨做任何改動。

清代有專門負責批評政府的「御史」，是制度化的不同聲音。除了這些專職批評者外，慈禧還鼓勵不掌實權的官員和知識分子參與意見，開啟了士人言政的大門。這些非官方的批評者號稱「清流」，是慈禧時代重要的政治力量。政府官員常常抱怨，說他們「最足壞事」，「阻撓」了國家的運行。但慈禧從未對他們實行禁聲，儘管她本人也在受批之列。她似乎直覺地明白，一個政府需要反對派。從反對意見中她識出千里馬，重用提拔。其中一人就是張之洞，後來著名的改革家。

統治大清帝國需要的文字能力和古文知識慈禧在逐漸而迅速地學習。太醫院的大夫、有學問的太監是她的老師，在午休和晚上就寢前上課。她盤腿坐在床上帳內，「老師」坐在帳外地下的墊子上，身邊放一小桌。慈禧手捧儒家經典或詩集，聽講、跟讀，直到睡著。日復一日，年復一年，據後來官員的記載和她閱讀的書單，她的文化水準達到了可觀的程度。

*

慈禧當政，中國對外關係進入了一個長期和平時期。英國政府觀察到：「中國現在一改從前千方百計拒絕跟外國打交道的立場，準備與外國建立密切關係。」「既然中國今天的政策是鼓勵與世界各國通商貿易，我們應該協助開明的中國政府，不這樣做等於自殺。」英國和其他國家採取了「合作政策」。此時任首相的巴麥尊說：「如今我們的政策，是鞏固中華帝國，幫助它增加收入，建立一支更好的海軍和陸軍。」

恭親王不僅領班軍機，也負責中國第一個「外交部」，時稱「總理衙門」，即「總理各國事務衙門」。他富有魅力，跟西方外交家合得來。英國使館的米特福特寫道：「他人很風趣，愛開玩笑，有時甚至像個頑童。」「我的那只單眼眼鏡給親王提供了不少方便。每次爭論他辯不過我，想不起該說什麼時，他就突然停下來，故作驚訝地指著我的單眼眼鏡叫道：『單眼鏡！妙！』如此把注意力轉移到我身上，他給自己時間考慮答覆。」

依靠列強幫助，慈禧擊敗了太平天國。一八六一年，這支武裝農民已經在半個中國轉戰十年，占領了長江流域最富饒的地區和最繁華的城市。因為他們自稱基督徒，西方國家最初對他們頗有好感，想跟他們做朋友。但外國人最終失望了，太平軍跟基督徒沒什麼共同之處。他們的領袖洪秀全自稱「太陽」：「朕是日頭故姓洪。」對部下他長期實行嚴格的禁欲主義，雖然是夫婦也不能自由同居，違者處以極刑。但他的「多妻詔」規定太平天國的「幹部」可以按級別擁有若干妻室，洪本人據兒子說「有八十八個母后」。他寫了四百多首針對后妃的「詩教」，教她們怎樣服侍他，如必須「細聲嬌氣配太陽」。這些還不算最糟的。太平軍所到之地，任意野蠻屠殺百姓，焚毀城市村莊。他們踐踏的土地，相當於整個西歐與中歐的總和。英文報紙《字林西報》（*North China Herald*）得出結論：太平天國的「整個歷史就是一部流血、劫掠和混亂史。它從南到北到東，在這片不幸的土地上，無一處不留下廢墟、饑饉和瘟疫。」太平軍對西方基督徒也不手下留情，列強要求不要危及上海，他們拒絕了，反倒計畫進攻上海，直接威脅外國人的利益與性命。

咸豐在世時，就有國家提出幫助打擊太平軍，但皇上對西方人的仇恨不亞於對太平軍。他死後不久，洋人重新提起，慈禧立刻贊同。有人心存疑慮，怕洋人不誠心幫助，奪取土地後賴著不走。慈禧提醒說：「英法兩國，自換合約後，彼此均以誠信相孚。」又說：上海為通商要地，「洋人與我同其厲害……必願為我出力。」但她不忘謹慎小心，沒有雇用外國軍隊。英國公使館祕書威妥瑪（Thomas Wade）*也曾告誡說：外國軍隊待在中國土地上對中國不利。慈禧決定使用外國軍官武裝、訓練、指揮當地招募的兵勇，由中國將領調遣。

她批准了三十歲的美國麻塞諸塞州人華爾（Frederick Townsend Ward）組成一支有數千官兵，裝備新式，用西法訓練的隊伍。華爾是個勇敢的冒險家，曾投軍數國，在戰場上具有領導天分。他願做中國人，「更易中國服色」，「為中國教演洋槍」，戰鬥中屢屢獲勝。慈禧收到讚揚他的一連串報告，傳旨嘉獎，「賞給四品頂戴花翎」，後來又加了一級：三品。她把華爾率領的洋槍隊命名為「常勝軍」。對西方人來說，中國聖旨「坦率公開地」表彰外國人是聞所未聞的事，他們把這看作「中國態度轉變的重要跡象」。

一八六二年，華爾在一次戰鬥中受傷死去。慈禧下令為他立祠紀念。戈登不久受命統帥常勝軍。戈登深感「叛亂理當鎮壓」。他寫道：「筆墨難以形容這裡的人民在叛亂者手裡受到何等恐怖的折磨；也沒有語言能夠表達叛亂者把這個富庶的地方糟蹋成什麼樣子。說我們不應干涉當然輕鬆容易，我和手下官兵也不是特別感性的人。但是我們無疑都為這些苦難人民的極度悲慘可憐而深受觸動。」像華爾一樣，戈登也愛顯示無畏，有時手拿一根拐杖就走上戰場。士兵崇拜他。他以「中國戈登」聞名於世，對擊敗太平軍、挽救清王朝起了關鍵性作用。

雖然慈禧跟西方戰將、外交官沒有直接聯繫，但她從收到的大量詳細報告中，迅速了解西方。報告來自恭親王等眾多跟西方人接觸的官員。有一次，一道上諭感謝「英法」協助砲擊太平軍。法國使節抱怨說砲擊「係法國人之事，而諭旨則謂英法各員，協助剿辦，頗為不平」。慈禧對下屬說：「此固洋人氣量淺隘，亦見其務求實際，不尚虛也。」她領悟到了中國人的一個通病：不精確。下令以後奏報軍情，「斷不可稍有飾說。」

慈禧還了解到西方人「畏百姓」。老百姓在他們眼裡有地位，不能輕易開罪。這是她從華爾和戈登的上司李鴻章的報告裡感悟到的。蓄著山羊鬍子、瞇著一雙充滿閱歷的細眼的李鴻章，此時是個典型的儒將，後來成為中國最著名的改革家。在大多數同事還把西方人當作「夷蠻」不屑一顧時，他已經在每天的交往共事中向他們學習。一八六三年底，他和戈登攻打毗鄰南京的蘇州。他們勸說守城的八位太平軍將領獻城投降，保證他們生命安全和升官發財。交城前夕，李鴻章在蘇州城

---

* 威妥瑪還是卓越的語言學家，中文的羅馬拼音系統「威妥瑪拼音」發明人。在中國大陸的「拼音」系統於一九八〇年代初在國際上開始使用之前，威氏拼音是二十世紀中文主要音譯系統。筆者名字「張戎」的英文拼法，用的即是威氏拼音：Jung Chang。

外軍營宴請降將，戈登不在邀請之列。據目睹者說：正喝著酒，有人把李鴻章叫出去。這時八名低級武官進來跪下，用膝蓋往前行走，「各手一冠，皆紅頂花翎，膝席前，請大人升冠。」降將見了很高興，站起來自己解開額上黃巾，持冠者站在一旁，席上所有人都站起來，眼睛盯著他們。「轉瞬間，八降酋之頭血淋漓，皆在武弁之手。」殺了降將，清兵乘太平軍不備，湧進蘇州，屠殺了數萬自以為安全的太平軍。

聽到降將被殺的消息，戈登憤怒不已：他曾以個人名義向他們擔保，承諾他們的安全。雖然他勉強承認李鴻章擔心「降眾復叛」不是沒有道理，但他感到做為一名英國軍官和信奉基督教的紳士，自己的名字不能被「亞洲式的野蠻」玷污。他辭去常勝軍的統領職位，不久要求解散常勝軍。

不僅戈登，西方駐華使節和商人也都譴責殺降將、屠蘇州的行為。李鴻章報告了慈禧。慈禧沒有具體指示，但她顯然更加了解了西方人。根據儒家理論，濫殺無辜和降將也是不仁不義之舉，可是大清王朝的官兵殺起人來不亞於叛逆的太平軍——只有常勝軍是個例外。李鴻章給同事的書信中說：常勝軍「往往破賊而不能多殺賊」，李的軍隊得跟在旁邊助他們一臂之力。在這類事實面前，慈禧早已不把西方人視為蠻夷，她已在告誡下屬注意自己的行為，不要讓洋人笑話。

戈登著手跟李鴻章一道解散常勝軍。慈禧鬆了一口氣。太平天國敗局已定，她不再需要常勝軍，遣散這支只追隨戈登、不聽命清政府的勁旅已在她考慮之中。她給恭親王的諭旨說：如今戈登「不言進攻金陵，竟肯先行遣散，免將來許多支節，實屬不可失之機會。」她指示「乘勢利導，妥為遣散」，又擔心地詢問：「外國兵頭遣散後，現往何處，是否在上海逗留。中國兵勇……是否各回本籍。抑仍在蘇滬一帶，結隊成群。李鴻章嚴密查察。此等強悍之徒，業經遣散，斷不可令其復行聚集一處，滋生事端。」

慈禧十分感激戈登願意做好遣散工作，說：「如戈登將所部布置妥協，洋弁均皆回國，則是戈登真心要好，始終如一。」她明發上諭，對戈登大加獎勵，並賞銀一萬兩。戈登謝絕賞銀，說自己是英國軍官，不是為金錢打仗的雇傭軍，他願把錢用於遣散費用。慈禧不大放心，問恭親王：「洋人素性嗜利，究竟是否出於本心？」她派李鴻章去了解戈登到底想要什麼。在李鴻章的建議下，她獎給戈登一件只有皇帝能穿的黃馬褂，稱戈登：「不但始終奮勇出力，且能申明中外和好大體，殊堪嘉尚。戈登著賞穿黃馬褂，賞戴花翎，並頒給提督品級，章服四襲，以示寵榮。」戈登讓慈禧更全面地了解西方人。*

為了打敗太平天國，慈禧也空前獎賞、提拔漢人，其中著名的有曾國藩、左宗棠、李鴻章等。一八六四年七月，曾國藩的軍隊攻陷南京，結束了中國歷史上最大的農民起義。戰爭前後十五年，兩千萬人因此喪命。洪秀全在南京失陷前病死，繼位的兒子被俘，隨即按大清刑律凌遲處死，儘管他只有十四歲；其他被俘的太平將領也被殘忍殺死。《字林西報》等報導了這些血腥屠殺，登載了

---

* 在倫敦中心的特拉法加廣場曾有一座戈登的塑像，後來移到泰晤士河邊的維多利亞路堤。一九四八年，邱吉爾在議院發言呼籲把塑像移回廣場，稱戈登為「典型的基督教英雄」，「許多我們崇尚的理想都跟他的名字連在一起。」

血淋淋的照片，引起西方人極大反感。英國此時的代辦威妥瑪寫信給恭親王說：「凌遲處死極刑，未免過慘，」廢除凌遲，將給中國帶來良好印象。奕訢先為大清辯護：「查中國刑法，前朝最重。歷代曾有五牛分身及滅九族、誅三族、湯鑊寸磔之刑，惟本朝將歷代之重刑，皆除去不用。所以至重之刑，不過凌遲犯法之一人而已。即此凌遲之刑，中國向不輕用。」他又說，如果沒有這一刑罰，「恐中國之人，無所畏忌……惡人愈多，而世道難期平治矣。」按親王的意思，連砍頭都不足以阻止人民的反抗。

恭親王讚賞威妥瑪呼籲廢除凌遲「實係仁人之用心」。「仁」是儒家的理想，但親王認定這個理想還行不通，因為實行的前提是老百姓不能造反。沒人造反了，「此刑即無所用之，是不待刪除而自然刪除矣。」對他的報告，慈禧批復：「依議。」她沒有提出廢除凌遲，但也沒有像乾隆皇帝一七七四年那樣，對當時農民造反領袖王倫，親筆指示要生擒活拿後凌遲致死，不能讓他免了「魚鱗寸磔」。乾隆還說，對被捕後解往京師的起義軍首領要把「腳筋挑斷，以防中途竄逃」；對王倫親屬則「不分男婦大小，盡行處斬」。

*

隨著太平天國的終結，其他農民戰爭也接二連三地失敗，燃燒多年的造反烈火一點點化為灰燼中將滅的火星。奪權之後不幾年，慈禧在全國恢復了和平。這樹立了她在統治階層中不爭的權威，同時減少了對她未來政策的反對力量。慈禧的政策是振興中國。大大小小的戰爭耗費了三億兩銀子，大部分地區滿目瘡痍，北京街頭到處是乞丐，通常不在人前露面的婦女，也近乎赤身露體地向行人討食。然而，在慈禧統治下，中國不僅迅速恢復了元氣，而且開始了「同治中興」。

中興的關鍵因素是有了一個可觀的新財源：開放政策帶來與日俱增的對外貿易，海關稅收直線上升。慈禧早就看到外貿的巨大潛力。政變後不久的一八六二年初，她跟恭親王提到太平軍威脅下的上海時說：「上海僻處一隅，勢如累卵，而該處華洋商賈輻輳，餉源甚裕。近聞兩月之間，洋稅已收至八十萬兩。」她要竭力「保全」上海。她推動對外貿易，一八六三年，六千八百多艘貨船來到上海，而她丈夫執政時僅僅年均一千艘。

要擴展對外貿易，中國必須有高效率並且廉潔的海關。經恭親王推薦，慈禧任命已在海關工作的二十八歲英國北愛爾蘭人赫德（Robert Hart）為「大清海關總稅務司」。不到一年，她傳旨嘉獎赫德，封他為正三品大員「按察使」。

赫德與慈禧同年，出生於一八三五年，就讀貝爾法斯特的女王學院。他初來中國時十九歲，聰明、誠摯、天真，預備做英國領事部門的翻譯。除了傑出的語言才能，他還得過各種不同領域的獎，包括邏輯學、拉丁文、英國文學、歷史、玄學、自然科學、法理學和地理學。從他的日記可以看出，他是個虔誠的基督徒，關心道德與正義，並且深切地同情中國人。日記中有一段描述剛到香港時，一天傍晚在海邊散步，同行者叫斯德斯（Stace）。赫德寫道：「斯德斯對待中國人的行為叫我很吃驚。他上了一條船，叫他們划出港，他們不肯划。這是他們的晚飯時間，對他們是神聖的，他們一定要吃完才工作。可他竟用手杖把他們的東西甩到水裡去，還用手杖戳點他們。」

在中國工作十年，赫德被一致認為公正而才幹超人，善於調停並找到大家都能接受的妥協。他知道自己的長處，十分自信。當他接到正式任命書時，他沒有急於拆開，而是「照常吃我的早餐，然後像往常一樣，讀聖經、祈禱……看當天來信。」在一堆來信中，他最後看的才是任命他為總稅務司的公文。

赫德把舊式海關改造為具有一整套嚴格管理制度、高效率、無貪腐的現代機構，為北京政府提供了一個穩定並不斷增長的稅收來源，對中國經濟發展作用極大。到了一八六五年，他已上交三千二百多萬兩銀子的關稅。對英法的戰爭賠款由海關收入支付，到一八六六年中完全付清，國計民生沒有受到太大影響。

有了新財源，慈禧首先做的事之一是大量進口糧食。中國長期以來生產的糧食不夠養活人口，清王朝一直禁止糧食出口。但全國性的糧食進口據海關紀錄是一八六七年。那年慈禧政府用一百一十萬兩銀子購買大米。「採買洋米」是赫德海關的重要工作之一，有關官員受到慈禧的嘉獎。雇傭赫德和一大批西方人在海關任職，自然引起部分中國官員不滿。慈禧堅持政策不變。

＊

慈禧政府的宗旨是建設強盛的中國。赫德想向他們說明，這個目標只有「現代化」才能達到。他在日記裡寫道，他要「讓這個國家擁有基督教文明帶給人類的一切舒適、一切福祉，無論是物質的還是精神的。」他要中國「進步」，而進步在那個年代意味著新式採礦、電報電話，尤其是鐵路。一八六五年十月，赫德給恭親王遞上一份建議書：「局外旁觀論」。

赫德急切地要「更新」古老的中國，開的是一劑苦藥。他稱：「自四海各國觀之，竟莫弱於中國。」中國皇上「智淺而欲輕人，力弱而欲伏人」。國民性差勁：「常聞外論，中國官民，大半可以利動，勢處極弱而不守信。」如果不照他說的辦，將來會「為人所勉強」，「必動干戈」，而「無不知中外交兵，外有必勝之勢。」

赫德的話代表了當時西方人一種普遍的態度，即他們「比中國人更知道中國需要什麼」，他們應當「掐住這個古老帝國的喉嚨，逼著她進步」。

恭親王把赫德的建議書壓了幾個月才呈給慈禧。這一不尋常的拖延很可能是因為他怕慈禧震怒之下解雇赫德，用一句老話說：失去這隻會下金蛋的雞。儘管慈禧鼓勵尖銳的批評和直言不諱的建議，但沒人敢用如此傲慢的口氣「恫嚇挾制」。奕訢拿不準慈禧會如何反應。他決定讓赫德暫離中國，這樣如果慈禧一氣之下要辭掉他，還有迴旋的餘地。赫德曾要求回國休假，正是在這時，他的休假要求批准了。

赫德於一八六六年三月底離開中國。四月一日，他的建議書呈遞慈禧。同時還有威妥瑪的「說帖」，談的是大致同樣的問題，用的是大致同樣的口氣。呈上這些文件之後，恭親王忐忑不寧。一天，英國公使館隨員米特福特來見他，再提「鐵路、電報和那些說了一百遍的老話題」。隨員注意到，「親王非常緊張不安，像隻受驚的兔子。」

恭親王低估了慈禧。她仔細看了兩份建議書，然後把它們發給十名外交、貿易和地方大員，請他們提意見。她的信上沒有對赫德、威妥瑪的憤怒和敵意，而恭親王本人的報告不時流露激憤的情緒，還猜疑道：「窺洋人之立意，似目前無可尋釁，特先發此議論，為日後藉端生事。」慈禧沒有這樣的疑心。她肚裡能撐船，不讓西方的傲慢影響自己的決策。相反地，她從建議中尋找有利於中國的東西。她以為「該使臣所論，如中國文治武備財用等事之利弊，並借用外國鑄錢造船軍火兵法各條」都說得對。「至所論外交各情，如中國遣使分駐各國，亦係應辦之事。」針對恭親王的猜疑，她指出：「外國之生事與否，總視中國之能否自強為定準。」對建議書的非禮語言，她說中國只有自己努力，才能「不至為外國人所輕視」。事後，恭親王警告西方使節寫信不能「措言不遜」。結果是西方人遞交的信件，「不遜之語全刪」。*

有幾位大員對赫德表示憤慨，但是慈禧從未對他反感。赫德誠實地、卓有成效地管理海關，在貪腐成風的中國社會很了不起，對她，這就足夠了。慈禧只關心大問題。不久她晉升赫德為「布政使」。直到慈禧病故，赫德都執掌著中國海關。讓一個外國人管理中國主要財政來源之一近半個世紀，是件異乎尋常的事，顯示出慈禧不含偏見和判斷力。對赫德的信任不是盲目的。她明白赫德的忠誠最終屬於他的祖國：英國。一次她與外交官郭嵩燾談到赫德。她問：赫德「為中國辦事用心否」。郭答道：「赫德是極有心計的人，在中國辦事亦是十分出力。然卻是英吉利人民，豈能不關顧本國？臣往嘗問之：君自問幫中國，抑幫英國？赫德言……我只有兩邊調停。臣問：無事時可以中立，有事不能中立，將奈何？赫德笑言：我固是英國人也。」

慈禧盡力不讓赫德被迫在英中兩國之間抉擇，清政府上層也鮮有人鼓吹辭掉赫德，那些反感西方的人也信任這個西方人。赫德對得起這種信任。他不光對中國財政有重大貢獻，而且幫助中國協調對外關係。凡是與西方有關的問題，恭親王都請教他，找他幫忙，他也盡力而為。而慈禧太后藉由他認識西方，儘管他們無緣見面。

*

赫德提議的現代化項目被慈禧的大員一致否決。甚至最有改革頭腦的李鴻章也激烈反對，稱電報、鐵路：「此兩事有大利於彼，有大害於我。而鐵路比銅線尤甚。」大害是：「鑿我山川，害我田廬，礙我風水，占我商民生計。」沒人能想像這些昂貴的工程對中國有什麼好處，西方人也拿不出令人信服的理由，恭親王對慈禧說，威妥瑪等「亦未將如何有益中國之處，切實指出」。

對西方的好處倒是很明顯。中國的戰爭賠款就要付清，將有一筆貿易順差，有錢辦工程。進入中國內地後，外國人發現這裡富有尚未開發的自然資源。英國海軍軍官亨利．諾爾（Henry Noel）寫道：「據權威估計，煤礦蘊藏地有四十一萬九千平方英里，是歐洲礦區的二十多倍。其他礦藏，特別是優質鐵礦，據說每個省都有不少。」

* 赫德起初沒有意識到自己的建議書失禮，還以為他可以強迫慈禧政府搞工業化，在日記裡歡呼起來。隨即他又去總理衙門遊說引進電報鐵路，發現衙門官員對他態度冷淡。他看出問題，在日記裡寫道：「中國人可能以為我受僱於外國而不是中國。」他對官員們表示：「我再也不會重提那些事。」

中國的地下寶藏會被外國人控制、攫取，是反對西式工程的無數理由之一。其他的還有一旦外國入侵，鐵路可以為他們運兵；旅行、通訊行業中趕車的、挑擔的、送信的、開店的都將失業。諸大員沒人認為減輕勞力是一大優點，也沒人認識到現代工程會創造新的就業機會。最不能為他們接受的是機器的轟鳴與黑煙滾滾：這將觸犯自然，尤其是驚動那遍布中國大地的祖墳魂靈。

在那個年代，每個家族都有一塊自己的墳地。這些墳地神聖不可侵犯。米特福特觀察到，「在這裡，最美的環境、最好的土壤，被選用來埋葬死人。」人們認定這些墓地是他們的最終歸宿，死後他們將在那裡與親人團聚。這個前景緩解了對死亡的恐懼。那時最可怕的懲罰是挖祖墳，讓受懲者全家永無安息之地。

就像同時代人一樣，慈禧對祖墳也有著宗教式的虔誠。信仰對她不可或缺，她唯一害怕的是上天——神祕無形的、當時中國人的上帝。相信上天跟信仰佛教、道教還不矛盾，中國人的宗教情緒不像基督教世界那樣經緯分明，一個人同時信幾種教很常見。在葬禮儀式中，佛教、道教、喇嘛教的教士都會被請來輪流念經。基於這個傳統，慈禧既信佛教，也信道教。她最尊崇的是觀音，慈悲的化身，菩薩中唯一的女性，道教稱之為「觀音大士」。慈禧在自己的住處設密室供奉觀音獨自祈禱，在決定重大政策前也常到觀音像前尋求安靜，澄清頭腦。身為佛教徒，她遵循「放生」的傳統，過生日總要買大批鳥以備放生之用。到生日那天，她登上山頂，把太監手提的鳥籠一個個打開，看著鳥飛走。

一八六〇年代，祖墳問題是慈禧政府拒絕現代工業的主要原因。死去的先人無論如何不能受驚。恭親王告訴外國使節他們的要求「萬不可行」，「即令失和，亦不能允」。慈禧擔心西方動武，下令「各省督撫將中外交涉事件迅速了結……萬不可一味延遲，致彼族有所藉口，激成他變，是為至要。」赫德承認：「我不知道〔中方〕有任何違約之處。」西方公司在又一番爭取之後放棄了努力。似乎箭在弦上的中國工業化就這樣欲行卻止。

＊

可是，工業，從另一道門悄然而進。慈禧政府一致贊成建設現代化軍隊和軍事工業。他們招聘外國教官培訓部隊、工程師指導製造武器，購買先進技術和設備。一八六六年，建造海軍艦隻的工廠正式起步。主要外籍顧問是個法國人：日意格（Prosper Giquel）。他最初是英法聯軍的一員，隨後留在中國。他也幫助清政府打擊太平軍，率領的法華混合部隊名為「常捷軍」，在左宗棠屬下，以別於李鴻章屬下、戈登領導的英華部隊「常勝軍」。戰後他在海關任職。慈禧信任日意格，對「船政」所需鉅款如數照撥。許多人懷疑這個從前的侵略軍軍官，對他所提出的天文數字瞠目結舌。但慈禧用人不疑，頒發諭旨說：「此次創立船政，實為自強之計。若為浮言搖惑，則事何由成。自當堅定辦理，方能有效。」她派左宗棠主持船政，稱讚他「所見遠大，大臣謀國，理當如此」。她叮囑左宗棠要優待外國雇員，有成效者要加以獎勵，特意指出，如果日意格等人能夠在五年合同期內幫助中國工匠「按圖監造，自行駕駛」，就要破格加倍給予獎賞。

幾年工夫，九艘戰船造畢，質量據稱是世界水準。它們下水的時刻，沒有擊破香檳酒瓶，而是由當事眾人祭告天后、江神、土神，抱歉輪船將要打擾他們。一八六九年，第一號輪船「萬年清」駛入天津港，人山人海，觀者無不稱奇。左宗棠報告慈禧，他目睹其事，情緒激動，格外欣慰自豪。對日意格的貢獻，慈禧給予若干獎賞，包括一件帝王專用明黃色的黃馬褂。

執政不到十年，慈禧不僅給中國帶來初步繁榮，而且創始了海軍，並著手組建現代陸軍和軍事工業。雖然在這塊古老的土地上，千年的習俗使工業化未能即刻騰飛，但是現代工業項目一個個興起：採礦、煉鐵、機器製造，不一而足。為了訓練技工、官兵、船員，現代教育開始引進。鐵路、電報只是時間問題。中國的現代化，已在年輕的慈禧太后執政之初，邁出了第一步。

6 走出國門（一八六一～一八七一）

慈禧能夠有效地統治，離不開恭親王奕訢。兩人心有靈犀，慈禧的決策大多在恭親王的協助下形成，再由恭親王付諸實行。在他們之間，那幅隔絕慈禧的黃色幔帳等於不存在。

慈禧給了恭親王一項最重要的特權：允許他不在她面前下跪。政變後的一道上諭特別聲明恭親王等五位皇叔「除朝會大典外，其尋常召對及內廷宴餐均無庸叩拜」。五人中奕訢是主要受益者，因為他天天見慈禧。逐漸地，慈禧意識到，她需得取消這項特權。沒有嚴格的禮節制約，恭親王在她面前放鬆隨便，以對待其他女人的大男人方式來對待她，尤其她只有二十幾歲。慈禧最終無法忍受。一八六五年的一天，她氣急敗壞地自寫聖旨以兒子的名義罷免了恭親王奕訢。聖旨說奕訢「從議政以來，妄自尊大，諸多狂傲，依仗爵高權重，目無君上，視朕沖齡，諸多挾制，往往暗使離間，不可細問。每日召見，趾高氣揚，言語之間，諸多取巧，滿是胡談亂道。」這是慈禧少見的手書之一，不僅別字連篇，行文也近似衝口而出的口語，而不是端正典雅的書面語。不顧一切把自己的弱點暴露無遺，給人印象是她氣憤難抑。

如同一切牢固的友情，這場風暴不久過去。王公大臣居間調停，奕訢在她腳下「伏地痛哭」，表示「愧悔」。慈禧教訓了奕訢，讓他保證從此「改過自新」，便撤消了之前的諭旨，恢復了他軍機大臣的職位。但她仍然取消了奕訢「議政王」的稱號，而且警告他今後要摒除一切「驕矜之習」。被制服的恭親王，從此對慈禧像對待帝王似地小心翼翼，也像對待帝王一樣下跪磕頭。這件事對所有王公大臣都敲起警鐘：慈禧不容輕視。在她面前人人都匍匐在地。

*

慈禧與恭親王的關係沒有受到影響，甚至更加緊密，因為他們志同道合，一起面對阻礙大清帝國進入現代社會的保守勢力。

中國第一所現代教育機構「同文館」成了主戰場。同文館建於慈禧執政後不久的一八六二年，為的是培訓翻譯。起初反對的人不多，畢竟中國需要跟外國人打交道。學校設在一所雅致的宅邸，棗樹、丁香、黃刺梅叢中有一座小鐘樓，為上下課報時。到了一八六五年，根據恭親王的建議，慈禧把它擴展為也教「天文算學」等自然科學的理工學院，這下反對的聲音激烈起來。兩千年來，只有儒家經典配作教材。經由科舉登上仕途的官員，堅持以科舉為唯一晉身之階，他們攻擊同文館、總理衙門和恭親王本人，管恭親王叫「鬼子六」，作對聯挖苦他：「鬼計本多端，使小朝廷設同文之館；軍機無遠略，誘佳子弟拜異類為師。」

尊外國人為老師是許多人最難以容忍的。傳統的老師既教書，又教人，是學生終身的楷模，學生必須像尊重父母一樣尊重老師。弒師如同弒父、弒君，要受到凌遲的懲罰。天子王公都在家裡擺設已故老師的龕位，不時祭奠他們。這樣的待遇如何能給外國人？同治皇帝的老師、蒙古族倭仁大學士最為氣憤。他上奏慈禧：「夷人吾仇也，咸豐十年……焚毀我園囿，戕害我臣民，此我朝二百年未有之辱。學士大夫，無不痛心疾首，飲恨至今。」而今天我們要「奉夷人為師」，要「習其祕術以制彼死命」，他們怎麼會誠心教我們？何況，「天下之大，不患無才……何必夷人？」

慈禧堅持同文館的辦學方向，回答倭仁說，既然人學士稱中國有人教自然科學，那麼請保舉幾位。這輕輕的一擊將了倭仁的軍，他只好承認自己「並無精於天文算學之人，不敢妄保。」慈禧給了他臺階下，請他「隨時留心」，一發現人才「即行保奏」。

倭仁仇恨西洋人，壓根兒就不同意引進西學，面對現實又無可奈何。一天，給九歲的小皇帝上課時，他哭了起來。小皇帝沒見過老先生哭泣，嚇得許久不安。幾天後，倭仁上馬時差點倒下，趕快用轎子抬回家。他向慈禧請求開缺，慈禧沒准他辭職，給了他一個永久性病假，讓他繼續做榮譽性質的大學士。

倭仁的宮廷同事不少人跟他有共鳴。同為帝師的翁同龢，把西洋人叫做「污我城郭」的「腥膻」。倭仁離職時他們「相對黯然」。

*

慈禧不理會反對之聲，任命一位徐繼畬做「總管同文館事務大臣」，說徐「老成望重」，足以做學生的楷模。太后如此看重徐，原因是他寫了中國人首次全面介紹世界各國的《瀛寰志略》一書。雖然徐沒出過國，但他在廈門交了個通閩語的美國傳教士朋友雅裨理（David Abeel），雅裨理為他翻譯了一本西方地圖冊，在此基礎上，徐薈萃積累，最後編成這本巨著。書中他對西方國家多有讚譽之詞，對美國最為傾慕，寫道：

華盛頓，異人也。起事勇於勝廣，割據雄於曹劉，既已提三尺劍，開疆萬里，乃不僭位號，不傳子孫，而創為推舉之法，幾於天下為公。……〔美國〕幅員萬里，不設王侯之號，不循世襲之規，公器付之公論，創古今未有之局，一何奇也！*

徐繼畬從美國看到了中國夢：天下為公。他還寫到，美國就像儒家理想中最完美的唐堯、虞舜、夏禹三代。那時人民安居樂業，社會和諧，皇帝用推薦「禪讓」的方式產生，自己生活跟普通人一樣。這當然都是傳說，但慈禧時代的中國人相信「三代」真的存在過，最初接觸西方的不少官員發出感慨，中國的理想，竟活在大洋彼岸。最早出使西洋的一名外交官張德彝評論說，英國的司法實踐「饒有唐虞三代之風」。

徐繼畬的書於一八四八年道光年間出版，見者大嘩，紛紛指責他誇大「外夷」，他因此丟了官。如今慈禧把退隱山西故里的徐召來北京，提拔進總理衙門任要職並管理同文館。在北京的西方人認為，徐的任命是新時代開端的又一標誌。

隨後幾年，徐仍受到攻擊和孤立，他以病、老為由懇請辭官，慈禧只得讓他回鄉。他離開後，慈禧經赫德推薦，任命美國傳教士丁韙良（W. A. P. Martin）為同文館負責人。身為外國人，丁用不著擔心中國士子孤立他。但慈禧讓西洋人做中國讀書人的「校長」，需要相當的勇氣。選擇丁韙良是因為他率先把西方法律概念介紹到中國，特別是翻譯了美國人惠頓（Henry Wheaton）的著作《萬國公法》（*Elements of International Law*）。此書經慈禧批准，由總理衙門撥款五百兩銀子出版。丁韙良管理同文館數十年，培養了不少對外關係的人才，也為中國新教育制度打造出雛形。

＊

為了讓人們睜眼看世界，慈禧開始派人出國旅行。一八六六年春，赫德回國休假，恭親王從同文館選了幾名學生跟他同行，遊歷歐洲。率領這組年輕人的，是六十來歲的滿族人斌椿。他驕傲地在詩裡稱自己是「中土西來第一人」。

斌椿在海關當文書，這樣意義深遠、跨越大洋的首航，由他帶隊，級別顯然過低。問題是，地位低於赫德的高官沒人願意去。斌椿毛遂自薦，「慨然願往」。勸阻的人很多，個個危言聳聽：「或雲風濤險，恐君不堪此。此行古未有，禍福疇能許？或雲虎狼秦，待人以刀俎；又如使匈奴，被留等蘇武……」但斌椿對外部世界充滿好奇，他已結交了包括丁韙良在內的西洋人，看了他們給他的書，對外國略知一二，自詡不再像「井底蛙」。

＊ 徐繼畬讚美華盛頓的話後來刻在美國華盛頓紀念碑的石頭上。

斌椿旅行了十一個國家，足跡所涉從都市到宮廷，從博物館到歌劇院，從工廠到船塢，從醫院到動物園；見到的人有帝王將相，也有普通男女。維多利亞女王在一八六六年六月六日的日記裡記載了他的覲見：「接見中國使節，可是他們沒有國書。為首的是頂級大臣，樣子很像這邊見到的那些木製彩繪人。」看來斌椿的官銜被大大吹高，女王也被「忽悠」了。斌椿的日記也記載了這次會見：「至內宮，君主向門立。予入門側立稱謝。君主問：『來此幾日矣？』予答曰：『來已兼旬。』又問：『敝國土俗民風，與中國不同，所見究屬如何？』予對曰：『來已兼旬，得見倫敦屋宇器具製造精巧，甚於中國。至一切政事，好處頗多。且蒙君主優待，得以遊覽勝景，實為感幸。』君主云：『此次遊歷，惟願回至中華，兩國愈加和好。』予稱謝，始出。」

英太子為斌椿舉行舞會。中國沒有的男女成雙結對的舞蹈，徹底迷住了這個不古板的老先生。他用了相當篇幅描寫舞會，「武職衣紅，文職衣黑，皆飾以金繡。婦女衣紅綠雜色，袒肩臂及胸。珠寶鑽石，項下累累成串，五色璀璨，光彩耀目。」舞會中太子請見。他注意到，走到太子身邊時，「太子及妃皆立。太子問：『倫敦景象較中華如何？惜距中華太遠，往來不易，此行尚安妥否？昨遊行館，所見景物佳否？』予一一應答，且云：『中華使臣，從未有至外國者，此次奉命遊歷，始知海外有此勝境。』」

夜裡，他感慨「燈火滿街，照耀如白晝」；乘火車，他驚嘆「直如雲中飛過」。他共乘了四十二次火車，帶回一個小火車模型獻給慈禧。他了解到機器可以改進人民生活。在荷蘭他仔細觀察了用抽水機灌溉良田，議論道，中國的水車「惟人勞而灌溉不廣」，如果採用荷蘭的辦法，「可以無旱潦之憂矣。」他欣賞歐洲的政治制度，參觀英國國會後寫道：「公議廳，高峻閎敞，各鄉公舉六百人共議地方公事。意見不和者，聽其辯論。」一致贊同後才能施行，君主不能強行做主。

這個對什麼都感興趣的老先生對什麼都讚美，包括中國發明的焰火。在中國它們不能射上天空，在歐洲，焰火「奇妙無比，有如中國流星起火者，高入雲表，空中散五色明燈，璀璨滿天」，「真奇觀也」。

偶爾有些不以為然的事，記下來的時候也還要加幾句好評：「西人好潔，浴室廁屋皆洗滌極淨。惟新聞紙及書笥等字，閱畢即棄糞壤中，且用以拭穢，未知敬惜也。」「敬惜字紙」是孔夫子的教誨。

斌椿對歐洲婦女甚感傾心。他看到她們跟男子自由交際，盛裝起舞，也看到男士怎樣對待她們：在海輪上，女士「偃臥長籐椅上。而夫日伺其側，頤指氣使」。夫婦餐後挽手散步，「倦則橫兩椅並臥，耳語如梁燕之呢喃，如鴛鴦之戢翼，天真爛漫，了不忌人。」這種男女關係叫他好生羨慕。他還專門提到這裡的女子可以登上王位，說維多利亞女王「即今之君主也。立時年十八，國人咸稱賢」。

斌椿歸國後，把對歐洲充滿讚頌的日記送進總理衙門。恭親王令人抄錄後上呈慈禧。這是慈禧看到的第一份臣子記載的西方社會，內容不可能不給她深刻的影響，特別是女人在西方所受的待遇。西方女人能做君主，而慈禧只能在兒子的寶座後面「垂簾聽政」。沒有簾她見不了大臣，就是垂簾她也不能見外國使節。當時外使一再要求覲見國君遞交國書。當她徵詢王公大臣的意見時，大家眾口一詞地否定：皇上是個小孩，不能接見外使，得等到他成年接管政事再說。至於有無可能由慈禧出面來接見，絕大多數人根本連提也沒提。處在這種地位的慈禧，只會對西方產生好感，甚至心嚮往之。

讀了日記，慈禧於一八六七年初把斌椿高升進總理衙門，任命他做同文館的「西學總監」。那時徐繼畬為「總管同文館事務大臣」，兩人是志同道合的朋友。斌椿旅行中帶著徐的《瀛寰志略》，驗證了書的確切。斌椿日記在慈禧支持下出版時，徐繼畬為之作序。

就像徐繼畬一樣，斌椿的日子也不好過。翁同龢在日記裡不屑地寫道：「斌椿者，總理衙門當差者也，前數年嘗乘海船遊歷西洋各國，歸而著書一冊，盛稱彼中繁華奇巧，稱其酋曰君主。」罵斌椿「甘為鬼奴」。斌椿於一八七一年去世。

*

慈禧早就想派遣使節至西方，但一直缺乏合適的人選。大臣中無人會說外文，也無人知道外國的風俗習慣。一八六七年，駐華六年的美國公使蒲安臣（Anson Burlingame）期滿回國，恭親王向慈禧建議派他代表中國去歐美各國做特使。他推薦說：列強之中，「美國最為安靜，性亦平和。」蒲安臣「其人處事和平」，「遇有中國不便之事，極肯排難解紛」，值得信任。蒲曾對恭親王說，離任之後，「遇有與各國不平之事，必十分出力」。恭親王建議何不就派他為使？

慈禧當即首肯：蒲安臣「著即派往有約各國，充辦理各國中外交涉事務大臣。」兩個年輕的中國官員志剛、孫家穀加二品銜，做為「欽命之員」隨蒲出訪。為了「籠絡英法」，請兩國也各派一人為隨員。首任出訪大使蒲安臣的任務，是向世界介紹新中國。給他的書面指示說：「凡有交涉事件，必使中外均有益無損。」「設有重大情事，亦須貴大臣與欽命之員開具情節，諮明中國總理衙門候議，再定準否。」

翁同龢在日記裡把蒲安臣稱作「夷酋」，顯出守舊派的抗拒情緒。而西洋人辦的英文《字林西報》則稱聘請蒲安臣為中國使節，是「獨一無二的，超乎想像的」。它不相信中國人會有這般首創精神，說它來自「赫德先生的大腦」。事實上，赫德是在事後才知曉。雖然他表示支持，但他一直對使團持懷疑態度，甚至貶低。或許他心裡有點酸溜溜的。

蒲安臣使團縱跨歐美大陸，一路引人注目。所到之國，元首都出面接見，包括美國的詹森總統（Andrew Johnson）、英國的維多利亞女王、法國的拿破侖三世（Napoleon III），普魯士的俾斯麥（Bismark），俄國沙皇亞歷山大二世（Alexander II）。維多利亞女王在一八六八年十一月二十日的日記中寫道：「接見中國大使。他是到這裡來的第一位，可他是個美國人，穿著歐洲衣服……他的同事倒是兩位真正的中國人，還有兩個祕書是英、法人。」

蒲安臣一八二〇年出生在紐約州，林肯總統一八六一年就職後不久任命他為駐華公使。他崇尚國與國之間的平等，從不輕視中國人。他用真摯的熱情和雄辯的口才把慈禧的中國介紹給西方，是慈禧再理想不過的代言人。

他的演說天才早已出名。從哈佛大學法學院畢業後，蒲安臣投身政治，成為麻塞諸塞州參議員，隨即進入美國國會。一八五六年，狂熱鼓吹蓄奴的眾議員布魯克斯（Preston Brooks）在參議院用手杖猛擊主張廢奴的參議員薩姆勒（Charles Sumner）。蒲安臣是堅決的廢奴主義者，他針對此事發表演說，演說詞成為美國解放黑奴運動的一份重要文獻。布魯克斯要求蒲安臣決鬥，蒲安臣迎戰，提出決鬥武器用長槍，決鬥場在尼加拉瓜大瀑布頂端的海軍島上。由於布魯克斯不接受條件，決鬥沒有進行。在公使任上，蒲安臣積極推行對華「合作政策」，反對砲艦外交。

一八六八年六月二十三日，在對紐約公民的講話中，蒲安臣熱烈讚頌慈禧領導下的中國政府。中國「正走向西方，今晚她的代表主動來到這裡……」在全場歡呼聲中，他說：

> 我可以斷言，地球上沒有任何一塊地方，在過去幾年裡取得了比中華帝國更偉大的成就。〔歡呼聲〕她擴大了貿易，改革了稅收體系，更新了陸海軍組織，創建了一所教授現代科學和外文的嶄新學院。〔歡呼聲〕取得這一切，她克服了重重困難。之前一場大戰延續了整整十三年，她打勝了這場大戰，沒有借債。〔不斷的鼓掌聲和歡笑聲〕你們一定要記住她的人口多麼稠密。你們一定要記住這樣一個大國推行激進的改革多麼困難。引進你們製造的火輪會令十萬木船業工人失業；在行政機構雇傭數百外國人自然使古老體系中的當地人心懷不滿；建立新學校受到大員強硬抵制，為首的是帝國最負盛名的大學士。然而，今天中國開明的政府正在克服這重重困難，穩步前進〔歡呼聲〕……

蒲安臣告訴大家，中美貿易額「僅我駐中國期間就從八千二百萬美元上升到三億美元」（按今天的幣值計算約四十至五十億美元）。蒲安臣請大家不要忘記，這些改革了不起，因為中國人口「占世界三分之一」。他譴責那些「鼓吹現有的王朝必須垮臺，中華文明的構架必須全盤推翻」的人。

蒲安臣不光是為中國說話，一八六八年還代表中國與美國簽訂了一個平等條約，有別於鴉片戰爭以後任何「不平等條約」。條約特別保護在美國的中國移民，給他們最惠國國民待遇，同時採取措施努力制止從中國到南美洲的奴工貿易。蒲安臣的崇拜者、文豪馬克吐溫（Mark Twain）在一篇六千字的文章中，生動地描繪出條約將如何有利於在美華人：「想想那些中餐館的廚師、鐵路線上的挖土人、加利福尼亞的鋪路技工，看到條約時他們會怎樣雀躍歡呼。那些打、撞、放狗咬中國佬的人，再也不敢放肆了。」條約簽訂之前，馬克吐溫說：「我看過中國佬被那些卑劣頭腦所發明的最低下、最懦弱的方式欺侮，但我從未看見警察干預，也從未看到中國佬在法庭上獲得正義。」如今，華人有了選舉權，政客再也不敢忽視他們了。馬克吐溫興奮地寫道：「大筆一揮之下，所有那些無理限制、偏見狹隘、不合憲法的針對中國佬的加利福尼亞法律完蛋了。〔政客〕『發現了』這裡有兩萬香港、蘇州來的選舉人和被選舉人！」次年北京批准了蒲安臣條約。

蒲安臣旅途兩載，到了俄國後，在覲見沙皇次日病倒了，中醫說他「肝鬱兼受外邪」。副手志剛觀察到，俄、中「毗連陸地將萬數千里」，有許多潛在的問題，他「日夜焦急，致病勢有加無已」。一週後，一八七〇年初，蒲病逝聖彼得堡。志剛「目擊情形，深為悼惜」。他寫道：「蒲使為人，明白豪爽，辦事公平，而心志未免過高，不肯俯而就人。一遇阻礙，即抑鬱愁悶而不可解；兼之水陸奔馳，不無勞瘁。受病已深，遂致捐軀於異國，惜哉！」

對蒲安臣的死，慈禧表示悲哀，感謝他「遠涉重洋，不辭勞瘁」，為中國辦事兢兢業業，下令「加恩賞給一品銜，並賞銀一萬兩，由出使經費項下撥給，交該使臣家屬祗領，以示優待之意。」她同時叮囑志剛等「出使事宜甚關緊要」，要他們與英、法協理「悉心商酌，妥為辦理」，完成使命。

*

一八六八年初在志剛離開北京之前，慈禧接見了他。她坐在後宮養心殿內黃紗帳後，十一歲的同治皇帝坐在帳前龍椅上。志剛跨進門檻後，先正面朝皇上跪下，把帽子摘下來放在左前方，翎枝向前，接著用滿語請安、叩頭。隨後他戴帽起身向右前行，再對著黃紗帳跪下，側對皇上，回答慈禧的詢問。慈禧問他：「由何路行走？」他的答覆是一張相當詳細的路線圖。可以看出，慈禧對世界地理並不陌生。她對志剛說：「辦理外國事務，外間頗有閒言」，鼓勵志剛不要沮喪。志剛答道：「恭親王尚且不敢回護，奴才等更當竭力辦事。」（志剛是滿人，所以自稱「奴才」。漢人自稱「臣」。）覲見完畢，志剛退步到皇上面前跪下，對同治用滿語說：「恭請聖主萬安。」起身退步出簾外。他收到慈禧的禮物：「紅綢大卷袍褂料各一件，黃辮珊瑚豆大小荷包各一對。」

志剛是勤謹的外交官，他的旅行日記讀來跟斌椿不同。他不像斌椿那樣為西方所傾倒，在感情、觀點上都有距離。他認為有些事情不適合中國，比方解剖屍體。雖然他知道這對醫學很重要，但是中國的「孝子、慈孫，必不忍棄其祖、父未寒之屍，而聽人之刳剔。此中華所不能行，而西醫遂獨擅其長也。」對外國男女一同跳舞、在海灘上弄潮游泳、滑冰、觀劇，他持保留態度。

他覺得基督教虛偽：洋人講「最愛上帝」，「以愛人為懷」，但他們不光「以堅船利砲，以力服人」，而且用鴉片毒害中國人，為的是「利厚而售速」。看來，「其愛上帝者，固遠不若其孳孳為利之心。」

出其不意地，志剛在倫敦蠟像館見到素來崇敬的林則徐的蠟像，「其身不長，其貌則揚，顴平面圓，存我冠裳，」栩栩如生地站立在世界名人之中。倫敦蠟像館請一位廣州藝術家造成此像，花鉅款千里迢迢運來。可見英國基督徒並不都是「孳孳為利」，他們也用各種辦法抗議鴉片貿易。

良好印象中還有各國皇家的盛情款待、公園游人的和善友好。志剛去憑弔了華盛頓墓，為它的簡單樸實而觸動。他以幾句話結束了當天的日記：「以一廢退武職，崛起於人心思奮之時，卒成數千里大業。而乃功成名遂身退，不為功名富貴所囿，固一世之雄也哉！」

志剛在法國目睹了一樁由賄選引起的鬧事，由此想到選舉雖好，而選舉不公「弊又從此而生」。另外真正的賢人，「不求聞達者，反寂寂無聞」。但整個來說，他讚賞西方議會制度，在詳細敘述美國國會如何運作後，稱讚這一制度使「民情達而公道存」。志剛和其他早期走出國門的中國人，都從根本上認同西方的制度，認為它同中國人自古的追求一致。

日記中多處不惜筆墨地描述科學發明和機器操作。志剛特別推崇電報，因為它無形，屬於自然的一部分，「天地間自有之物」。看了西方的工業，這位年輕官員感嘆道：「若使人能者而我亦能之，何憂乎不富，何慮乎不強！」

一八七〇年底，志剛和使團回到中國。這一行為期近三年，訪問了十一個國家。他們的日記、報告都呈交慈禧。可是，這些寶貴材料似乎石沉大海。

一個醞釀已久的項目在這年起步：派幼童赴美接受教育，以培養全面了解西方的人才。極力促成此項目的大員李鴻章，很清楚只是幼童赴美遠遠不夠，清王朝需要一個全盤計畫。李當時是直隸總督，首府在天津。一八七二年，他請求到北京覲見慈禧，但慈禧叫他「毋庸來見」。一八六九年下半年，宮中出了大事，慈禧的地位岌岌可危，只能自保。而且同治就要正式接管大權，慈禧即將歸政。志剛哀嘆：「不料時事有變，為之奈何！」

7 痛失愛情（一八六九）

執掌大清帝國的最初年代，年紀二、三十歲的寡居慈禧，每天生活在太監之中，愛上了一個年輕太監：安得海，人稱「小安子」。小安子比她小八歲，出生在北京附近宛平縣，傳統上為宮廷提供太監的地方。他的背景與別的太監大同小異：極度貧困迫使他們的父母閹割孩子，讓他們做太監，以圖孩子未來能有好一點的生計。通常，做父親的帶孩子去宮廷指定的專門「淨身師」處，雙方訂立合同，說明手術出事和孩子死亡都與淨身師無關。這一生死文書簽訂後便是不可思議的痛苦手術。淨身師手術費相當高，得從未來收入裡扣除。如果孩子運氣不好得不到提拔，多年也還不清。於是有些父親會親自動手閹割兒子。

經受如此的苦痛，太監卻得不到一般人、特別是男人的同情。康熙大帝說太監是「最為下賤，蟲蟻一般之人」。乾隆皇帝也說，太監是「鄉野愚民，至微極賤」，有幸進宮服務，欠了天子一大筆恩惠。在宮裡他們就像住監獄，少有機會能出宮門。對他們的懲罰不受大清法律限制，皇帝一不高興就可以叫太監杖下喪身。普通人嘲笑他們由閹割落下的通病：遺尿，為此他們一年四季都得包尿布。人們瞧不起他們，因為他們不再是「男人」。鮮有人想一想他們是怎樣走投無路，才被逼到這一步。通常憐憫喜愛他們的是同處宮中的女人。

小安子長得很帥，又善於體貼，服侍慈禧多年，是她生活中離不開的人。誰都知道他深得慈禧寵信，可是慈禧對他的感情遠非主子對忠僕，她為他昏了頭。一八六九年夏季，宮裡人發現她心思似乎不在工作上，以至翁同龢等上書，說她「近年以來，精勤之意稍遜於前」，有沉湎「逸樂」「安樂」而「怠」的跡象。這都是墮入愛河的兆頭。因為愛，她做了一件大膽危險的事。

這年同治皇帝滿十三歲，根據祖制，慈禧著手準備他的婚禮。春天，全國性選秀揭幕，位於蘇州的皇家織造也開始預備婚禮服裝。蘇州是座運河城，有眾多的美麗庭園。慈禧派小安子前去「採辦龍袍」。這其實並無必要，正如山東巡撫丁寶楨上書所說：「一紙明諭，該織造等立即敬謹遵行，何用太監遠涉靡費？」但慈禧一門心思想讓小安子高興：他可以邁出紫禁城、北京城，沿著大運河下江南，還可以在船上為自己慶祝生日。慈禧本人嚮往的正是這樣的旅行，她說紫禁城是個令人沮喪的地方，太多高牆窄巷，太多大門小門。大洋外吹來陣陣清新的風，撲打著紫禁城的門牆，釋放出迄今壓抑著的欲望。

八月，小安子帶著家人和幾個太監弟兄出發。翁同龢在日記裡說這簡直是「異事」，其他大臣也都大為震動。一個太監，居然像欽差大臣一樣出門辦事。當他們得知這個太監居然敢一路設宴作樂，還有音樂助興，就更憤慨了。老百姓沒見過太監，都跑出來圍觀。小安子的船在大運河上行駛，兩岸「觀者如堵」。大臣覺得非對他下手不可。在他行至山東時，巡撫丁寶楨把這一行人全抓起來。丁的報告到了宮廷，引得翁帝師連呼「快哉快哉！」

幾乎所有王公大臣都說小安子該殺，說他違反了祖宗的規定，出了皇城。實際上清王朝對人監的規定是：「非經差遣，不許擅出皇城。」小安子沒有違反任何規定，是慈禧差遣他出皇城。慈禧也沒有違反任何規定，不過她破了清王朝的先例。清代歷朝皇帝都沒有派太監赴各省之事。最堅決要殺小安子的，是慈禧的妹夫、醇親王奕譞，他是翁同龢意氣相投的好友；甚至恭親王和他通常開明的同事也都說殺。慈禧意識到這件事情的嚴重性，無法開口，托慈安出面幫小安子求情。據薛福成記載，「慈安皇太后言：『姑念其伺候西太后多年，貸以不死可乎？』大臣等皆不答。」不答就是不贊成慈安，他們要小安子死。慈安無法再堅持。軍機大臣當場寫好諭旨，將小安子「就地正法」，大家這才「磕首而出」。

慈禧扣住諭旨不發，求慈安幫她再想辦法。兩天後，醇親王又來施加壓力，逼她們馬上發下諭旨，很可能也警告慈禧，要她和小安子劃清界限，否則會引火燒身。諭旨最終由慈安發下。

諭旨要丁寶楨馬上執行死刑，對小安子等「毋庸審訊」，「不准任其狡飾」。顯然，醇親王等人怕把慈禧牽扯出來，要盡快殺人滅口。他們特別強調「毋庸再行請旨」，擔心慈禧設法否決行刑。

小安子被砍了頭，其他六名太監、七名雇用的保鏢也被處死。據說他還被「暴屍三日」，以讓公眾明瞭他確實沒有雄性器官。當時已有傳言，指他為慈禧情人。這傳言顯然不是空穴來風。紫禁城內的慈禧，傳旨丁寶楨把「安得海衣物等項」「派員解交內務府查收」。安的私物一旦進了宮庭，慈禧立刻交給弟弟照祥。顯然安的私物裡藏著兩人之間的私情，親弟弟手中是最安全的地方。

小安子的好友、未隨他出京的太監王添福，對人抱怨說，太后派安出京，又不承擔責任，是她

「食言，陷得海於死」。這番話戳到了慈禧的痛處，狂怒之下，她命令把王添福絞死。軍機章京領班朱學勤觀察到，慈禧對小安子被殺痛楚萬端，「悔恨之心彌甚，怒及旁側侍御，疑及貴近諸公。」她不僅把怒火發在身邊人身上，還懷疑痛恨周圍的王公大臣。

政變以來，慈禧一直做著違反大清祖制的事情，如今，她居然派遣太監去外省。更讓王公大臣不能容忍的是，小安子「攜帶女樂，尤屬不成體制」；他甚至帶著妹妹、姪女、女僕，任這些女人拋頭露面，簡直是「駭人聽聞」。（當時英國外交官發現他們只要帶妻女同行，通常友善的路人就朝他們扔石塊。）這些無辜的女人被「發往黑龍江，給披甲人為奴」。

儘管王公大臣不滿慈禧，但他們的矛頭沒有直接指向她。慈禧執政以來的成就有目共睹。丁寶楨說：「方今兩宮垂簾，朝政清明，內外大臣，各司其職，中興之隆，軼唐邁宋。」認為她的成績超過了唐宋盛世。另外，她不久就要退居後宮，同治婚後就要接班。

所有的斬首、絞殺、流放執行完畢，醇親王等人歡呼「大快」之時，慈禧病倒了，臥床不起一個多月。據翁帝師日記，她「少食不寐，胸滿嘔水，耳鳴頭悶」，「嘔水多黑」，臉腫得厲害，以至醫生「藥用黃羊血，聞治腫脹也」。一個月後面腫還「尚未消盡」，耳中「嘈雜稍減，頭痛發暈尚未平」。快到年底了，她依然「嘔吐未止」。醫生診斷她「肝氣上逆」，近似西醫的精神崩潰。這樣強烈的身體反應在慈禧是絕無僅有。她不是個弱女子，發動政變時，面臨凌遲的前景她沒有任何緊張的表現。傷莫大於心傷，痛失所愛才使得她幾近崩潰。

同治為母親祈禱，不時守在她身旁。但是小孩不能安慰母親，也沒人能安慰慈禧。只有音樂戲劇帶給她慰藉。近十年來，她沒能盡情享受這一生的愛好。咸豐死後，按照祖規，兩年不准有樂聲，等待「釋服」。釋服期到了，禁樂又繼續了兩年，直到丈夫下葬。這四年之後，音樂戲劇也只在慶典和重要節令演出。如今為了消愁解痛，她令昇平署在居住的長春宮內大唱特唱，「日日不間斷地有戲」，聽戲的記載在檔案中出現的頻率少見的高。樂聲中，病床上，她難免對醇親王恨得咬牙切齒，要尋找機會報復他。

小安子和同伴的死足以讓慈禧永遠放棄再有情人的願望。代價實在太高。她的心扉就此閤上。

8 阻止「滅夷」復仇計畫

（一八六九～一八七一）

十年前慈禧發動政變時，醇親王是她最堅定的支持者。他的動機是攆走一幫給大清帶來災難、導致他皇兄死亡的無能之輩。不像慈禧，他沒有從根本上改變對外政策的願望。相反地，他希望中國強大之後，有朝一日對西方復仇。他以為這也是慈禧的意願。

隨著十九世紀六十年代的過去，醇親王看出，復仇並不在慈禧的議程上。她甚至嚮往西方那一套。內亂結束之後，許多人呼籲趕走外國人，慈禧沒有理會。一八六九年初，醇親王認定行動的時刻到了，便上書慈禧，提醒慈禧不要忘記圓明園被焚、咸豐飲恨而亡這些「不共戴天之仇」。同西方「必應決裂」，把洋人都趕出國門。他擬定六條驅逐洋人之法，其中一條是抵制洋貨。洋貨只有自鳴鐘洋表洋槍還有用，但現在中國大半也能製造了。「其餘盡可一概不用。無損於國計民生，有裨於人心世道。」他要慈禧在宮內禁絕洋貨，這樣老百姓都來效仿，「無不以佩帶洋貨為恥」。沒人買洋貨，「惟利是圖之夷」也就失去了來中國的興趣。

他要慈禧叫總理衙門造一張在京城的洋人清單，「一旦決裂」時，「住京各夷，如敢猖獗，撻伐之任，臣請當之」，由他來解決京城的洋人。慈禧還必須「飭下各督撫設法激勵鄉紳，設法激勵眾民……焚其教堂，擄其洋貨，殺其洋商，沉其貨船」；「明告百姓，凡搶劫洋貨，任其自分，官不過問。」而且要全國一起動手，「各省皆然」。最後他告誡慈禧要以「復仇為懷，時刻不忘先帝未竟之志」。這就是醇親王的「滅夷」復仇計畫。

慈禧不想把中國綁在復仇的戰車上，她把奏摺交給王公大臣討論。他們都為文中所提議的暴力感到震驚，怕一旦傳出去引來洋人入侵。對醇親王，他們說些好話，稱讚他「不忘憤恨之憂」。不過他們顯然反對他的計畫。中國打不贏洋人，「釁端若自我而開，彼必聯各國與我為仇，中國恐有難支之勢。」這些意見，連倭仁等保守派都一致贊同，醇親王無話可說，但他沒有心服。

這事之後不久，醇親王堅決要殺安得海。慈禧認定，奕譞是在生活、政治上對她進行雙重打擊。在她考慮如何懲罰妹夫時，奕譞也在盤算下一步該怎麼辦。

*

東西方文化交叉這時已經出現多種碰撞。西方人認為中國只是「半文明」，中國人管西方人叫「洋鬼子」。敵意的焦點是基督教傳教士，他們在過去十年中遍及中國大地。針對他們的騷亂此起彼伏，甚至中文有了一個專用名詞：「教案」。「教案」並非源自宗教偏見。英國人米特福特觀察到，中國人對外來宗教不懷反感：

要不然，就沒法解釋為什麼一群猶太人能夠在他們之中生活兩千年而不受騷擾，今天還仵在

> 河南開封一帶；就沒法解釋為什麼北京皇宮的牆頭一處亭子裡有金碧輝煌的阿拉伯文可蘭經，紀念某位曾是皇上后妃的穆斯林女子。這裡看不出宗教迫害的痕跡。相反地，佛教極受歡迎……

基督教被廣泛認為是「勸人為善」的宗教，就是鬧教案的人也不反對它的教義。他們的憤怒目標是傳教士。洋人本來就容易成為眾矢之的，但更重要的原因是：傳教士在中國基層成了官方之外的新權威。各地總有層出不窮、形形色色的糾紛，從水源屬誰，到房地產歸哪個，再到多年的家族紛爭。斷官司的權力從來就在地方父母官，也不管判斷公平不公平。英國旅行者伊莎貝拉・貝德（Isabella Bird）這樣描述地方官府判案的工作量：

> 一天，我在營山〔音譯〕縣衙大門口外坐了一個小時，這期間有四百零七個人進進出出。各行各業的人都有，有的坐轎，但大部分步行，所有人無一例外著意穿戴整潔。他們都拿著紙張，有的厚厚一疊。衙門裡，文書、職員、師爺在庭院內不停地來回快步急走。差人手持傳票一類的公文，不時被派出大門。毫無疑問，這裡，大量的案子在不斷辦理之中。

有砲艦做後盾的傳教士到來後，輸了案子不服，或者認為自己得不到公平待遇的人，常常尋求衙門以外的權威庇護，也就是教會，並因此成為基督徒。米特福特舉例說，中國教徒去找教士，

「發誓說那些對他的指控都是藉口，真正的原因是他信仰基督。教士一聽就充滿正義的憤怒，毫不懷疑這些話的真實性，既然是基督徒說的，就是真的，指控他的人不信上帝，指控當然是謊言。教士於是跑去衙門，為教徒申冤。衙門判教徒有罪並加以懲罰，教士就去找他本國的使節。一場外交糾紛由此而起，雙方都怒火沖天。斷案的官員和干涉判案的教士，怎麼可能喜歡彼此？」有些當事的基層官員於是明裡暗裡鼓勵教案。

有時矛盾出於誤解，收留棄嬰、孤兒、流浪兒的育嬰堂首當其衝。在傳統中國，只有棄嬰才由在當地官府註冊的慈善機構收養。年長一些的孤兒、流浪兒是家人、親戚的事，怎樣對待他們與外人無關。當他們的親人到育嬰堂要人時，育嬰堂不准他們領走，甚至不准他們探望。這激發了中國人最恐怖的想像，到處傳說育嬰堂剖心做藥材，挖眼做照相機鏡頭。照相技術當時傳入中國，是個神祕不解的現象。貝德記載說在她旅行的地方，「吃小孩的故事正傳得沸沸揚揚，我敢肯定人們確實相信傳教士幹這種事。每當我們外國人進入一條比較貧窮的街道，許多人一把抓起他們的幼兒急急跑進房子去。有的孩子衣服背上縫著綠色的補丁，上面是大紅十字架。據說人們相信十字架對外國人神聖不可侵犯，背十字架的人不會受到傷害。」

一八七〇年六月，「天津教案」爆發，導火線就是一則謠言：傳說法國天主教修女所辦的「仁慈堂」拐騙幼兒，挖眼剖心。幾個當地的基督徒被人指控拐騙幼兒，遭痛打一頓後押送官府。雖然官府確認這些人無辜（其中一人是從教會學校帶孩子回家），數千人依然湧向街頭，湧向教堂，「民情洶洶」，拋磚毆打基督徒。法國駐天津的領事豐大業（Henri Fontanier）帶著衛兵趕到，在與地方官的爭執中開槍，打傷了地方官的侍從。暴民湧上前來，打死了豐大業，縱火焚燒教堂和仁慈堂，以及其他洋人住地，還殘殺了三、四十名中國天主教徒，二十一名洋人。修女被剝光衣服，強姦後和其他受害者一樣被「展腸裂腹」。

對教案，慈禧一貫的政策是「持平辦理」。她不相信「挖眼剖心」的謠言，因為這屢屢出現的謠言從未得到證實。她命令正因病休養的直隸總督曾國藩「迅赴天津」，「將為首滋事之人查拿懲辦」。她公開頒發上諭，對受害者表示同情，要曾國藩查看「各處匪徒如有影射教民作姦犯科者，即應隨時訪拿，詳細究明，從嚴懲辦。」恭親王祕密派人在外國人住地周圍巡邏，暗地保護。

曾國藩很快調查清楚，天津傳言純係謠言。他同時發現，這次教案跟以往大不相同：暴亂明顯是預謀，而且背後有人。當他問暴民「挖眼取心，有無確據，紳民俱無辭以對。內有一人言眼珠由陳大帥自帶進京」。

陳大帥是一個名叫陳國瑞的軍官，他在暴亂前幾天帶兵來天津，此後謠言瘋傳，天津鐵鋪開始打造鐵棍鐵釬。陳住進一所寺廟，來訪者川流不息，後來都成了暴民。暴亂那天，有人沿街鳴鑼聚眾，散發凶器，召集暴民殺人放火。住在天津的通商大臣崇厚想阻止人群去租界，下令把通往租界的河上浮橋解開，但陳又把浮橋重新搭上，暴民得以渡河。渡河時，陳在浮橋邊的船上對暴民喊：「燒罷燒罷」，「好孩子，滅外國人！」焚殺之時，他稱自己「在船上與童子作樂」。

陳的角色暴露出來之後，奕譞不斷呈文給慈禧：「臣深愛其人，冀為將來禦夷之用。」他要慈禧告訴曾國藩優待陳，護送陳回北京，「如此不但陳國瑞益加感奮，天下有志之士，孰不聞風鼓之福」。

舞」，這是「將來復仇驅夷之要道」。對殺人放火者「勿加誅戮」，要加倍鼓勵，因為他們是「國家

奕譞保護陳國瑞，是因為陳的所作所為背後都有他本人的影子。天津教案不是一起孤立事件，與此同時，全國到處人心惶惑，基督教挖眼剖心的謠言甚囂塵上。有的地方貼出告示：「八月十五日殺洋人。」好幾個城市出現了小規模的暴亂，驚慌的教徒敦促教士逃走，地方大員驚呼：「南北各省同時同案，殊不可解。」慈禧看出，這就是一年前醇親王提交而被否決的「滅夷」復仇計畫，醇親王正在把它付諸實施，天津教案是計畫的一部分。

慈禧不能公開跟醇親王為敵。醇親王是咸豐的弟弟，最有勢力的人物之一，他的仇外立場在全國上下備受歡迎。民間把天津燒殺場面畫於扇面，「欲傳後世，遍告天下，以為快事」。官員上書要慈禧乘天津之機趕走傳教士，「將各處教堂，盡行毀廢，傳教之人，盡行撤回。」曾國藩受到士大夫一片咒罵，讓他覺得一輩子的好名聲毀於一旦。御前會議上，醇親王高談闊論，指責曾國藩，譴責總理衙門，強調「陳國瑞忠勇可用」。沒人敢反駁，只能「同聲應之」。醇親王益發得意，指斥慈禧政府十年來未做任何準備復仇的工作：「自庚申〔一八六〇年〕至十年，試問所備何事？」

慈禧沒有硬抗，她先以她和慈安的名義順著奕譞說：「夷人是我世仇，爾等若能出一策滅夷，我二人雖死甘心。」隨後她巧妙地制止了奕譞想要立即實行的「滅夷」復仇計畫，說「此事如何措置，我等不得主意」，我們是女人，皇上太年幼，「諸事當從長計較」。就是說：「滅夷」計畫以後再說。為了打動御前會議的男人，她執政以來第一次掀開遮住自己的黃色幔帳。

就在這個期間，慈禧的母親於七月二十五日去世。病中的她不僅看中醫，而且看了西醫。美國教會醫生何德蘭女士此時已成為不少貴族婦女信賴的朋友和受尊敬的醫生。慈禧派人去祭奠，安排把母親的靈柩停放道觀一百天，其間道觀住持每天帶人誦經。但無論母親臨死前還是去世後，慈禧都沒有去探望。或許，某種直覺阻止了她，她覺得出門不安全。

本月欽天監根據星象預測「主將被刺及貴臣死」。清朝二百多年，刺殺聞所未聞。這一預測居然一個月後應驗：兩江總督馬新貽被刺身亡。天津教案發生時，馬新貽所在的省份也謠言四起，稱教堂挖眼剖心。他報告慈禧這是「遊勇造謠生事，立即按律正法。並飭地方官帶領紳民前往天主堂，經該教士遍引堂內看視，群疑始息。」「人心藉以大定，民教亦相安無事。」制止了暴亂的馬新貽是在這一背景下遇刺的。

由於天津慘案中遭屠殺的多是法國人，包括駐天津領事豐大業，法國砲艦開到大沽砲臺外鳴砲示威，大清帝國又面臨戰爭。慈禧只得調兵遣將備戰。曾國藩得訊後焦急不堪，嘔吐大作，臥床不起。他寫信給慈禧說：「中國目前之力，斷難遽啟兵端。」朝廷無人有辦法對付法國軍艦，「滅夷」叫聲最響的醇親王也束手無策。

慈禧下令時任湖廣總督的李鴻章帶兵前來幫助防禦天津和首都。前往京城的一路上，李鴻章不斷向慈禧出主意如何藉由外交解決問題：殺人犯必須繩之以法，但死刑要盡量少，以免激眾怒；總理衙門應向要求嚴懲滋事凶犯的各國使節解釋：「諸國平素道理不肯輕易殺人，傳教專為行善」，殺人太多，與此意不合。「若殺戮太過，實為洋人永遠之患，尤非各國厚待中國百姓之心。」

看來李鴻章確實了解西方，慈禧任命他接替曾國藩出任直隸總督。這是全國九位總督中最重要的，因為京城在直隸轄區內。曾則調往南京為兩江總督，補馬新貽遇刺的空缺。曾國藩於一八七二年病逝。

根據李鴻章的建議，恭親王與法國人達成和解。二十名凶犯判處死刑，二十五名流放邊疆。這些人中許多卑微到連名字也沒有，清單上簡單地寫著「劉二」、「鄧老」等，處決名單的第一個叫「馮瘸子」。行刑那天，這些人被監斬人和圍觀者當作英雄對待。咎責的兩名地方官則發往黑龍江「效力贖罪」，但罪名只是防範不力，流放的時間不長，因為為他們喊冤的人太多。至於陳國瑞，慈禧拒絕了法國使節必須嚴懲的要求，宣布他完全清白。提起他來，慈禧用詞十分謹慎客氣，派人「伴送」他從北京到天津去接受查訊，而且一問完就要「伴送回京」。（後來陳國瑞以人命案流放黑龍江，死在那裡。）

清廷為受害者發了撫恤金，教會領到銀子修復教堂。斷開浮橋希望制止暴亂的通商大臣崇厚被派往法國，代表政府申明天津暴徒是「大清仇人」，稱法人「慘罹此害，深為可憫」，表達了「實心和好」的願望。法國沒有表示異議。那時它正在歐洲跟普魯士作戰，不想在東方另啟戰場。中國僥倖避免了一場必輸的戰爭。

*

醇親王強烈反對慈禧對天津慘案的解決辦法，稱之為「遣戍賢員，殺戮義民」。對慈禧說的

「夷人是我世仇」等話，他斥為假話：「乃猶揚言舊仇宜報，其誰信之。」他說自己氣得病倒，躺在床上給慈禧一連寫了三封長信，指責她錯過了報仇雪恨、驅趕洋人的良機，是「千古罪人」。甚至借眾臣的口問慈禧：「先帝深仇，是否必復……如何實舉，必當一一踐實，不准支吾文飾。」慈禧在回復中對奕譞的指責避而不談，只說些不著邊際的話。奕譞仍不放過，又寫了第四封信，說慈禧的回覆，「全非臣所請之事」，令他惶惑。慈禧的迴避不談，更是「可懼可憂之至。」慈禧委婉地說：「驅夷大局」，現在還不能施行，仍需要「中外相安」。

奕譞不依不饒，次年初又給慈禧寫了一封長信，通篇還是他從前說的那些話：「垂簾聽政今已十年」，依然未報「吾皇不共戴天之仇」。最後發起脾氣來，「自覺如此度日，實無生趣。」對慈禧本人，他多少有些顧忌，沒有直接點名譴責，但對哥哥恭親王他就不客氣了，指名痛罵奕訢手下外交官「一味媚夷」。兩兄弟從此互不理睬。

很顯然，醇親王非常可能再挑起一次天津事件，把中國拖進戰火。慈禧卻無法管住他。由於他的仇外立場深得官心民心，慈禧只能暫時讓著他。做為仇外派的領袖，醇親王成了慈禧開放政策的主要障礙。為了大清帝國的長治久安，她非得找出辦法解決醇親王問題不可。

9 同治皇帝的短暫一生

（一八六一～一八七五）

同治皇帝五歲開始在「上書房」讀書。清宮對年幼的皇上和皇子的教育有嚴格規定：搬出母親住所，住進專門的地方，在凌晨五點之前梳洗停當，由轎子抬進書房，預備上課。白紗宮燈引路的轎子在宮牆中穿行時，紫禁城大半還在沉睡，只有雜役數人來往走動，有的靠在柱頭上打盹。

同治的老師由兩宮皇太后指定，是公認的品學兼優人士。課程以聖賢書為主，小皇帝只是死記硬背，完全不知所云。後來他又學習寫詩作文，課程表上還有滿語、蒙古語、騎馬射箭等。他厭煩聖賢書，老師之一的翁同龢幾乎天天在日記裡呻吟抱怨：小皇帝「晨讀毫無精神」；念書「滯極矣」；寫字「皆草草」；作文「不成句」；吟詩「平仄顛倒者極多，思路不開一至於此」。總之，「真無法可施也」。當然，小皇帝也並非一無是處，雖然對「窗明夜鳴秋」這一類題目他無話可說，只能「湊字而已」，但要是題目跟做皇上的責任有關，如「君明臣直」，翁師傅承認他還能「振筆疾書」。

慈禧、慈安常常詢問同治的功課進程，當她們知道他「見書即怕」，不勝擔憂。到了快接班執政的時候，他依然看不懂奏摺，她們急得哭起來，再三要老師們努力，「看奏摺要緊」。翁帝師安尉說奏摺不像聖賢書那樣艱難，批答也有下面的人幫忙。慈禧又親自測驗兒子接見官員的能力，發現他「說話不清」，焦急地要老師們教他說話，「不可再耽擱」。

同治喜歡戲劇。這種「悅耳目之事」，讓翁帝師大不以為然：「聞連日下書房即聽戲，如何如何！」同治不管老師怎樣想，看戲之餘，還化妝為母親表演。慈禧不反對兒子的喜好，太監回憶道：「那當兒同治爺敢跟太后上臉〔撒嬌逞能〕。我這是聽師父說的，那當兒還沒我哪，說是同治爺能唱武生，可是沒嗓子，唱過《白水灘》，趕著沒外人的時候哄太后一樂。有一回在寧壽宮唱《黃鶴樓》，同治爺唱趙雲，太監高四唱劉備，趙雲打躬參見主公，那個高四趕緊站起來打橫說：『奴才不敢。』同治爺說：『你這是唱什麼戲呢，不許這樣，重新來！』逗得太后直樂。」

同治還愛跳滿族舞蹈，如「喜起舞」，有時興高采烈地跳給媽媽看。

進入少年後同治有了新的樂趣。一天，翁帝師看到他在課堂上與伴讀的人嬉戲，從此「嬉笑不斷，甚至讀《左傳》這樣嚴肅的課本也「笑不能止」，令翁連稱「可怪也」。不嬉笑時，同治則倦不可支，「論詩文無氣力」，「看摺時精神極散」。他對老師承認幾個晚上沒睡覺，但又不說是什麼原因，還禁止老師說出去，怕傳到兩宮太后耳朵裡。翁帝師有次忍不住對皇上學生大聲疾呼，但更多時候他只能在日記裡抱怨「真無可如何也！」

少年天子的嬉戲乃跟「性」有關。他看中了年輕貌美的學者王慶祺，召他來做「侍讀」。兩人一塊找機會偷偷溜出紫禁城去尋花問柳，既尋異性的花，也問同性的柳。宮內廣泛傳說，「太監輩導引紅男綠女入宮供帝取樂，或導帝出宮微服遊玩。」

*

當同治恣意享受年輕人的快樂時，宮廷正忙著為他挑選后妃。一八七二年初，他將滿十六歲，一位姓氏為阿魯特的蒙古女孩由他本人和兩宮皇太后共同定為皇后，婚禮將於秋天舉行。

女孩的父親崇綺是清代首位蒙古人狀元，儒家的學問道德深入骨髓。他親自教育女兒，把她培養成儒家女子的典範：容德甚茂，端莊謹默，動必以禮。對古典詩文她還能一目十行。最重要的，她在家完全服從父親，出嫁後也會無條件地服從丈夫。慈安皇太后認為她是最佳人選。同治看中她，是因為他要的皇后只是擺設，這個女孩受到冷落不會發一聲怨言。

慈禧曾有過顧慮。阿魯特的外祖父是鄭親王端華，咸豐指定的八位顧命大臣之一，慈禧發動政變時被賜令自盡。遭斬首的肅順，是端華同父異母的弟弟。端華死後家產被查抄，北京有名的鄭親王府由內務府收回，家族的男性後裔也不准承襲爵位。這一切不可能不影響阿魯特的童年。在「動必以禮」的後面，她的腦子裡到底想些什麼，慈禧不知道。慈禧推薦了另一名候選人：員外郎鳳秀的女兒，說喜歡這姑娘的「姿性敏慧」。但最終還是接受了兒子的選擇，沒有把自己的意見強加給他。慈禧愛兒子，她也願意信任阿魯特，相信她那滲透儒家道德的父親的忠誠。皇后選定後，慈禧把鄭親王府賞還端華的後人，也准許他們承襲爵位。

同治的婚禮，與康熙的婚禮一樣，是直接娶皇后。（康熙之後的皇帝娶親都不是娶皇后，如慈安剛進宮時是「嬪」，後來才提升為皇后。）這場婚禮稱為「大婚」。紫禁城裡張燈結綵，掛著巨大的「禧」字。新皇后的家裡也煥然一新，門口的大紅柱子上彩綢飄飄。從她家到紫禁城的幾公里路上，凹凸不平的道路修整填平，撒上黃土，就像皇上經過的「御路」一樣。

大婚前一個星期，每天清晨，身著白團花紅上衣的挑夫沿著這條路把新娘的嫁妝展覽式地搬去她的新居。搬運的有大衣櫃也有小玉碟，有實用的洗臉盆架也有精彫細琢的藝術品。小物件陳列在黃綾鋪罩的桌子上，由紅黃雙色絲線絞成的絲繩固定。為了能一睹皇家迎親實況，老百姓一早就起床，擁擠在道路兩旁看熱鬧。這是他們跟大婚的唯一關係。一天早上，搬運的物件特別貴重，為了保險，挑夫天不亮就把東西搬走了。看熱鬧的人白等了半天，怨言不斷。失望的還有那些等著看訓練轎夫的人。抬新娘的轎夫必須抬得格外平穩，換肩時要求快而順，讓轎內人不知不覺。他們練習時會在轎內放上盛滿水的花瓶。大家都想看看他們的技巧，可轎夫偏偏不露面。

一八七二年十月十六日，是欽天監選定的大婚之日。午夜前，一輪明月照耀下的阿魯特姑娘，身穿繡著龍鳳交繞的華美婚袍，頭上蓋著龍鳳紋大紅蓋頭，坐上金碧輝煌的「鳳輿」，由宮廷派出的迎親隊伍從她家抬向紫禁城。道路空盪無人，只有幾條跑上跑下的狗和警戒在路兩邊的衛隊。老百姓都得迴避，住在路旁的人家不許往外看。跟御路相交的叉路口撐著竹框布屏，以擋住行人的視線。外國公使館兩天前接到通知，外國人屆時都得留在家裡。接到通知的公使館一片憤怒無奈。有人咆哮：如果不許人看，國家為什麼舉辦慶典？

有人還是偷偷觀看了迎娶新娘的行程，英國畫家威廉．辛普森（Wiliam Simpson）是其中之一。他跟一個傳教士朋友溜進路旁一家店鋪，店裡人在吸鴉片，懶得抬頭看外國人，對外面街上發生的皇家大事也興趣不高。辛普森到了樓上一間屋子，窗戶是紙糊的，一捅就破。從洞裡他看見下面街上的王公貴族騎著月光下呈白色的馬匹經過，前後是旌旗、華蓋和巨扇。緩慢行走的行列，靜悄悄的，看起來像幽靈。北京的街道黑洞洞的，只有手提的宮燈和間或懸掛的燈籠照明。月亮一陣陣躲到雲彩後面，似乎在勉強服從聖旨。

沒有歡快氣氛，甚至可以說是黯淡。當時認為這是莊嚴。子夜剛過，新娘阿魯特坐在鳳輿裡，由十六名轎夫從紫禁城的南面正門抬進皇宮。她是兩百年來首位進入紫禁城外朝的女性，因為她是迎娶入宮的皇后。即使以這樣的身分，她也只能在婚禮這天通過。無論慈禧還是慈安，一生都沒進過外朝。

享受著獨特尊榮的阿魯特端坐轎內，一手握著一顆蘋果。進入後宮出轎時，一位親王的夫人接過她手裡的蘋果，把它們放在洞房坤寧宮門外兩副鑲嵌寶石的馬鞍下。兩顆蘋果、兩副馬鞍，寓意「平平安安」。這是老百姓最一般的祝願。然而，阿魯特皇后跨過馬鞍、進入洞房後，會發現就連這樣的願望也是奢望。

大婚之夜，一片紅的洞房中貼著奇大的「囍」字。同治為皇后揭去蓋頭、走完禮儀規定的程序後，他要皇后背誦唐詩，似乎無意行房。過了這必須共處的一夜，同治不再跟她同宿，自己獨居乾清宮。阿魯特皇后認為自己有責任服侍皇上，就去找他，同治把她趕了回去。時人薛福成寫道，皇后「性羞澀，守禮法」，只好走了，雖然走前不忘「苦口極諫」一番。

慈禧看上的候選人被封為「慧妃」。她沒有資格享受婚禮，在大婚的前一天由一乘四人小轎從紫禁城的後門神武門抬入後宮。她和皇后以及其他三位嬪妃，都在孤寂中度過或長或短的一生。

一八七三年二月二十三日，同治親政，十六歲的他正式登上皇位。這樣年輕就集帝國大權於一身並不罕見。大清王朝入關後的第一、二任皇帝，即順治與康熙，十三歲就開始執政。同治的親政大典也只限於紫禁城內，老百姓得知於宮廷頒發的詔令。跟最初登基一樣，詔書在天安門城樓上宣讀後徐徐降下，由禮部繕寫、傳遞到全國各地。由於同治可以自己運用硃筆，那兩顆蓋在諭旨上的兩宮皇太后的圖章從此停止使用。垂簾聽政的黃色幔帳捲了起來，慈禧、慈安返回女人不許過問政事的生活中。

*

同治決心做個勤勉的皇帝，對翁帝師說他要努力，「若稍懈惰，對不起列祖列宗。」翁帝師感到他「語極懇切。若果從此立志，如天之福矣」。差不多一年光景，同治說到做到，天天早起讀公文，發指示，見官員。只是他毫不具備母親對改革的興趣和熱情，硃批簡短，例行公事。慈禧遵循王朝的規定，不干預兒子的政務。走向世界、走向現代化的步伐，就這樣停滯下來。

一個例外是西方使節終於見到了中國皇上，遞交了國書。這個要求他們不斷提起，但答案總是不行。皇上年紀太小，而太后是女人，不能見外人。同治親政的第二天，使團聯合起來再度要求，而且聲明，覲見不能下跪磕頭。磕不磕頭向來是中外關係的一個死結。一七九三年，馬戛爾尼勛爵為了英國貿易大任，在乾隆堅持下勉強照辦。但在他之後，一八一六年英國第二任貿易使節阿美士德勳爵（Lord Amherst）聽說非得下跪便打道回府，沒去北京。現在使團一致堅持：要覲見，不要磕頭。清宮的大部分官員則堅持必須磕頭。

慈禧幾年前就決定免去下跪。一八六七年，她跟幾個開明大員如恭親王、曾國藩、李鴻章等討論了這個問題，他們都說應該「格外優容」。按照母親的意志，一八七三年六月二十九日，同治接見了公使，沒有要求他們磕頭。這是個歷史性時刻。公使都直挺挺地站著，脫下帽子，朝皇帝的寶座每邁一步就向他鞠一個躬。公使團團長誦讀賀詞，同治的答詞由恭親王宣讀。整件事半小時完畢。宮廷沒有向全國宣布覲見過程，不想讓百姓注意到沒有磕頭。知道的人有的不安，有的解讀為皇上不得已屈服於洋人，發誓將來要報仇。

*

除了這一難題，國家管理運作倒還順利。傳統中國行政好似一座調節良好的機器，沒有危機時會自動運轉。操作機器的人不需要有主動精神，他們也很少提什麼建議。政策完全取決於首腦。慈禧充滿了主意和幹勁，可她的兒子一切都缺乏，也沒有外來因素促使他求變。慈禧為中國帶來了和平安定和一定程度的繁榮。國內既沒有農民起義，國外也無強敵入侵。

然而，即使只做自動運轉機的總管理，同治也需要照顧機器，讓它不出問題。但他厭倦了工作。高大、英俊、愛玩，這個十幾歲的大孩子早上起床愈來愈晚，接見官員的人數愈來愈少，後來一天只見一、兩個人，而且每次都問幾乎同樣的問題。對於案頭的大量公文，有些他不處理，許多他不看就批：「知道了」、「依議」——儘管報告中並沒有什麼「議」。於是各衙門都知道皇上不看報告，不在乎他們做些什麼，他們也就各行其是。

這種狀況讓王公大臣憂心忡忡。同治又提出他要重修圓明園。他跟母親一道去過那裡，廢墟中雜草掩沒的昔日輝煌讓他「慘然不悅」。一八七三年秋，他手書上諭，宣布他決心「擇要興修」圓明園。他的理由是他未能「奉兩宮皇太后在園居住，於心實有未安」，現在要盡孝道，給皇太后一個頤養天年的地方。他下令官員「量力報效捐修」。恭親王覺得他言之有理，報效了二萬兩銀子。慈禧當然興奮，重返圓明園是她的夙願。她積極幫著籌畫細節，面詢管事者、建築師，審查設計圖、模型，甚至自己動手設計殿內裝修。工程日誌有這樣的記載：「天地一家春四卷殿裝修樣，皇太后自畫」，「皇太后親筆畫瓶式如意……」

第二年早春時分，工程正式開工。同治經常來巡視，催工匠加快速度。同治著急工程進度，為的是盡快脫離紫禁城，住進一處可以任他自由享樂的天地。他受不了紫禁城的約束，這裡每天日落時要關閉大門，之後就連皇上也不能隨便出去。關門前先聽見太監用尖細悠長的嗓音喊著行話：「下斤兩！」然後一座座、一道道朱漆大門被推著關上鎖住。紫禁城一片沉寂，只有北京街頭竹梆子打更的聲音偶爾隱隱傳來。沿著紫禁城的城牆和大門，一根木棒悄無聲息地在護軍手中傳遞著，以保證警衛互相聯繫，沒人打瞌睡，也沒人失蹤。同治最怕聽那日落時的關門聲。皇上生活中有許多祖制，從天不亮定時起床，到史官跟在背後記錄言行，都讓他煩不勝煩。他渴望逃到圓明園去。

很快，反對的聲音就震耳欲聾。根據中國傳統，要是皇帝耽於享樂，在國庫不充裕時大興土木，臣子有責任進諫。他們直言批評同治「以有數之錢糧安能供無厭之需求」。同治的叔叔醇親王告誡他圓明園非享樂之地，這處廢墟是激發「大復先世深仇」的地方。同治對叔叔的話置之不理。戶部上奏摺報告庫款不足，他看後「原摺擲下」。他指責諫阻修園的人在「阻朕盡孝之心」，罵上書的御史遊百川「天良安在？」發上諭：「著將該御史遊百川即行革職，為滿漢各御史所警戒，俟後再有奏請暫緩者，朕自有懲罰，特諭。」

恭親王此時看到修園的不妥，領銜上書要同治停工。奏摺同時委婉指出同治的生活問題，比如「外間傳聞皇上在宮內與太監等以嬉戲為樂，此外訛言甚多」。還有工作問題：「視朝太晏，工作太煩」，「頹靡之風日甚一日」，「誠恐弊不勝舉，害不勝言」。

同治看了大怒，對恭親王說：你是不是要我把王位讓給你？軍機大臣文祥聽了此話，伏地大哭，喘氣不及幾乎停止呼吸，皇上示意把他扶出去。醇親王哭著勸說，當說到微服出行一事，同治追問叔叔：話是哪兒聽來的？醇親王指出他去的地方，恭親王坦言是他兒子、同治的朋友載澂說的。同治一發怒氣沖天，指責叔叔們企圖「把持政事」，兩位親王一個勁磕頭申辯也沒用。同治當即手書硃諭，譴責恭親王「跋扈弄權，欺朕年幼，著革去一切差使，降為庶人，交宗人府嚴行管束」。另一道硃諭革了醇親王的職。

事情到了不可收拾的地步。對王公大臣來說幸運的是，皇帝的母親就在後宮。他們直接寫信給慈禧，求她干預。慈禧跟慈安一同來到辦事的地方，責備兒子不該如此對待恭親王。她流著眼淚說：沒有恭親王能有今天嗎？她教訓兒子時，同治乖乖地站著聽，母親說到激動處垂淚，他趕緊跪下。慈禧撤銷了對恭親王的一切處分，下令停止圓明園工程。重建圓明園依然只是她的夢。

＊

同治不甘心就這樣放棄住在紫禁城外的努力，心思又轉到隔壁的三海：北海、中海、南海，當時稱「西苑」。這裡以湖水為主，沒有威武的大殿，但有精緻的喇嘛塔和佛寺；還有別具一格的團城。圍牆也不像紫禁城那樣森嚴，倒像是點綴。住所處於半坍塌狀態，因為道光、咸豐時代充滿經濟危機，無力修繕。在同治的壓力下，王公大臣同意撥款修西苑。工程馬上動工，同治經常在這裡流連忘返。盛夏去隆冬至，他來的次數有增無減，直到一天，在湖上他受涼生了病。

同治的病不僅是受涼。據太醫院病歷檔案，幾天後，一八七四年十二月八日，他「皮膚發出疹形」。次日，疹形透出，御醫判斷是天花。診斷書和處方由宮廷大員傳閱。開的藥方中，有做藥引子的蚯蚓，據說可以把毒吸出。宮廷上下對付天花遵循的是中國的傳統招數：對災難和降災之神只能哄著供著，別惹它們生氣，以期它們手下留情。於是宮裡人人穿上「花衣」，胸前繫上「紅絹」，「宮內皆掛紅聯，如春聯而紅」，一派辦喜事的樣子。皇上患可怕的疾病，被說成是「有天花之喜」。噁心的膿包，被恭敬地尊為「痘疹娘娘」，供奉在大殿上。

翁同龢日記記載道，第九天，軍機、御前大臣被召去見皇上。他們看見慈禧、慈安在御榻旁，手持蠟燭。她們令諸臣上前「瞻仰」。同治向外側臥，伸手讓他們看，翁同龢看見「花極稠密，目光微露」。就是說，同治滿臉都是膿包。退出後，慈禧傳他們去另一間屋子，提到兒子的病不斷哭泣，「焦憂過甚」。她說兒子病好後還會聽聽音樂、看看戲劇，你們就不要再批評了。諸臣只有「伏地磕頭而已」。

慈禧又說皇上幾天來焦慮萬分，不能親自批覽奏摺，你們要出個主意，該怎麼辦。王公大臣異口同聲：那就請兩宮皇太后處理國事。當諸臣擬奏稿時，慈禧感覺由他們提建議不妥，這有點像請皇上交權，建議應該出自同治本人。她叫大臣停止寫奏稿。

慈禧去跟同治講了，同治自然沒意見。第二天，大臣又被召來。他們眼前的皇上「起坐，氣色皆盛，頭面皆灌漿飽滿，聲音有力。皇太后亦同在御榻。」同治先對領班軍機恭親王說：「天下事不可一日稍懈，擬求太后代閱摺報一切摺件，俟百日之喜余即照常好生辦事。」年輕病重的同治接著又把恭親王教訓了幾句，要他服從慈禧，「語簡而厲」。慈禧插話說，大臣昨天已經提出了同樣的意見，「皇帝勿煩急」。慈禧重新執政，大臣全都鬆了一口氣。

生病十六天後，同治身上「痂漸脫落」，他可能化險為夷。「痘疹娘娘」被隆重地從大殿上抬下，送出大清門外。為了防止萬一，慈禧要王公大臣繼續穿花衣，一直穿幾個月。

可是同治皇帝沒能復原。他「腰間紅腫潰破，浸流膿水」，怎麼也止不住。一八七五年一月十二日去世，死時還不到十九歲，當政不到兩年。有人說慈禧害死了他，這毫無根據。不少人猜想他死於梅毒，因為梅毒的症狀跟天花很相似。宮廷似乎也懷疑同治的病跟他的生活方式有關，他的玩伴王慶祺被「革職永不敘用」。身邊太監也受到懲罰，有的「從重板責」，有的「發黑龍江給官兵為奴」。

天花是最可能的死亡原因。那時北京城正流行這種病，同治的姊姊大公主在他死後不久的二月五日也死於天花。病危時，據翁同龢日記，她「病中恍惚」說父親召她去陪伴弟弟。

自己選擇與死去皇帝做伴的是皇后阿魯特。「殉夫」為傳統所表彰，殉夫者的道德牌坊遍布中國鄉鎮*。阿魯特中選皇后就是因為她是道德楷模，此時她也不負眾望。時人薛福成稱，她「誓以身殉，遂不復食」。據太監說，同治死後，她父親崇綺叫人送給她一個食盒，她打開看見盒子是空的，心知這是父親叫她餓死自己，她照辦了，逝於當年三月二十七日。

中國人說慈禧虐待兒媳，逼阿魯特自殺；外國人說阿魯特懷了兒子，慈禧殺死她以避免孩子嗣位。這些說法都沒有絲毫事實基礎，儘管慈禧對阿魯特有時可能嚴厲。阿魯特來自一個以自殺為最高道德表現的家庭。當一九〇〇年八國聯軍入侵時，慈禧被迫逃亡，阿魯特一家十四口全部自殺以示忠誠。

*

同治皇帝駕崩後一百天內，大清帝國的男人不許剃頭、刮鬍子，北京城禁止婚禮和其他娛樂活動。京城內寺廟一律撞鐘三萬杵。誰該穿什麼喪服，以及各種該做、不該做的事，都有詳細規定。那個時代的中國或許是世界上禮節最繁複的國家，受過教育的一個標誌是熟知三千條禮儀細節。宮中無音樂的日子又是四年。為同治修陵墓需要那樣長的時間，年輕的皇上在位的日子太短，還沒來得及考慮死亡。他死後，慈禧派醇親王和翁帝師，帶著一隊風水大師去挑選理想的墓地。同治巨大的梓宮先停放在皇城的一所宮殿裡，官員在祭祀時前去行禮。梓宮用稀有的木材做成，上了四十九層漆，最外面漆成金色，四周是佛教圖案，裡面襯有十三層彩緞，也織著佛圖和金龍。

北京遠郊有東、西兩座陵園，安葬著清代的帝后。皇帝下葬按規定是跟祖父同陵，而不跟父親。咸豐葬在東陵，同治按理該葬在西陵。但是慈禧注定要和丈夫葬在一處，不願意跟兒子天各一方，所以把同治也葬在東陵。王公大臣理解她的感情，沒有反對這一決定。

兩所陵園都廣闊無比。同治將要下葬的清東陵，四面環山，東西兩河夾流，谷內鬱鬱蔥蔥，正南有天然的谷口，被認為是難得的風水寶地。每座陵墓除了地宮之外，地面上還有類似紫禁城皇宮的宮殿。宮殿前有精工雕刻的漢白玉石牌坊，頂上的石雕就像一對待飛的翅膀。通向陵墓的筆直「神路」，一眼望不到頭，兩旁守護著巨型石馬、石獅、石象等石獸，其莊嚴肅穆令人難忘。同治陵寢前沒有這樣一條神路，因為資金不足，如果修大道就無錢進口最好的木材建築墳墓本身。中國缺乏優質木材，上等硬木需要從海外進口，咸豐修墓時用了好些他父親墓地剩下的木料。篤信生命不死的慈禧，要她的兒子住在不朽的陵墓裡，所以決定犧牲神路，進口昂貴的楠木。這種木頭質地之堅硬，據說放在水裡會沉底。

同治賓天四年之後，他的陵寢終於完工。一八七九年的一天，在欽天監選定的最佳時刻，他和阿魯特皇后並排放入了地宮，棺材裡盛著金銀寶石。由於慈禧事無巨細親自安排，葬禮規模不亞於

* 本書作者的外祖父一九三〇年代初去世時，他的一位姨太太吞鴉片自盡。

任何一位先皇。在京王公大臣官員，雲集東陵，一百二十公里的路上一片縞素，哀聲遍野。梓宮抬來這裡，共用役夫七千九百二十人，每一班抬棺的有一百二十人。他們都經過專門訓練，出發前先洗浴，再換上特製的紫色團花麻布衣。沿途用黃綢白綾搭造大棚，裡面點著千百支白色蠟燭。梓宮經過時，周邊百里之內的官員都必須去跪迎跪送。

雖然這一切是祖制，但慈禧花了大量心血讓每一細節完美無缺。她深愛兒子。多年之後，為慈禧畫肖像的美國女畫家卡爾，在同治忌日那天身著黑衣。卡爾在回憶錄裡寫道，慈禧明白黑色在西方是悼念的顏色，「她看去很受感動，拉起我的手說：『你是個好心人，知道我的苦處，同情我。』她一直拉著我的手，眼淚落在上面。」

第三部　再度垂簾執政（一八七五～一八八九）

10 三歲的新皇上（一八七五）

同治皇帝去世時，慈禧守在他身旁。聽了御醫的報告，王公大臣奔進同治住的東暖閣，在場人士描述當時的景況：皇上已經「瞑目」，「太后哭不能詞」。王公大臣「哭號良久」後退下。這時慈禧派總管內務府大臣榮祿傳旨，把他們召進另一個房間，她要安排帝國的未來。

了解皇太后的恭親王，感覺到慈禧的安排一定不合規矩，他一向小心，不想捲進去，於是說：「我要迴避，不能上去。」但他還是同眾人一道進去了。果然，慈禧坦率地問大家此後是否應該垂簾聽政（「此後垂簾如何？」）。有人馬上回答：為了國家利益，「懇乞垂簾。」慈禧不給任何人反對的機會，立即說：我和慈安已經決定，「現在一語即定，永無更移，我二人同一心，汝等靜聽。」慈禧知道她處於優勢。同治沒有兒子，也沒留遺囑定繼承人，他死前不久，才傳旨由兩宮皇太后代他執政。

慈禧宣布，她和慈安決定為先皇咸豐過繼一個幼兒，由她們教育，將來接班。按道理，她本來應該為同治立嗣。但如果那樣，做祖母的慈禧很難以皇太后的名義掌權——這時阿魯特皇后還沒死，做皇太后的應該是阿魯特。慈禧毫不隱瞞她的動機，她要重新統治大清帝國，而且時間愈長愈好。慈禧不合規矩的安排沒有引起反對，大家都歡迎她重返政壇。她首次垂簾聽政時的成就有目共睹，與之成鮮明對照的是同治親政後的任性、無作為。在場的大多數人都被同治訓斥過，好幾個還被他解雇。如果沒有慈禧出面緩頰，後果不堪設想。大清帝國又回到她的手中，對改革派更是福音：過去幾年的停滯不前已使他們沮喪透頂。

慈禧指定了新皇帝：三歲的載湉，醇親王和她妹妹的兒子。在場的人看到：這個宣告不但沒有讓醇親王興奮，反而讓他「驚懼失常度，昏撲倒地。」「碰頭痛苦，昏迷伏地，掖之不能起。」載湉當時是他唯一的兒子，被他視若命根子，尤其是前面的兒子夭折了，現在他失去了獨苗。對醇親王的悲慟，慈禧無動於衷，只令人把他扶出去。在殿外，他「橫臥殿角，無人看顧也。登時淒惶慘狀，迨不如庶民家」。

軍機大臣退下擬寫新皇上即位的諭旨。執筆的大臣慌亂不定，一時寫不出來。對慈禧忠實無比的榮祿在旁見了十分緊張，生怕有人質疑。他抓起本來只能由軍機處人員使用的筆逕自寫起諭旨來。做為內務府大臣，他不能「擅動樞筆」，榮祿不顧一切，要助慈禧一把。據他的親信陳夔龍說，慈禧在兒子剛死就宣布新皇帝，也是榮祿促她下的決心。她的初衷是留到第二天再辦，因為她傷心哭泣筋疲力竭打算先回去休息。榮祿跪奏「萬不能回宮」，要立即把新皇帝扶上去，以免節外生枝。

結果一切順利。諭旨寫就，御前大臣一行乘轎趕去奕譞家裡，把小載湉從被窩裡抱出來，裹著蟒袍補褂，在數支燈籠蠟燭的微光下抬進紫禁城，先去養心殿謁見兩宮，再抱到死去的同治床前哭先皇。小載湉果真嚎啕大哭，不是為同治而哭，晚上的睡眠被無情打斷，離開了媽媽，任何孩子都不會不哭。東方還未破曉，中國已經有了新皇上：光緒。慈禧硃筆圈出這個年號，表示她決心在新時代，把已經開端的事業（「緒」）「光」大發展。

選擇光緒是慈禧對醇親王奕譞的報復。五年前，是他領頭堅持殺小安子，讓她心痛如裂。如今她奪走他的獨子，讓他也嘗嘗心痛的滋味。

慈禧奪走的不僅是奕譞的兒子，還有他的官位。身為皇上的生父，奕譞被迫辭去一切職務，以避免利用特殊地位干政的嫌疑。奕譞即刻上奏「請開一切差使」。慈禧叫王公大臣討論，恭親王馬上表態支持，說：「宜開去差使。」理由之一是跟禮節有衝突。做為官員，奕譞要向皇上匍匐磕頭，但是做為父親，他不可能這樣面對兒子。奕譞的保守派好友翁同龢看出，宮廷中失去奕譞，沒人能夠抵制改革派，上疏請求讓他繼續首領宮廷禁衛神機營。慈禧不採納，接受了醇親王的辭呈，「一切差使概行開去」。她給他留下一項工作：照看東西皇陵。當然，她說了他不少好話，賜予他「親王世襲罔替」。但翁同龢一眼看出：「皆空語也。」

奕譞也失去了發聲權。他要是再任意違背慈禧的政策，就會被認定是「干政」，甚至「謀反」。奕譞害怕慈禧會整他，用極度謙卑的口氣上書慈禧：「哀懇皇太后恩施格外，」憐惜、保全他，「為天地容一虛糜爵位之人，為宣宗成皇帝〔道光〕留一庸鈍無才之子」；他將「生生世世，感戴高厚鴻施」。

＊

後來醇親王的夫人、慈禧的妹妹，又生了兩個兒子。不幸的是，一個只活了一天半。另一個呢，不到四歲就死了，僕人說原因是營養不足。夫婦倆不知怎樣疼愛兒子是好，穿少了怕凍著，吃多了怕撐著，總不讓孩子吃飽。

慈禧太后懲罰了醇親王奕譞，讓他明白了她的厲害，然後又開始安撫他，賜給他幾個「太太」，使醇親王連連得子。最大的生於一八八三年，慈禧親自賜名載灃。慈禧還讓奕譞主管小皇上的教育，讓他有機會接近光緒。她不時邀請妹妹進宮，讓她也能見到兒子。慈禧的作法完全出乎奕譞的意料，讓奕譞感激涕零。

醇親王的朋友也被慈禧一一爭取過來。她讓他們看到，她不會報復他們。翁同龢，她指派為光緒的老師，這是翁做夢也沒想到的，不免受寵若驚。直接殺死小安子的丁寶楨，繼續受提拔、受獎賞，好像什麼事也沒發生。丁提升為四川總督時，照例要入京見皇上。榮祿專門寫信邀他到天津見面，對他說在京城有許多應酬，「知君兩袖清風，一無所有」，要送給他一萬兩銀子。丁寶楨與榮祿並無特殊私交，而且人人皆知他從不收禮。可是這次丁不僅收下銀子，事後還再寫信給榮祿，請「再行代籌萬金」。丁寶楨用這個方式表示，他知道這筆錢來自慈禧，對慈禧的特殊關心他心領神會。丁寶楨到死都跟慈禧配合。

慈禧把中國這艘巨輪撥回到她開啟的、朝現代化行進的航道上，並要加快航速。同治執政期間，她的腦子沒有空閒。她閱讀派往海外的旅行者寫下的大量報告、日記，從中了解外部世界。另外，香港、上海等地的報紙增加了不少，也成了重要資訊管道。跟十多年前初涉政壇時相比，慈禧不但對西方知道得更多，而且對「現代化」有更深刻的認識。她相信現代化是解決大清帝國問題的鑰匙。從殺小安子到同治去世，中國有五年止步不前，慈禧要把失去的光陰補回來。

11 加速改革（一八七五～一八八九）

一八七五年年初，慈禧失去了兒子，但重獲權力。這一年是中國歷史上的里程碑，充滿了「事屬創始」的嶄新事業。時任直隸總督的李鴻章從天津來到北京，研究全盤規畫。一八七二年李曾要求進京討論，但那時慈禧自身難保，歸政在即，只能叫他不要來。如今，李以「叩謁梓宮」的名義來京，到的第二天就被慈禧召見，第三天再度召見，幾天後又再次見面。用李鴻章的話說：皇太后「悲傷迫切之中大有勵精圖治之意」。

李鴻章此時已經是中國首屈一指的改革者。在天津，他結識了許多外國人，其中包括前美國總統格蘭特（Ulysses S. Grant）。一八七九年格蘭特在天津時，兩人常常見面。英國傳教士李提摩太（Timothy Richard）這樣形容李鴻章：「他個子比大多數人都高，思想上也高出一頭。從他們的頭頂上，他能高瞻遠矚。」李鴻章是慈禧改革的核心人物，儘管他不是軍機大臣。他和領班軍機大臣恭親王（西方人稱恭為「中國進步的同義詞」）如今是慈禧的左膀右臂。在他們的協助下，慈禧激進而又穩健地實行改革開放。正如李對慈禧所言，他們的共同希望是：「從此中國諸端漸引，風氣漸開。」他們也拉著保守派一同往前走。慈禧的風格是跟各種派別、思路的人都共事。

*

十多年前，慈禧就想派公使出國，現在終於可以成行。一八七五年八月三十一日，她任命了第一位駐外使節，「出使英國欽差大臣」郭嵩燾。郭是一位不尋常的改革先行者，早就鼓吹學習西方，認為電信、鐵路勢在必行。保守派對他譏笑怒罵，翁帝師說他「真是喪心狂走」，同省在京鄉試諸生聚會，商議搗毀他的住宅。壓力之下郭曾想託病不出使。為了勸說他，慈禧跟慈安一道見了他三次，對他一再「撫慰」。這裡摘錄的只是郭日記記錄的長篇對話的一小部分：

〔慈禧〕問：「汝病勢如何？」〔郭〕答：「臣本多病，今年近六十，頭昏心忡，日覺不支，其勢不能出洋……」問：「此時萬不可辭。國家艱難，須是一力任之。我原知汝平昔公忠體國。此事實也無人任得，汝須為國家任此艱苦。」

又諭云：「旁人說汝閒話，你不要管他……你只一味替國家辦事，不要顧別人閒說。橫直皇上總知道你的心事。」……

諭：「這出洋本是極苦差事，卻是別人都不能勝任……你須是為國家任此一番艱難。」慈安太后亦云：「這艱苦須是你任。」（往時召對，慈安太后不甚發言。此次引申慈禧太后之旨至五、六次……）

諭：「爾須天天上總理衙門。此時煙臺正辦著事件，時常有事商量。你必須常到。」又問：

「現在服藥否？」答：「正在服藥。」問：「然則尚須調養？」答：「正在調養。」曰：「如此你便間一兩日一至總理衙門，於調養亦不相礙，卻是得常去。」大致如此。然所以慰藉之，反復申明，有重述四、五次之多者。在家安排面辭之言，竟是不能說，惟能感激懍遵而已。

郭嵩燾就是這樣派定的。慈禧要求郭：「到英國一切當詳悉考究。」郭考究的印象以日記方式每月一冊由總理衙門出版。在參觀香港監獄後郭感嘆說：「西洋法度，務在公平，無所歧視」，監獄乾淨得讓人忘記這是監獄：「所至灑濯精潔，以松香塗地，不獨無穢惡之氣，即人氣亦清淡。」英國人的風度：「彬彬然見禮讓之行焉，足知彼土富強之基之非苟然也。」他甚至認為英國的強大在於它的政治體制，否則辦不到：「非民主之國，則勢有所不行。」而「中國秦漢以來二千餘年適得其反。」雖然郭在整理日記鈔寄總理衙門發表時有所顧忌，如把讚美英國人「彬彬有禮」時說「中國之不能及，遠矣」之類的話刪去，但遊記的出版，用後來梁啟超的話說：「把清朝士大夫的公憤都激動起來了，人人唾罵。」有人彈劾他「有二心於英國」，要讓中國對英稱臣。出版只得停止。可是郭並沒有像傳聞說的被慈禧申斥。相反，慈禧加任他為駐法國公使。郭在倫敦跟他自己挑選的副手反目，兩人公開互相詆毀，慈禧把那位副手調去德國。後來，郭實在無法跟其他官僚相處，堅決要求辭職，慈禧接受了。她對郭的繼任者、曾國藩的兒子曾紀澤說，她「深知道郭嵩燾是個好人，其出使之後所辦之事不少」。

慈禧對持有各種觀點的人都能使用。一八八〇年代駐德公使洪鈞，跟郭相反，是個老學究。他不喜歡西洋習慣，尤其是男女交往。工作之餘自己在家關起門來研究學問，疲倦了便獨自到柏林公園去散步。他帶去柏林的夫人是姨太太、賣笑出身的賽金花。年輕的賽金花渴望宴會、舞會，「那是多麼華貴啊！」她後來回憶道，「歐洲人對我的服裝和儀態是向來讚不絕口的。」可是，洪鈞不允許她自由社交。再說，她的三寸金蓮使她無法跳舞，站久了也不行。她描述當年的生活說：「中國使館是很講究的，大廳上真是金碧輝煌，有時使館設盛大宴會，人客都到齊了，我也由四個僕人打著宮燈帶路，文靜地出來會見那些齊站起來對我示敬的賓客。對他們一個一個地握手寒暄，完了就退入後堂……」她「曾覲見過德皇德后，行禮時是鞠躬，鞠躬後吻手，當時我仍穿著中國狀元夫人禮服。在德國宮廷裡也見過德國首相俾斯麥。他和我握手時當面讚揚我一句『美麗』。他是一個紅面銀鬚，兩目炯炯，容貌舉止都很嚴肅的一位老人。」

更進一步的交往就沒有了。賽金花的僕人也同她丈夫一樣守舊，出國前，「因遠涉重洋，她們要命也不肯跟我去。最後有兩個自己以為必定有去無回的敢死小老媽肯去了，但每月的工資要五十兩紋銀。」這是一筆極大的數字，比一般京官的收入高出不少，比在當地雇傭的德國女僕還貴。賽金花「雇了四個洋丫鬟，工資倒很便宜，一月四十兩，還是她們自己吃自己的。洋丫鬟很會服侍人，體貼極了，比起中國的僕人對主人，還要忠實、聽從得多。」

學究洪鈞也在新環境下「和平演變」。剛去歐洲時，他堅決不穿洋襪子，要穿從中國帶去的布襪子。後來，走路磨壞了腳，意識到洋襪子舒服得多以後，他改了習慣。任期屆滿離開柏林時，他甚至帶回一架滑冰車獻給慈禧太后。

一八八五年，慈禧決定系統地派政府官員出國考察。為此制定了《出洋遊歷章程》，要求「遊歷之時應將各處地形之要隘、防守之大勢以及遠近里數、風俗、政治、水師、砲臺、製造廠局、火輪舟車、水雷砲彈，詳細記載，以備考察。」官員要是有興趣，還可以自選科目，研究西方語言文字、科學技術。回國後，他們需「將所學習何業，所精何器，所著何書」，呈交總理衙門，由總理衙門推薦、慈禧裁決，給予獎勵，分配恰當的工作，為現代化全面播下種子。

這樁後世學者稱為「晚清中國人走向世界的一次盛舉」，是在慈禧一再督促下起步的。她的一道道諭旨包括要各部門「限三個月內諮復該衙門（總理衙門），勿再遲延。」跟十年前比，這次報名的人很踴躍，出洋不再被視為苦差，成了熱門，要通過考試競爭。時人看到，應試者中頗有什途得志的飽學之士，考上了出國還「欣欣有得意」，社會風氣真是在變！試題跟一千多年以來的科舉題目迥然不同，有「海防邊防論」、「通商口岸論」、「鐵道論」和「記明代以來與西洋各國交涉大略」。這些新時代的新題目鼓勵人打開頭腦、舒展思路，想現代問題，做現代學問。對這樣激烈的變化，不少人心理上一下子難以轉彎適應，有人在答卷中說現代化學、蒸汽機等的老祖宗是「墨子」。

*

積極的外交活動使一個群體立即受益，這就是從一八四〇年代後期形成的奴工式的「契約華工」。他們大多在祕魯和西班牙屬地古巴，人數有幾十萬。一八七三至七四年間，清政府派人調查他們的狀況。到古巴的調查團報告說，他們中十分之八是被拐騙來的，以為是出國做工，沒想到到了哈瓦那便被「發賣為奴」。大多數人被賣到甘蔗種植場，受的待遇「尤為凌虐不堪。其工夫過重，其飲食過薄，其做工時刻過多，其被棍撞鞭拷、鎖閘等諸般荼毒，又最甚。遞年各處打死、傷死、縊死、刎死、服毒死、投水死、投糖鍋死者，纍纍不絕。……工滿合同年限之後，工主多不給滿工憑據，仍勒令再做數年或十數年，依然照舊受虐。」在祕魯，他們受到同樣殘忍的虐待。

一八七五年，慈禧重返政壇時，北京正同祕魯談判外交關係。她對主持談判的李鴻章強調：「華工在祕魯各處山寮受其凌虐，必須妥議辦法。」必須將「虐待華人各情弊嚴為禁革」。清政府與祕魯政府、代表古巴的西班牙駐華公使簽訂條約，解放了華工奴隸，停止了契約華工貿易，給予自由移民的華僑以最惠國人民待遇。慈禧任命古巴華工問題調查團主事、外交家陳蘭彬為駐美國、西班牙、祕魯三國公使，常駐美國，負責保護華工和移民。

*

一八七五年，建設世界先進水準的海軍成為議程重點。主要原因是正在崛起的鄰國日本野心日增，剛試圖攫取臺灣。早在歸政以前，慈禧和她的班子就在關注日本。李鴻章說，日本「與西人定約，廣購機器、兵船，仿製槍砲、鐵路，又派人往西國學習各色技業」，「近在肘腋，永為中土之患」。五月三十日，慈禧在一篇提綱挈領的密諭中說：「海防關係緊要，既為目前當務之急，又屬國家久遠之圖。……亟宜未雨綢繆，以為自強之計。惟事屬創始，必須通盤籌畫，計出萬全。」她

「派李鴻章督辦北洋海防，沈葆楨督辦南洋海防」，每年撥出四百萬兩銀子的鉅款來建設海軍。當時鐵甲船在歐洲發明不久，慈禧說：「鐵甲船需費過鉅，購買甚難，著李鴻章、沈葆楨酌度情形，如實利於用，即先購一兩隻，再行續辦。」數年內，中國買了兩艘鐵甲艦及其他戰艦。海軍留學生分赴英、法，學習駕駛、製造；年輕陸軍軍官也同赴德國軍營學習。南、北兩隻水師中，北洋面對日本、守護北京，是重點。

作為海軍現代化標誌的「北洋海軍章程」於一八八八年由慈禧皇太后批准。章程中第一次提到「國旗」。中國自古以來還沒有過國旗。慈禧當政之初，總理衙門為新興的海上隊伍設計了一面名為「黃龍旗」的斜長旗幟，現在按國際慣例改為長方形，正式成為國旗。國旗以金黃色的羽紗為底，上面繡著藍色五爪飛龍，龍頭向上，朝著一輪鮮紅的紅日。隨著國旗的誕生，西方觀察家說：「中國驕傲地自立於世界民族之林。」

*

慈禧和志同道合的改革者認識到：「中國積弱，由於患貧」，對西洋致富的各種措施，都應「擇其至要者，逐漸仿行，以貧交富。」一八七五年秋天，海關總稅務司赫德受命提交一份旨在全面發展對外貿易的建議書。清政府的指令說：「壓倒一切的重要性是建議書必須有利於中國，而不能有任何傷害。」不久，沿著長江開放了一系列通商口岸，一直到重慶。這些門是慈禧政府主動打開的，儘管英國公使威妥瑪提過建議。一八七六年，在海關任職的李圭成為首位中國官員被派參加在美國費城舉行的「萬國博覽會」，尊旨將所見所聞「詳細記載，帶回中國」。據此寫成的書由李鴻章作序。赫德領導的海關於一八七八年發行了中國的第一枚郵票：大龍郵票。

也是在一八七五年，慈禧下令在福建首先架設電線：「著沈葆楨等迅速辦理。」目的之一是越過臺海把臺灣與大陸連在一起。起初，有人上書反對架設電線：「閩省百姓一聞此事，水深火熱，大眾齊心拆毀。」但逐漸地，人們看到電線「沿途毫無擾累」，「皆知電報為有益軍國商旅之事」，歡喜地接受了。接著，大清電報局創辦，由卓越的第一代實業家盛宣懷主持。電線延伸到廣大城鄉。

還是在一八七五年，慈禧五月三十日頒旨實行現代化採礦，「先在磁州、臺灣試辦，派員妥為經理。」針對疑慮重重的百姓怕地下寶藏被外國人偷走，她說：「有需用外國人之處，亦當權自我操，勿任彼族攙越。」磁州不久因為運輸等原因改址為北京以東一百六十公里的開平。西方技工很快帶著機器來了，慈禧派另一個傑出的首代企業家唐廷樞負責開辦。唐從前為外商工作，積累了辦理現代企業的經驗，參與創建本土最早的商輪公司：輪船招商局。他與盛宣懷等人是最早的中國中產階級。開平發展成為工業城市唐山，人稱「現代中國工業的搖籃」。除了官方主辦的項目外，慈禧還發上諭鼓勵私人辦企業：「廣招各省殷實商民，按股出資，與官本相輔而行」。

接踵而來的是電氣。慈禧率先安電燈。發電機從丹麥買來，由神機營操作，一八八八年西苑有了中國在通商口岸之外最早的電燈。人們爭相效法，幾年內北京等大城市建立了十七所民用電氣公司。一八八九年，有軌電車鋪上了北京街道。

慈禧還決心要以機製錢幣來取代通行的銀錠。銀錠使中國在國際貿易中大為吃虧：因為成色不一，兌換時的估價總是偏低。用現代方式製作的錢幣可以解決成色問題，也讓中國貨幣與世界接軌。這個項目工程巨大，特別是起步時需要投資大約三百萬兩銀子。反對的人不少，翁同龢是其中之一。在他們說了大量困難後，慈禧說這是「吾之心事，爾等盡心商議」，如果真籌不夠成本，她願意把宮廷的錢拿出來（「若真為難，吾當發數年宮廷節省之銀」）。大臣看到她「聖意甚堅」，終於同意先試驗，等「三年後查看情形，再定行使」。

＊

一八七五年以及之後的若干年中，需求殷切但沒有立刻著手的項目是鐵路。中國人的祖墳情結擋住了它。那時的中華大地上遍布著無數家庭的祖墳，位置由風水先生選定，不能輕易移動。留在鐵路沿線也不可能，那轟隆的車聲會震驚墳墓裡的先靈。對墓地的神聖，慈禧本人深信不疑。

資金也是個問題。從慈禧重新執政的第二年，即一八七六年起，一連三年，半個中國兩億人遇上了兩百多年未遇的特大天災：「丁戊奇荒」。洪水、乾旱、蝗蟲，一個接一個，數百萬人死於饑荒和瘟疫。傳統的救災辦法包括天子虔誠地祈雨、皇家和官員捐款、受災地區免稅、設立粥廠。現在有了新辦法，從海外進口糧食，僅一八七七年進口大米就用去了一百六十萬兩銀子。在這樣的情況下想修建鐵路，只能依靠借外債，而慈禧沒有經驗。她說：「鐵路火車為外洋所盛行，中國若擬創辦，無論利少害多，且需費至數千萬，安得有此巨。若借用洋債，流弊尤多。」

為了讓中國人看看鐵路的好處，一八七六年英國商人自作主張從上海到吳淞口建了一條二十公里長的窄軌鐵路，這是中國第一條運行的鐵路。看到火車開動的鄉民大為驚駭。一天，火車開著的時候，男女老幼多人蜂擁而來，走上鐵軌，迫使火車停了下來。火車又要啟動時，他們拉住車廂，徒勞地企圖不許它動。又一天，火車輾死一個人，暴動似乎迫在眉睫。威妥瑪說服英商停止行駛。慈禧政府買下並拆毀了鐵路。後來人們指責慈禧愚蠢，說她把鐵路扔進了海裡。事實上，拆下的每一條鐵軌、每一個零件，都包裝完好，運過海峽，運到臺灣，準備為當地開辦煤礦所用。臺灣修鐵路問題不大，福建巡撫丁日昌報告：「臺中曠土甚多，輪路不致礙及田廬……且風水之說亦未深入膏肓。」可惜這條鐵軌不適合當地煤礦，只得重新運回大陸，希望能用於開平。這裡，祖墳也不是問題：「其鐵路所經之地，皆礦局昔年價買民間空地，派員察看，皆係荒城不毛之區，並無墳墓廬舍。」但是開平的英國工程師金達（Claude W. Kinder）頗有遠見地堅持在開平不能用窄軌鐵道，應該採取標準軌距，以成為未來中國鐵路體系的一部分。在這種情況下，這些被運來運去的鐵軌才棄之不用。

一八八一年，開平鋪設了中國歷史上第一條經政府批准興建、使用的十公里長的標準軌距鐵路。同時誕生的還有中國自己製造的第一個火車頭，金達命名它為「中國火箭號」（the Rocket of China），華人工匠在機身上刻龍，叫它「龍號」。由於擔心老百姓反對，金達報告倫敦說：「目前擬先用馬在軌上拉車。」怨言時起時落，很快平息。從英國又運來兩個車頭。

是否在中國建立大規模鐵路網，在慈禧的決策中，這一條最費周折。十多年間，她屢次在上層邀請辯論，稱鐵路「事關創辦，不厭其詳」，要大家各抒己見。贊成與反對尖銳對立，一向果斷的皇太后異乎尋常地躊躇不定。問題是，包括李鴻章在內主張修鐵路的人提出的好處——運輸、調兵、旅行、聯絡——都不足以說服她，抵消她對破壞祖墳、從西方借貸鉅款等的擔憂。對她來說，鐵路網還是「利少害多」。

最後，她決定親自試試，派李鴻章從法國訂購了一輛六節車廂的火車，外帶七里長的鐵軌，要鋪設在西苑。慈禧要求報價：「工價運價，著詳細開單呈覽。」單子上，整套車、軌，以及包裝運輸，全部加起來只需六千兩銀子。李鴻章告訴慈禧，這點錢「實不敷工料運腳之數」。當時外國公司競相爭取中國合同，多年前同治大婚時，英國就曾提出「送給中國皇帝一條短短的鐵路作為結婚禮品」，但被委婉地謝絕了。這次價錢也只是象徵性的。李鴻章稱，車輛在巴黎「精工製作」，其中一節為她預備的更是「陳設華美」。小鐵路一八八八年冬運到後，風水先生決定鋪軌何時動工、如何進展。當年向北挖「方向不宜」，要等到來年正月初十，「丙申時動土興修」。通車後慈禧坐上去跑了一圈，感受了火車的速度和旅行的舒適，可是她也看到了車頭噴出的濃黑煤煙，聽到了車輪的咣噹震耳。火車被送進倉庫，只偶爾露面，由太監用黃色長絲擰成的絲繩拖著走。

促使慈禧決心修鐵路的關鍵原因，是一八八九年四月張之洞提出的一個獨特觀點。張之洞比慈禧小兩歲，那年五十二，是個美髯公。他最早得到慈禧的賞識是在她政變後不久。張在殿試時，「不襲故套，指陳時政，直言無隱」，閱卷大臣不高興，把卷子放到「三甲末」。慈禧看了答卷，把他擢升為全國第三。從文中皇太后發現了一個知己。多年來她吸取了不少張的建議，提拔他出任重要職位。

此時張為兩廣總督。他在答覆慈禧徵詢修路意見時提出：「鐵路之利，首在利民。」而利民的關鍵，在增加出口*：「開通土貨」。「蓋論中外通商以後之時局，中國民生之豐歉，商務之息耗，專視乎土貨出產之多少。」可是土貨「質粗價廉」，不利出口，需要有鐵路運進機器來改造，「變粗賤為精良，化無用為有用」。而且內地物產運到海港也極需鐵路。張之洞建議修一條自北京南下的一千五百公里幹線，穿過內地省份直至「四達之衢」武漢，這樣沿途內地各省，都能由長江通海港跟外部世界連接一氣。「機器可入，笨貨可出……於是山鄉邊郡之產，悉可致諸江岸海港，而流行於九洲四瀛之外。」

從張之洞預見性的提議中，慈禧看到這條鐵路，以及構造鐵路網，對中國經濟發展至關重要：「此則鐵路之樞紐，幹路之始基，而中國大利之所萃也。」慈禧把張的建議書留起來反復考慮。她認為，為了這樣根本性的經濟目的，犧牲一部分祖墳也是值得的。她決定「毅然興辦，毋庸築室道謀」。再度徵求意見而無人反對時，她於當年八月二十七日頒發上諭，正式批准這條南北幹線，開啟了中國鐵路時代。京漢鐵路（當時稱盧漢鐵路，因為起點於北京郊外的盧溝橋）後來延伸到廣州，直至今天也是中國國民經濟大動脈。慈禧特地以皇太后的名義頒發「懿旨」，說：「此事造端閎遠，實為自強要圖。惟創始之際，難免群疑，著直隸、湖北、河南各督撫剴切出示，曉諭紳民，毋得阻撓滋事。總期內外一心，官商合力，以獲全功。」張之洞被派任湖廣總督，同李鴻章一道經辦此事。他住在武漢，由修鐵路而起，創建了一系列現代工業，使武漢成為中國工業化的基地。

*

對工業化，慈禧不是毫無保留地歡迎。

一八八二年，李鴻章請求批准建造「機器織布局」。慈禧相當不滿地批道：「蠶桑為天下本務，機器織布害女工者也，洋布既不能禁，奈何從而效之乎？此事仍當審慎。」在那個時代，「蠶桑」是紡織的代名詞，絲綢是中國數千年來主要手工業之一。宮廷裡種植著大量桑樹。每年春天，蠶孵卵的季節，慈禧率領宮中女人到供奉蠶神的殿裡燒香祈禱孵卵成功。一天四、五次採桑餵蠶，蠶吐完絲蠶蛹形成、煮過之後開始抽絲。每根絲有數百米長，精細地繞在線軸上。慈禧一生都保留著她小時候繞的絲，常拿出來跟新絲比較。

她在一些領域大刀闊斧地推行改革的同時，竭力維護中國另一些傳統，實在迫不得已才勉強放棄。慈禧領導的工業化是審慎的。

---

* 中國那時出口主要仍是傳統的茶葉、絲綢，進口卻因為興辦現代化項目陡增。一八八八年，進出口逆差高達三千二百萬兩銀子。

12 帝國的捍衛者

（一八七五～一八八九）

自從兒子被奪走、命名為光緒皇帝後，醇親王奕譞的性格發生了變化。生平第一次，他對嫂子產生了畏懼之心。當年他強逼慈禧同意殺小安子，一意孤行製造天津慘案，他以為慈禧不會把他怎麼樣。如今他意識到慈禧沒有忘記這些事，也沒有原諒他。五年過去，失掉兒子的重重一擊使他恐慌。他給慈禧寫信說：「忽蒙懿旨下降，擇定嗣皇帝，倉猝間昏迷罔知所措……回家內，身戰心搖，如癡如夢。致觸犯舊有肝疾等症，實屬委頓成廢。」從前的傲慢沒了。

奕譞最害怕的是慈禧會找個藉口指他謀反，不料慈禧沒進一步整他，對他還不錯，這讓他感激不盡，誠惶誠恐。恐懼變成了敬畏。慈禧要他照料光緒的教育，他便在光緒書房掛上兩首「誡勉詩」，名義上寫給小皇帝看，實際上話說給慈禧聽。裡面有這樣一句詩：「永記東朝覆載恩」。東朝指慈禧，奕譞用「水可載舟，亦可覆舟」這個典故，感謝慈禧在本來可以毀掉他的時候卻抬舉了他。在這種心理狀態之下，他再三反思。他把「退思補過」作為座右銘，親筆題寫刻在象牙鎮紙上；他把書房命名為「退省齋」，自稱「退省齋主人」。奕譞醒悟到自己過去對慈禧開門搞現代化的抗拒是不對的。

他的轉變還有更重要的原因。在他辭掉所有職位之後，慈禧又重新讓他參與政事，對反對的人說「醇親王奕譞再四推辭，碰頭懇請」，是她令他「不准推諉」。於是醇親王近距離地看到慈禧對大清帝國的貢獻。

其一是收復面積為英、法、德、意四國總和的新疆。歷史學家馬士（H.B. Morse）在二十世紀初寫道：「中國對這塊地方長達兩千年的占有，在中央行政強有力時牢固，中央權力虛弱時鬆懈……它不時分裂出去，但又被置於中國統治之下。」最近的分裂是在一八六〇年代初，乘太平天國起義的機會，穆斯林首領阿古柏（Yakub Beg）統轄了大部分分裂出去的地盤。慈禧決心西征，收回新疆。這個行動，連李鴻章都反對，說「兵力餉力，萬不能逮」，「徒收數千里之曠地」，「不值」。李還說新疆「北鄰俄羅斯，西界土耳其、天方、波斯各回國，南近英屬之印度。外日強大，內日侵削。……將來斷不能久守。」李鴻章建議讓新疆成為像越南、朝鮮一樣的屬國——向中國皇帝進貢、接受中國皇帝冊封的獨立國家。慈禧拒絕放棄新疆。

醇親王主張「暫罷西征為最上之策」。可是對慈禧來說，西征刻不容緩，因為俄國占領要衝伊犁已經四年，如果中國不立即收回，伊犁屬於俄國將成為既定事實。一八七五年，她一重新執政，馬上派左宗棠前去收復。左宗棠在此之前曾受慈禧任命，平息了西北地方回民軍隊欲建立伊斯蘭割據政權的大規模動亂。為此，他受到慈禧的嘉獎和器重。

西征需要的費用，慈禧從各省擠出，也批准左宗棠從外國銀行借了五百萬兩銀子。左宗棠一路行軍，一路向慈禧詳細報告，慈禧盡量滿足他不斷的要求，尤其是軍餉。左宗棠時年六十有餘，軍旅中將士抬著他的棺材，以示他準備打到底的決心。征戰是成功的，也是殘酷的。到一八七八年初，左宗棠已收回了新疆大部分土地。阿古柏此時已死，他被俘的兒子、孫子遭「閹割為奴」。西方人覺得這太殘忍了，但就連開明官員如曾紀澤也說這是「應得之刑」，西方人「名為好仁，實多事耳」。

慈禧不反對左宗棠的所作所為。重新收回新疆後，她接受左的建議，把新疆從自治改為行政省。軍隊長駐，平時開荒自養，有起義時鎮壓。

她派崇厚到聖彼得堡去談判，要俄國歸還伊犁。崇厚是個溫和的人，天津慘案時，就是他派人拆掉通往外國人住地的浮橋，企圖避免暴徒行凶。他談了幾個月後簽了份條約，伊犁倒是收回了，但新疆一大片土地作為交換給了俄國。北京上層一致聲討，王公大臣組成的聯席會判他死刑緩期執行，慈禧批准對他的判刑。北京的外交使團憤怒了：「把外交官砍頭，不是因為他犯了叛國罪，而是因為他無能——這不配中國新型外交的形象。」甚至維多利亞女王也以個人名義寫信給「偉大的中國皇太后」，懇請她從輕處理。慈禧釋放了崇厚。

慈禧拒絕承認條約。俄國威脅戰爭，九萬軍隊開到有爭議的地方。幫助擊敗太平天國的英國人戈登向中方建議：「如果你們決心打，就採取焦土政策……奮戰五年；如果你們要和，那就乾脆完全放棄伊犁。」這兩種極端的政策慈禧都不接受。戰，中國不具備勝的條件，俄國反而可能多占土地；和，她不願以失地做代價，既不要失去伊犁，也不要失去崇厚條約許諾給俄國的土地。慈禧做出準備陪俄國人打的姿態，向邊境調動軍隊。但同時她於一八八〇年派曾紀澤去俄國重開談判。慈禧說：「曾紀澤到俄國後，察看如何情形，先行具奏。此次前往另議，必須立持定見」，但也不把問題激化到戰爭的地步。最後的底線是把伊犁問題掛起來，「暫時緩議」：「縱或一時未能就緒，不妨從容時日，妥慎籌商。總期不激不隨，以全大局。」曾紀澤在俄國時與總理衙門和慈禧保持密切電報聯繫，據他說「往返晤商，反復辯論，迭經電報總理衙門，隨時恭呈御覽」——隨時向慈禧太后報告。在「四月初五，五月十九，七月十七、三十，八月初五等日」，慈禧傳來祕密上諭，中心是要他「據理相持，剛柔互用，多爭一分，即少受一分害」。用曾紀澤的話說：「聖訓周詳。」

結果是中國收回了伊犁以及崇厚讓出去的絕大部分土地。中國付給俄國十年來「代收、代守伊犁」、使貿易不至中斷所需費用等約五百萬兩銀子。（這一讓步不是不平等條約中的「賠款」。）慈禧批准曾簽約，發電報讚揚他「不負委任」，同時叫他「約章字句務須細心斟酌，勿稍疏忽」。西方觀察家評價這份雙方都有所妥協的新條約為中國的「外交大勝利」。英國時任駐聖彼得堡大使達佛林侯爵（Lord Dufferin）說：「中國迫使俄國做了件它從來沒做過的事：把它已經吞噬的領土又吐了出來。」

*

在這場危機中，面臨戰爭、失地，慈禧因緊張焦慮而病倒。她多日睡不著覺，吃不下飯，咳嗽不斷，痰中帶血。太醫院的大夫束手無策。一八八〇年七月，宮廷按照傳統頒發上諭，讓各省推薦良醫，「乘坐輪船來京，以期迅速。」浙江的薛寶田大夫記錄了他的經歷。他和另一位大夫先去見慈安皇太后：「至鐘粹宮，庭中桂花已放，異香撲鼻，盆內夾竹桃猶盛開。屏息立簷下，慈安皇太后、皇上召見……是日不垂簾，慈安皇太后正坐，皇上隅坐，內務府大臣皆跪。」三跪九磕之後，慈安囑咐他們「慈禧皇太后病要小心看」。他們接著隨內務府大臣、太醫至慈禧居住的長春宮。行禮畢，「皇太后命令余先請脈。余起，行至榻前。榻上施黃紗帳，皇太后坐榻中，榻外設小几，几安小枕。皇太后出手放枕上，手蓋素帕，惟露診脈之三部。余屏息跪，兩旁太監侍立。」

薛大夫的診斷是慈禧「鬱怒傷肝，思慮傷脾」，請皇太后「節勞省心」。內務府大臣贊同醫生的話，慈禧說：「我豈不知？無奈不能！」隨著談判順利進展，她漸漸地復原了。

醇親王奕譞看到慈禧既有西征新疆、北抗俄國的鐵的意志，也有指揮談判、接受妥協的彈性柔力。這個吵鬧著要「復仇」的男人，在外來威脅臨頭時卻一籌莫展。奕譞就這樣認識到他的「女主」慈禧是大清帝國的無價之寶，死心塌地聽命於她。

*

或許最讓奕譞五體投地的是慈禧怎樣處理一八八四至一八八五年間的中法戰爭。法國當時已對中國的屬國越南進行多年殖民戰。當它侵占越南南部、向北推進時，清政府沒有行動——越南也沒有求助。慈禧派軍隊進入越南數次，幫助越南剿辦入境的華人土匪，事完之後撤回中國。

慈禧似乎確定了有關中國疆界的總體方針。對大清帝國的領土她絕不放棄；對屬國則是能保就保，實在不行只好放手。她是個務實的人，知道現在有了強大的歐洲各國，中國已不再有能力保住屬國。她不惜一切代價收回新疆，盡一切可能保住臺灣；但對屬國琉球群島在一八七〇年代末被日本奪取，除了口頭抗議，沒有採取任何實際行動。同樣，她對越南的底線是準備放棄，只保守中國邊界。她擔心的是「法越搆釁，滇粵邊防緊要」。她「派員帶兵出境，以剿辦土匪為名，相機保護」，怕「盡撤藩籬，唇亡齒寒。」她的目標是保護邊境，而不是如一般所說的與法國爭奪越南。

一八八三年八月，越南被迫成為法國保護國。當時法國總理茹費理（Jules Ferry）要建立一個法蘭西殖民帝國，擴張對象除了印度支那以外，還包括突尼斯、剛果、尼日、馬達加斯加等。在越南的殖民統治初步建立後，法軍揮師北上，逼近中越邊境。

愛觀天象的翁同龢連日記道：「天明時赤氣半天」，「黃昏時西方亦赤」，這些都是「兵象」，「主四夷交侵」。慈禧相信上蒼的報警。有次彗星出現，她認為這一定是自己在用人和管理國家上有很多過失，未能體察民間疾苦，頒發諭旨說：「深宮修省，兢惕難安」，發誓「勵精圖治」。如今不光是天象，外文報紙也盛稱「將有法兵萬人前來」。慈禧不得不有所準備。她那時患重感冒，見大臣時不斷咳嗽。大家見她焦急不堪，都勸她寬心，她答道：「時事如此，天象如此，不得不焦急。」

法軍離邊境愈來愈近，慈禧怕法國人垂涎礦產豐富的雲南。她派軍隊進入接壤的越南北圻，下令「力保越南北圻，即以固吾邊圉」。從十二月到次年四月，中法軍隊在這裡交兵多次，中方損失慘重。

領班軍機大臣恭親王奕訢性格中的軟弱一面，使他一貫傾向綏靖。他對打勝西方強國不抱希望，行為消極。翁同龢日記中對這段時間的他描述頗多：「遊移」不定，「始猶豫，繼而無策」；經常「通融不來」，有時「來遲」，因為他不到，別的人「空論一番而退」。他的身體也糟糕，過去幾年一直生病，有時便血，慈禧曾給過他長期病假。恭親王顯然已難負重任，卻又拒不辭職，慈禧不便罷他的官，畢竟共事二十多年，曾經生死與共。

促使她下決心採取措施的是一八八四年三月三十日這天。在對法戰爭一連串慘敗中，奕訢來見慈禧，討論她秋天的五十大壽，安排「進獻」，即送禮的細節。他跪在慈禧面前，一連說了一個半小時，在翁同龢看來「極瑣碎不得體」。慈禧顯然不耐煩，告訴他「本不可進獻，何用請旨」，邊疆在打仗，你來說這些幹什麼！但恭親王還在喋喋不休，最後跪得站不起來。第二天，他和另一個親王又跑來囉嗦送禮的事。

慈禧對恭親王和其他軍機大臣在中法戰爭中的無能忍無可忍，要來一場全體罷免。她先找了個適當的藉口把奕訢支到外地去了幾天，其間她召來醇親王，討論罷免事宜，暗暗調兵，以防出事。四月八日恭親王回京覲見，慈禧突然宣布諭旨，罷免全體軍機大臣，恭親王「開去一切差使」，「家居養病」。

或許慈禧事後感到，她對恭親王的突然襲擊，像是對敵人而不像是對多年的盟友，不好意思面對奕訢，此後十年不接受他的覲見。奕訢屢次向慈禧傳遞信息：他理解她的作法，他的忠誠不變。他懇求見她，哪怕只是在她生日時同別的王公大臣一道行禮祝壽。慈禧拒絕了一切請求，理由是奕訢「現在病尚未癒，毋庸進內，以示體恤」。

慈禧指定了新的軍機處，由醇親王奕譞首領。做為皇帝的生父他不能正式到軍機處去，就在家裡工作。兩兄弟之間的權力交替沒有引起摩擦。相反，他倆比任何時候都親密。從前，由於奕譞的仇外，他們勢如水火。如今，脫胎換骨的奕譞，經常來探望哥哥。連接他們的紐帶是他們共同尊崇的嫂子。相互詩詞唱和中，恭親王詩中常有「往事豈堪容易想」這類句子，表現對過去與慈禧共事的懷念。這些詩也通過奕譞間接向慈禧剖白心跡：他安於「長夏居閑門不開」，心情恬淡，沒有艾怨。

醇親王像他兄長一樣，對處理中法危機沒有什麼辦法，但能不折不扣地協助慈禧。西方人一般認為恭親王好說話，是個溫和派，而醇親王屬於不妥協的強硬派。他們把慈禧換人之舉理解為她要打到底。慈禧也的確有這個意思，她的策略是「與敵持久」，同遠離本土的法國人拼消耗，直到法方被迫停戰講和。

慈禧的目標，是以放棄越南來換取法國不侵犯中國的承諾。她派李鴻章做談判代表。李此時不僅是她的主要參謀，還是無人能比的外交高手。他遠勝於恭親王，跟慈禧能默契配合。他們不常見面，但思路往往一樣。李鴻章當時正好遇上母親逝世，慈禧給他假期讓他回籍葬母，但不給他更長的守喪期，告訴他「古有明訓」，為了國家戰事，不用遵守守喪規矩。李鴻章在與法國代表的談判中，同慈禧有無數電報往來。他們知道法國深深捲入對非洲的爭奪，無意跟中國打持久戰。李鴻章在天津同他的友人、法國軍官福祿諾（F. E. Fournier）談判，達成協議，法國承認中越邊界，承諾絕不侵犯中國：「無論遇有何事，法兵永不得過北圻與中國邊界……且保他人必不犯之。」中國則對「法國與越南自立之條約」「均聽辦理」，也就是默認越南成為法國的保護國。

福祿諾曾告訴李鴻章，法國外交部要他向中國索款，說這是法國公眾輿論。慈禧對李鴻章說：「法人侵入越南，釁自彼開，我無失和之意。若再索償兵費，不特情理所必無，亦與各國公法顯背。」李拒絕了法國要求，福祿諾也未堅持。條約送給慈禧看後，她於一八八四年五月九日回電李鴻章：「詳加批閱，均尚無傷國體，事可允行，該大臣即照所擬辦理。」李福協定於十一日簽訂。

慈禧開始從越南撤兵。她撤得謹慎小心，因為聽說巴黎不滿意，「必動重兵以索鉅款」。七月十二日，法國正式照會，要中國「賠留兵調船費二萬五千萬佛郎」，藉口是中國撤兵過程中發生的一起小規模軍事衝突，而這起衝突西方觀察家認為是「真正的誤會」。當時所有參與越戰決策的大臣，包括李鴻章在內，都主張讓一點步，以求息事寧人。大臣來上朝時，事先商量好怎樣勸說慈禧。但他們還沒開口，慈禧就先說，誰也不許提償費的事，也不許跟法國人討價還價（「即減亦不可」）。她「字字嚴切」，大臣準備好的話誰也不敢說（「諸君均不敢自呈其說」）。有人自作主張向法國人提出小許多的數字，但遭到慈禧「嚴旨申飭」。她一再「不允」，「亦不允」，「堅定不移」，一個法郎也不給。她提出請美國調停，但法國拒絕調停。她於是咬牙宣布：「法人狡橫，無理已甚。現惟一意主戰。」她對官員史念祖說：「論中國與洋人呢，自然是和好的好。但是，中國總要能戰，而和纔是真和，要是樣樣依他，越求和越不得了。」

一八八四年八月五日，中法戰爭爆發。法軍進攻臺灣，擊沉中方艦艇，炸毀了當年由法國人日意格幫助建立的福州造船廠。在華的西方人都看出，法國挑起戰爭，沒有別的目的，只是為了勒索。八月二十六日，充滿憤怒的慈禧「布告天下」，對法宣戰，稱「法人有意廢約，釁自彼開」。

傳統的宣戰語言中加上了現代色彩：慈禧下令「各國商民一律保護。即法國官員教民安分守己者，亦在保衛之列。」她得知廣東官員張貼告示，要沿海居民和南洋華人在供給法國船隻的食物中投毒的消息後，立即傳旨申飭有關人員，並說：「法人背盟無理，凡我中華人民，自能眾志成城，同仇敵愾。正不必藉祕計詭謀，致失中國仗義興師之意。」她叫海外華人不要捲入。

其後數月，中方在戰鬥中輸多贏少，但到了一八八五年三月下旬，中國軍隊在中越邊境的鎮南關（今天的友誼關）打了個大勝仗，逼迫法軍從戰略要城諒山撤退。消息傳到法國，總理茹費理引咎辭職，他的繼任者很快同中國達成和解。六月九日，李鴻章在天津同法國公使巴德諾（Jules Patenôtre）簽訂了《中法和約》。和約以一年前的李福協定作為底本，法國一個法郎也沒有得到。中國付出了高昂代價，但振興了國人士氣。翁同龢讚道：「朝廷一震之戰，已足以化中原積弱之習。」

慈禧不僅顯示出她有能力指揮一場重大戰爭，她也有智慧不失時機地結束戰爭。邊境打了勝仗，指揮官都想乘勝再戰，甚至一向理智的張之洞也鼓吹「不可撤兵」，說諒山和越南其他一些邊界地區，不能讓給法國人。慈禧一連給他和其他指揮官發了多封嚴厲的電旨，用不容爭辯的口氣說：取得的大勝，是「幸而獲勝，尚覺得不償失，一有蹉跌，更傷國體。」她指出越南不屬於中國，相反有長期抵抗中國控制的傳統——鎮南關的意思就是鎮壓越南。這次戰爭，中國出兵北圻，「越南君臣不知感奮，暗地媚敵」，許多敗仗，「皆係該國人民紛紛內應所致」。她要張等「務當懔尊嚴諭，飭令防軍如期停戰，撤回邊界，並仍整兵嚴備，以防不測。」尤其是法國艦隊已「開臺灣北海封口」，一旦援助斷絕，臺灣就會落到法國人手中，再收復就難了。*

慈禧還警告張之洞等人：「若不乘勝即收，不惟全域敗壞，且恐孤軍深入。戰事一無把握，縱再有進步，越地終非我有。」她說：「倘有違延，朝廷固必嚴懲……懍之慎之。」她的話和語氣深深震撼了張之洞等，他們遵命了。事後，醇親王在回顧往事時寫道：如果不是慈禧深謀遠慮，「乘勝允和」，那將會「兵連禍結」，「大局何堪設想。」今天許多人譴責慈禧在中國打了勝仗後不繼續打下去，反而退守邊界，這些人似乎是在責怪慈禧沒有占領越南領土。

慈禧對戰爭的處理為大清帝國贏得了國際的尊敬。赫德說：「一年多戰爭下來，沒人能說中國幹得不漂亮。」在和平條約簽訂後的宴會上，法國簽字者巴德諾講了番堪稱熱情洋溢的話：「我有充分的信心，我們剛才簽的這個外交協定，不僅結束了衝突，而且——起碼我希望——將把衝突很快從我們的記憶中抹去。更有意義的是，六月九日的和約將不容置疑地根植、發展中華帝國與外國的共同利益，而這些共同利益是加固各國友誼的最有效的保障。」

李鴻章的講話還帶些文采：「從今以後，我們兩國之間的友誼，將像陰霾密布的一夜終結後升起的太陽那樣明亮燦爛。」

*

對法戰爭結束後，慈禧花了不少心血進行海軍現代化。為了表示問題的嚴重，很少用皇上專用品「硃筆」的她，親筆在好幾個關於海防的奏摺上寫硃批，同意造鐵甲船的請求，同時批准從歐洲繼續購買鐵甲船和其他戰艦。

一八八六年春，慈禧派醇親王到大沽港外巡視已擁有新式軍艦的北洋海軍。奕譞的隨從中有大總管太監李連英。人人都知道，他是慈禧「離不開的人」。巡視途中，眾目睽睽之下，他站在奕譞旁邊，手捧親王的水煙袋，十分引人注目。

奕譞帶他出行大有原因。十七年前，李連英的前任安得海經慈禧派遣出北京下江南，結果人頭落地，慈禧大病一場後終身不再有愛情。奕譞是當時主張殺小安子的帶頭人。如今，他以帶李連英出行來向慈禧表示認錯。當李連英跟隨他登上現代化軍艦、乘風破浪出海時，醇親王實際上是在向慈禧致敬，感謝她為大清帝國所做的一切。

在這一時期，慈禧同歐洲列強簽訂了一系列條約，劃定中國邊界，得到列強不侵犯中國的承諾。中國邊界大致就是那時劃定的（外蒙古當時在大清版圖內）。這些條約是：一八八一年《中俄改訂條約》，一八八五年涉及中越邊境的《中法和約》，一八八六年的《中英緬甸條款》，以及一八八八年開始談判的《中英會議藏印條約》。慈禧的這些努力，使得歐洲列強在橫掃全球搶奪殖民地時，沒有人碰中國。

慈禧執政期間，中國的財政收入增加一倍。在她之前，歲收在乾隆鼎盛時期也就是四千多萬兩銀子。如今達到了八千多萬（一八八八年：八千七百七十九萬二千八百一十八兩），其中將近三分

---

* 被慈禧派任欽差大臣、督辦臺海海防的左宗棠，未能挽回敗局。那年去世前給慈禧的遺疏中說自己「遺恨平生」。

之一是海關稅收。這是慈禧開放政策的結果。

＊

一八八九年年初，在執政成就的顛峰，慈禧宣布她將歸政。養子光緒十七歲了，慈禧不得不交權。退居後宮之際，皇太后頒發了一系列上諭，嘉獎一百多名健在或已故的官員。名單上第二位是赫德。慈禧的諭旨說：「頭品頂戴花翎總稅務司赫德，久辦洋稅，精明切實，事事盡心。近來收數逐年加增，確著明效。」海關收入拯救了百萬中國人的生命。一八八八年，中國大地遭受洪水、地震和其他自然災害襲擊時，國家有能力拿出近一千萬兩銀子進口大米幫助災民。授予赫德的榮譽叫做「三代一品封典」，受封的是他的祖宗三代。赫德寫信給朋友說：「從中國得到的榮譽，這是最高的。對我本人來說，皇太后退休前能想到我，給我這份榮耀，我感到心滿意足。」

慈禧的上諭之一是感謝外國公使為中國與各自國家的友好關係所付出的努力。當時，大家的共識是：「中國與各國交情，一天比一天親密，商務一天比一天興旺。」慈禧指示總理衙門擇吉日設宴款待公使，屆時送給他們由她本人親自選定的如意、綢緞等禮品。宴會於三月七日舉辦，在華時間最長的德國公使代表各國使節講話。他回顧慈禧垂簾聽政的成就時說：「三十年前，聽政伊始，正值國家多事之秋，與目下四隅乘平，邊境又安……即就泰西（西方）各國往來情形而論，前由泰西至中華，路程總在數月，現在不過數旬。則昔日泰西各國，向以中華為極遠之區者，今則儼如比鄰矣。」他代表各國使節「恭頌皇太后慈躬康泰，萬福無疆。並望中華與各國垂創之睦睦，永存無替。又祝大清國臣民，永享升平之福。」

在那天的宴會上，駐華十多年（一八八五～一八九八）的美國公使田貝（Charles Denby）即興起身舉杯，盛讚宴會感人至深。田貝後來寫道：慈禧此時在西方人心目中有著「輝煌的聲望」。他列舉了慈禧的一系列功績，除了結束內亂、保全中國領土這兩大成就之外，他還敘述了慈禧對中華帝國現代化的貢獻：皇太后「創建了一支良好的海軍，在一定程度上改進了陸軍。電報覆蓋全國。兵工廠、造船廠建立在福州、上海、廣州、大沽和旅順。西方採礦法引進中國，兩條鐵路線正在修建。所有主要河流都通行輪船。數學得以復興，自然科學進入考試制度。對各種宗教的容忍完全徹底，傳教士可以在中國任何一個地方活動。皇太后執政期間，我們美國人在中國建立了許多學校和學院……」

慈禧的統治也是清代最寬容的。她不像乾隆等皇帝那樣興文字獄，沒有人因為他們說的話、寫的文章而遭到飛來橫禍。為了緩解貧困，她開創了大規模進口糧食的先河，每年購買大米的費用少則幾十萬、多則幾百萬、上千萬兩銀子。田貝的觀察是：「對她的人民，直到這個階段，她都是仁慈的、悲憫的；對外國人，她是公正的。」中國的國際關係從根本上得到改善，中美關係「寧靜和平、令人滿意」。田貝指出：「特別需要強調的是，皇太后在她的國人中第一個領悟到中國與外部世界關係的重要，並且利用這個關係來造福她的王朝，促進物質發展。」慈禧結束了中國的自我封閉，引領古老的帝國加入國際社會，使國家和人民獲益。田貝總結道：「當時所有的外國人對她都充滿讚美，而她的人民崇敬她。她被認為是歷史上最偉大的人物之一……在她的統治下，中國在四分之一個世紀裡，取得了巨大的進展。」

一個現代中國的雛形已經具備。它的創始人就是慈禧太后。正如田貝所說：「沒有任何人能夠否認，以上列舉的改革和成就，主要源自皇太后的意志和權力。」這個令世人矚目的新中國，慈禧在一八八九年初交給了光緒皇帝。

第四部　光緒掌權（一八八九～一八九八）

13 光緒與慈禧（一八七五～一八九四）

出身於一八七一年陰曆六月二十八的載湉，三歲時由慈禧抱養，成為光緒皇帝。慈禧選擇他，一是為了讓妹妹的兒子繼承皇位，二是懲罰妹夫醇親王。對光緒，慈禧沒有像對自己兒子那樣的母愛。小載湉進宮時，慈禧不允許乳母同來，把他交給太監看護。她讓光緒叫自己「親爸爸」，後來又叫「皇爸爸」。她本來就不是一個喜歡孩子的人。一次貴族婦女在宮中聚會，有個小女孩大聲哭喊，怎麼哄也不停。慈禧很不耐煩，叫她母親把她帶走。做母親的趕緊跪下哭了起來。慈禧教訓了她一番，後來相當長一段時間都沒請那家人入宮。

對小光緒，慈安皇太后更像做母親的，可她在光緒九歲時去世。那是一八八一年四月八日，她四十三歲。在她靈前，光緒哭不停聲。後人常說慈安是慈禧毒死的，儘管無人提供任何證據。據研究她病史的專家分析，慈安幾乎可以肯定是死於腦溢血。翁同龢日記裡有她多次發病的紀錄，最早是一八六三年三月十七日：「有類肝厥，不能言語。」第二次是一八七〇年：「昨日慈安太后舊疾作，厥逆半時許。」慈安素有「見大臣，吶吶如無語者」的名聲，很可能是腦出血造成的後遺症。最後這次，她突然「神識不清，牙緊」，然後「有遺尿情形，痰壅氣閉如舊」，隨即咽了氣。

慈禧對慈安的哀悼是發自內心的，她失去了知己。翁同龢見她「容顏甚瘦，以白絹蒙首，簪以白金」。這在表示哀悼的程度上超越了禮教的規定，讓翁感動佩服。按祖制「喪服二十七日而除」，但慈禧下令「穿孝百日」。這百日內所有婚禮等喜慶活動一律停止。她給自己規定「素服二十七月」，這意味著宮中兩年零三個月不能聽音樂唱戲。同治帝死後禁戲四年，恢復看戲才剛一年，如今戲迷慈禧又要忍受不聞絲竹聲的日子。一八八三年素服期結束前兩三個月，她已在計畫要看哪些戲，著手從宮外召進伶人。釋服第二天，她一連看了十個小時。其後幾天她天天看，有時一天十二個小時。

慈安之死，使慈禧失去了與光緒之間的調解人。當小光緒逐漸長大，跟他的「皇爸爸」愈來愈不和時，沒有人能夠為他們從中斡旋。只有慈安具有這樣的地位和權威。慈安身分高於慈禧，是她年少時的朋友，同她一起發動政變，又融洽共事二十年。只有對她，慈禧才表現過謙卑，連兒了的婚姻大事也信任慈安的判斷力。失去慈安，慈禧與光緒關係不斷惡化，最終給他們本人和中國都帶來不可彌補的悲劇。

光緒還是小孩時，慈禧每天接受孩子照例的請安，關心他的教育，正式聘請翁同龢為他的老師。儘管翁帝師是保守派，跟慈禧有許多不同意見，慈禧依舊聘請了他。翁是公認的最正直、最有學識的老師，能按儒家標準教育好新皇帝。雖然慈禧大量接受西方的新東西，她對中國文化的信仰根深蒂固。對她來說，中國皇帝按中國方式教育是天經地義的事。她似乎沒想到，眼下的皇帝應該受不同的教育。結果光緒受到跟他祖先一樣的培養，沒有學到應付現代世界的能力。

*

四歲那年，光緒跟老師上了第一課。翁帝師日記裡詳細記下了這天的經歷。那是個晴朗的春日，小皇上「南向坐，設矮案，鋪紙索筆作書」。翁遞給他飽蘸墨汁的筆，要他寫「天下太平」四字，又書「正大光明」四字，都「極端正」。翁等寫下「帝德」二字呈上，光緒「口誦數四」。老師又給他看《帝鑑圖》，指點解說，小孩「甚會意，引手指帝堯、大舜，若甚喜者，並命臣書『帝德』二字。」

這堂三刻多鐘的課，已經可見未來的光緒將是怎樣一個學生。跟他見書就頭疼的表兄同治相比，光緒在枯燥的儒家經典中似乎如魚得水。五歲時，慈禧驚異地對老師說他「實在好學，行走坐臥皆誦書及詩」。光緒對讀書的入迷表現，可能是由於他對翁同龢產生了強烈的依附感。天天相處，翁成了他心理上的父親，小男孩想跟翁在一起，想討他的歡心。六歲時翁回老家修祖墳，近三個月不在宮裡，小光緒嬉戲玩樂，像個普通的孩子。走前翁給他留下家庭作業，叫他每天朗誦課文二十遍，他只讀一遍，還不出聲。翁回來那天，小皇帝叫道：「我想念您好久了！」（「吾思汝久矣。」）然後他馬上朗誦課文二十遍，外帶先前安排的作業。伺候他的太監說好久沒聽到這樣的朗朗書聲。

讀書有動力，再加上出色的記憶力，光緒成績優秀。翁帝師的日記裡，從前滿是對同治無可奈何的怨氣，如今變成對光緒的讚許：「讀甚佳」，「讀大佳」，「讀極佳」！還不滿九歲，小光緒已經能寫扇，而且「頗有筆意」。十歲時，他以「玩月」為題作詩，「極敏捷」。「作史論，亦通暢，且極歡喜。」

小光緒的全部生活就是學習。他學滿文、蒙古文，當然儒家經典是中心課程。九歲以後，他開始練習批示奏摺。宮廷複製了一批奏摺，供他在上面用硃筆寫批語。那時中文沒有標點符號，小皇帝還需要先給奏摺斷句。他的批語免不了泛泛之談，慈禧不時加以指點，坐在他旁邊，好像今天的母親守著孩子做家庭作業。

有一份報告來自陝甘總督，說甘肅隴西縣城雷祖廟雷神顯靈，擔心這預示天災，請皇上寫份匾額掛在廟上，讓神靈高興。光緒批准：「著照所請行。」慈禧教他，還應該寫得更具體一點：做為地方大員，要讓神靈滿意，最重要的是「修身愛民，政無缺失」。

另外一份報告來自曾紀澤，建議外交官隨員假期回國探親的額外費用由國家出。光緒照例寫上了批准，慈禧加上一段話，中心是：「只在得人，不必惜費。」在這個方針指導下的慈禧時代外交官待遇豐厚。

還不滿十歲，光緒就偶爾代替慈禧接見官員，會問：「何時起身，河南地方情形如何，途中得雨否。又曰京師亦甚苦旱，極盼雨也」等等。他的老師聽接見的官員講述小皇帝的振振有詞，心裡好喜悅：「甚足慰也」，「快哉。」

又一天，翁帝師在日記中興奮地寫道：「上讀書極好，指書內『財』字曰，吾不愛此。又曰，吾喜『儉』字。此真天下之福矣。」數百篇光緒早年的詩文，裝幀考究、黃綾包裹，保存在紫禁城浩繁文獻中，活生生勾畫出一位「愛民」的儒家仁君。欣賞宮中太液池上空的明月，他想到的是受災的百姓「菜色多辛苦」，「遙憐村舍裡，應有不眠人」。盛夏坐在涼亭裡，他寫道：「知有鋤禾當午者，汗流沾體趁農忙」，「荷鍤攜鋤當午日，小民困苦有誰嘗」。嚴冬圍爐靜聽北風呼嘯，他做的詩是：「西山明積雪，萬戶凜寒風；惟有深宮裡，金爐獸炭紅。」

他的這些想法和表達方式，都是典型的儒家推崇的好皇帝所具備的，是老師多年灌輸的結果。然而，儘管他一再悲嘆老百姓的疾苦，但怎樣用現代化手段改進他們的生活，卻一個字也沒有。年輕光緒的腦子，凍結在古老的過去。

假日、生日他都在書房度過。八歲生日那年，宮中一連幾天唱戲慶賀。但他天天都只去打個照面，坐也沒坐就又回到書房。他用功，也順著翁帝師認為京劇一類的音樂表演俗氣，說他喜歡莊嚴的大典用樂鐘鼓雅音。他對翁說「隨從人皆願聽戲，余不願也」。他的老師覺得有這樣的皇帝真是天下人的運氣：「聖聰如此，豈獨侍臣之喜哉！」

少年光緒生性不好動。清朝皇帝都得學騎馬，他不騎活馬，在宮中安了個馬架，每天坐在上面練習一次。可他喜歡動手，喜歡擺弄宮裡的西洋鐘，後來能拆開來又裝回去。太監在宮外找到一家丹麥人開的進口鐘錶店，給皇上買了好些玩物。

光緒身體虛弱，精力不足，膽氣更差。他怕打雷到了病態的程度。每逢雷雨時，太監們會聚在一起，直著嗓子喊叫，企望壓過雷聲。不像他的「皇爸爸」，也不像表兄同治，他沒有旅行的願望，甚至沒興趣出宮門。他滿足於生活在紫禁城的高牆內。

*

一天到晚孜孜念書的光緒，十年後終於有資格做中國的統治者了。一八八六年夏，他十五歲，慈禧頒發懿旨：「著欽天監選擇吉期，於明年舉行親政典禮。」

慈禧就要離開政壇了。這消息讓改革者一片驚慌。失去了她靈活開闊的思路、精力充沛的勁頭，已經起步的改革可能虎頭蛇尾。李鴻章絞盡腦汁考慮怎麼辦，到了「寢食俱廢」的地步。他給醇親王奕譞寫信，說自己是「外吏」，不敢「冒昧進言」，請親王想個法子讓慈禧再待下去。奕譞也清楚，他兒子幹不了慈禧的事業，於是組織眾人上書，請求慈禧再「訓政數年」，還叫光緒「跪求」。慈禧鼓勵這些努力，上書不少為軍機處所擬。細心的她擔心一些上書人會有顧慮，怕呼籲她緩期歸政會讓皇上不樂意，於是她宣布皇上本人「長跪懇辭」。

這一番運作之後，慈禧說她考慮了大家的請求，勉強同意，「再行訓政數年」。有了這道諭旨，奕譞說：「旁皇九日，一旦獲安，實天下臣民之福。」李鴻章讚揚奕譞有「回天之力」，「遠近臣民額首交慶，鴻章私衷忭慰更不待言。」翁帝師雖不滿意，但他是個圓滑的宮廷老手，沒有反對，反說身為皇上的老師，他不敢誇口自己學生「典學有成」，而且畢竟「宗社事重」。

光緒對推遲接班失望已極。在被迫「跪求」之後，他病了好些天，「停食頭疼」，沒去上課。再進課堂時，翁帝師明白他的心事，再三勸慰，「反復數百語，至於流涕。」他建議光緒本人去對慈禧說明心事。但是光緒沒去，他不能違背皇爸爸的意願。清王朝以「孝」治天下（翁帝師敬仰的一位人物在父母死後「病殉」）。孝道由每天的日程體現出來，一早一晚光緒都必須向皇爸爸請安。他手書一幅「毋不敬」的匾額掛在門楣上，提醒自己不能有絲毫不敬的想法。但是他的心冷了，不再熱中於學習，動輒取消上課，聽講心不在焉。從前字裡行間眉飛色舞誇獎他的老師，如今多是嘆息：「作論極不佳」，「作詩亦草草」，「功課如此，如何！」

光緒是個內向的人，一腔怨氣埋在心裡，健康每況愈下，隔幾天就要看一次醫生。他後來寫道，從這段時間起，他患上遺精之病，每月必發十數次，「晝間一聞鑼鼓即覺心動而自泄，夜間夢寐亦然。」而且「腿膝足踝永遠發涼……稍感風涼則必頭疼體痠，夜間蓋被須極嚴密……耳鳴腦響……腰腿肩背痠沉，每日需令人按捺……行路之時，步履欠實，若稍一旁視，或手中持物，」身體就東倒西歪。他說話聲音低得像蚊子叫，連近在身旁的老師也聽不清。字體也只有從前一半大，傾斜柔細，好像他虛弱得握不住筆。

慈禧知道光緒的身體精神狀況，一再要翁帝師「盡心規勸」，流著眼淚說自己推遲歸政是為國家著想：「諸臣以宗社為辭，余何敢不依，何忍不依乎！」要光緒健康起來的唯一藥方是交權，但慈禧決心不交。

*

一八八七年，光緒滿十六歲了。在這一年紀時，同治已經結婚。同治的婚禮從十三歲就著手預備，為光緒籌辦婚禮至今未見行動。結婚是成年的信號，婚後慈禧不交權說不過去。但延期畢竟不能無限，在全國為光緒選秀的活動不得不開始。光緒急不可耐，一八八八年的一天，他拒絕去上課，盛怒之下還打破了窗戶的玻璃。（光緒是有名的壞脾氣。據翁同龢日記：「昨日上怒責茶房太監三人，內一人杖幾死，因細事耳。」）慈禧知道這次怒火是針對她的，似乎很緊張，過了一天使宣布「明年正月舉辦大婚典禮」。不久又發懿旨：「明年大婚禮成，應即親裁大政，著欽天監於二月內敬擇歸政吉期。」這次光緒不再跪求了，也不給任何人時間干預。他立即發了一道上諭，命令各衙門準備皇太后「歸政屆期一切典禮事宜」。皇太后未來的住處、西苑儀鸞殿一裝修完畢，慈禧就搬了進去。

慈禧想了個辦法控制光緒。做為母親，她對養子的婚姻有發言權。她選了個完全聽命於自己的皇后。選秀過程走完，她公布選擇的結果：弟弟桂祥的女兒。妹妹的兒子做了皇上，弟弟的女兒如今又做皇后，慈禧不必擔心未來大權旁落。她多年前就看上了這個女孩，隆裕皇后絕對溫順。可她相貌平平、毫無才氣，也不機靈。更有甚者，隆裕比光緒大三歲，結婚時已經二十一歲，遠遠超過通常皇后新婚的年紀。即便在一般家庭裡，她也會被看作老姑娘。翁同龢在日記裡記載選秀結果時，沒提新皇后的歲數，只提了兩個皇妃的年紀：十三歲的珍，和她的姊姊十五歲的瑾。

光緒討厭他的皇后，瞧不起岳父。桂祥吸大菸，沒什麼能力，薪水有限。用慈禧的話說，他家「衣食粗足，誰不知之」。慈禧只得不時接濟，但不給銀子，怕桂祥拿去買鴉片，而是賞賜物品，讓他擺出來遮蓋窘相。太監送禮來時，桂祥和他的桂公夫人得給賞錢，太監知道桂祥沒錢，需要拿東西去典當，都趕在當鋪開門的時間來，等桂祥家人從當鋪拿到錢回來後才離開。太監在府上挨個請安，說盡恭維話，尤其對在宮裡有「吃捧」名聲的桂公夫人大捧特捧，把她捧得心花怒放。她大把給賞錢，太監在背後卻鄙夷地管她叫「瘦驢拉粗屎」，「窮大手」。連宮女都說，這樣的岳父母配不上皇上。

當年同治選后時，慈禧雖然不贊成兒子的選擇，還是由了兒子。她愛同治，想讓他稱心如意。如今為光緒選后，慈禧毫不考慮養子的感受。光緒沒有反抗，既出於孝道，也因為當面不敢對皇爸爸說「不」。但是他於心不甘，一八八九年三月四日親政大典一完結，立刻進行報復。

典禮次日，光緒「大婚受賀」。大婚耗費了五百五十萬兩銀子。新娘進宮那天，從正門抬進紫禁城，金黃鳳輿沿著外朝中軸線穿行。環繞的紅牆黃瓦宮牆下，排列著紅制服、手舉彩旗的御林軍，以及身著鮮藍朝服的官員。鳳輿穿過不久前剛被大火燒毀的太和門，現在是一個用紙糊在木架上的複製品，看上去跟真的一樣。這個贗品頗似隆裕皇后的婚姻。

太和門後矗立著紫禁城最莊嚴的太和殿，是舉行盛大典禮的場所。大婚受賀第二天，預定皇上在這裡宴請皇后父親和家族。那天早上，據翁同龢日記，光緒起床後稱自己「吐水頭暈」。太醫找不出他有什麼病，可他堅持說「飲葯避風不能詣前殿」。宴會只得取消，已經齊聚的客人紛紛散去。撤銷太和殿大宴從來沒有過，各種傳言立即飛遍北京城。皇帝刻意要人知道他對皇后一家的鄙視，在下令把宴肴分送給受邀賓客時，專門傳旨不送給皇后的父親一家。

自己弟弟和娘家受如此羞辱，慈禧的憤怒不言而喻。她在西苑聽戲，照規矩皇上有病該停止，可翁帝師注意到「西邊戲未停」。

婚禮以後，在宮廷眾目睽睽之下，光緒對隆裕視而不見。隆裕想討好他，只讓他更厭煩。有人說，隆裕畏縮著跪下請安，光緒竟然一腳踢過去。慈禧想利用隆裕控制光緒，適得其反，光緒跟她的關係更加緊張疏遠。如今她歸政了，光緒一心只想擺脫她的干涉，根本不想跟她討論國家大事。

*

光緒寵愛珍妃。太監說：「珍妃獨得皇上的恩寵，是因為她的裝飾不施脂粉，不喜女服，不挽髮髻，不穿繡履，而以男子服裝為尚。每侍皇上，大辮後垂，頭戴頭品頂花翎，身穿箭袖馬褂，足蹬青緞朝靴，完全是一美少年的衛官打扮。帝甚喜歡。」根據光緒後來對醫生、包括對法國醫生德特弗（Dr Dethève）的自敘，他從少年時代就開始的遺精，「近數年每月不止二三次，且有無夢不舉即自遺泄之時。」德特弗醫生在醫療報告中寫道：其他時間他「不能勃起」。這意味著光緒不能過正常的性生活。當時民間也猜中大半，稱之為「天閹」。珍妃以男子形象出現，不給光緒行房的心理壓力，光緒得以在她面前放鬆。皇上還愛上了鑼、鼓、小鈸等打擊樂器，可能與這些樂器給他性快感有關。根據他自敘，遺精之初他「一聞鑼鼓即覺心動」。

雖然體弱多病，光緒兢兢業業地履行著帝王的職責，同時繼續學習儒家經典和滿文。他的全部生活都在紫禁城內，外出限於西苑，西苑湖中小島上的瀛臺是他的寢宮。他偶然去天壇等處祈禱上蒼賜予好收成，去清陵請求祖先保佑。這就是他的全部宮外經歷。他與翁同龢的親密程度有增無減，天天見面。這位父親般的人物塑造了童年、少年光緒，如今又對光緒治國發揮決定性影響。

慈禧曾在光緒一上學時就為他任命了具有改革頭腦的老師孫家鼐。孫一再勸說光緒進行革新，曾以馮桂芬《校邠廬抗議》一書進呈，又以鄭觀應《盛世危言》進呈。這些書皆主變法，他「欲皇上留心閱看，採擇施行」。但是歲月流失，皇上無作為，對改革不感興趣。光緒跟孫家鼐沒有感情，孫無法影響光緒。

翁同龢依然對西方十分排斥，儘管他不再充滿仇恨，也開始接受一些西方的東西。一八八七年，他照了平生第一張相。一八八九光緒親政那年，他回籍修墓後返回北京時途經上海，承認那裡的「鐵廠、船塢、洋槍局、織布局等處為有益」。他還去參觀了一座天主教堂附設的育嬰堂和學校，留意到這裡男女分開，「兩堂規矩整齊，居處高燥」；學堂「誦聲喧然」，「極嚴肅」。雖然這一切給他留下了良好印象，但他固守成見。太和門失火，他認為是「天象示儆」，警告修鐵路的計畫，以及「火輪馳騖於昆明〔湖〕，鐵軌縱橫於西苑，電燈照耀於禁林」。

眼看翁同龢對光緒的影響，慈禧深感無奈，特別是光緒已同她貌合神離。在移交政權之際，她同兩人會面，要他們繼續她所開啟的現代化進程。兩人保證「親政後第一不可改章程」，「斷不改」。但是光緒上臺不久就停止買軍艦，擱置京漢鐵路，幣制改革也再無下文。慈禧送出去周遊列國的官員回來後多數不受重用，各種形式的報告大多塵封書庫。焦慮之餘，慈禧以母親、皇太后的身分在一八九一年要求光緒學英文。李鴻章給兒子的家書說光緒學英文是「奉太后命，諸臣皆不謂然」。翁同龢的反應是：這是為什麼（「此何意也」）？「洋文砌於御案矣，傷哉！」翁看到光緒學得很用心，理解為：「洋文乃懿旨命習，未敢少懈也。」其實光緒自己也喜歡學，但他的興趣只停留在學習語言上。

不思改革的光緒，返回古老的純粹行政管理的治國方式，是個勤勤懇懇的頭號官僚。他天天寫下大量硃批：「知道了」，「交部議處」，「著照所議辦理」，等等。他按例行公事接見官員，但時間很短。首先他口吃，其次他說話聲音細小，覲見者往往聽不見。於是官員間互相轉告：「皇上口吃，不能多言。汝上去，遇皇上發問後，即可洋洋灑灑，暢所欲言。敷衍十分鐘，便可下來，不必過於拘謹。」

光緒像從前一樣關心人民疾苦。有一年，翁帝師寫道：「大雨數日，墻頹屋壞。天安門內波聲洶洶，聖意殷殷，為沿河萬姓慮。」但光緒所做的不超過歷代皇帝的向上蒼祈晴、設立粥廠、賑濟災民。他沒有想過應當了解西方是怎樣解決這些問題的。西方人感覺到，中國進入了「沉睡狀態，只有外國商人還在積極努力」。

光緒在改革上無所作為，但沒有人上書警告。慈禧時代對政策變革的一次次活躍的大辯論，如今蕩然無存。恭親王此時不任職，即便任職，他也不是改革的設計師和推動力。醇親王需要人引路，做不了引路人；而且他長期生病，於一八九一年去世。被西方人譽為「中國最偉大的改革家、政治家」的李鴻章，離開了慈禧一事無成。雖然他仍然在位，但他被捆住了手腳：帝師翁同龢是他的對頭。

光緒掌權整整兩年，才接見外交使團。這是他與西方人第一次接觸。過程很順利，要外國人磕頭這個障礙，一八七三年就在慈禧影響下排除了。各國使節對皇上鞠躬，他以點頭作答。總理衙門負責人慶親王從使節手裡接過國書，放在黃案上，跪下向光緒彙報，然後站起向遞國書的使節致答詞。每個使節依此程式重複一次，「覲見進行成功。」（赫德語）使節們如果看到翁同龢對這次覲見的評論肯定會感到吃驚。他不在場，但寫道：「夷使」在天子面前哆嗦著行了該行的大禮（「讋慄成禮」）。

年輕的光緒執政，曾給西方人帶來很大的希望。不少人夢想著：「鐵路、電燈、科學、新型海軍、舉足輕重的陸軍、銀行體系、製幣——所有這些都已經蓓蕾初綻，很快就會百花齊放。青年皇帝的執政將是中國歷史上最值得紀念的盛世。」但是慈禧播下的種子、培育出的嫩芽，沒有機會成長，更無緣開花結果。

光緒能夠從容地做個勤勉的行政管理長官，翁帝師能夠悠閒地欣賞詩詞、切磋書法，這是因為他們承襲了慈禧構築的和平與安定。一場災難就要降臨：日本，乘著慈禧離開政壇的機會，於一八九四年向中國開戰。

14 修建頤和園

（一八八六～一八九四）

當慈禧於一八八六年不得不考慮歸政問題時，她又做起了修圓明園的夢。宮廷裡的人都知道她「有重修圓明園之志」，為此她每年都從撥給皇宮的經費中積蓄下一部分錢。太監說：「太后對於外表，以及恩賜臣民很好面子，也愛闊綽。若論本身生活，除份例之外，非常節省。」她的計畫是先修圓明園的一部分：環繞昆明湖的「清漪園」，即頤和園。她愛那汪湖水，這裡建築物相對少，修起來也便宜些。她從宮中積蓄裡拿出三百萬兩銀子，作為頤和園修建費。

十多年前，她首次歸政時，兒子同治曾打算修園，因反對呼聲太高而不得不作罷。如今她料定反對之聲又會再起，尤其是她有一個歸政後的住所：紫禁城隔壁的西苑，而修繕西苑已經引起非議。慈禧的修園不是徵用無償民工，而是由皇家付錢承包給京師土木工程商。十六家工廠進西苑施工，其中一家僱人近一萬。這家工廠工人要求增加工資，數次在西苑舉行罷工。「罷工」這個現代字眼也於一八八六至一八八七年出現在宮廷檔案中。

慈禧不滿足於西苑，因為它位於京城中心，她更渴望生活在自然環境裡。她的心仍然在圓明園。為了能重修其中一部分，她在一八八八年三月十三日以光緒名義頒發上諭，有的話語特別標明是她本人說的，懇求人們理解：「自垂簾聽政以來，夙夜祇懼，如臨淵谷。」她兢兢業業地辛勤多年為中國帶來了「同光中興」，並沒有像前代皇帝那樣修建供狩獵的園林，出外恣意遊玩。而且修園不會拿國庫的錢，「未動司農〔戶部〕正款，亦屬無傷國計……想天下亦應共諒。」

乾隆皇帝一年出遊兩三次，皇太后、后妃隨行，每次都消耗數十萬兩銀子。慈禧嚮往旅遊，卻從來沒有出遊過。她篤信佛教，早就期望前往離北京不太遠、從前皇帝經常造訪的五臺山拜佛。由於出行耗資大，她接受了恭親王和其他軍機大臣的勸諫，終於沒有去。這次，她對王公大臣說，她願意放棄皇太后的權利，不去打獵的行宮承德，也不去渤海巡視初建的海軍；作為交換，她要修頤和園。*

這次沒有遇到多少反對，頤和園修建起來。今天它是北京的明珠，但欣賞它的遊人會聽到對慈禧的無情譴責。一個普遍的說法是，頤和園耗費了數千萬兩銀子，都是建設海軍的錢，慈禧拿走了，毀滅了海軍。實際情況遠非如此。前人民大學清史研究所副所長王道成教授披露：

> 一九七四年，日本一個代表團訪華，周恩來總理接見他們。談話中，講到頤和園。代表團的一位成員說，中國學者認為，慈禧太后修頤和園，用了三千萬兩白銀。根據我們的研究，只用了五百萬兩。周總理聽後，很有感慨。他說：「頤和園是我們的，為什麼日本人比我們還清楚」。為此，新華社發了一個「內參」。這時，江青住在頤和園。她要求頤和園管理處組織力量，查清慈禧太后修頤和園用了多少銀子。查了幾個月，沒有結果，只好不了了之。

專家查閱了能查到的所有文獻檔案，發現了大量關於頤和園的第一手資料。檔案沒有顯示頤和園的修建經費，但發現了它的前身清漪園的修建費用：歷時十五年的建造，共用銀四百四十萬二千八百五十一兩。由於慈禧修了一批用於行政和為生活服務的建築，又安裝了電燈等現代設施，費用應超過此數。主管皇家工程的「算房」對占頤和園工程一半以上的五十六個項目的估算是：三百一十六萬六千六百九十九兩。王教授的結論是：「由此推算，頤和園的修建經費，當在五、六百萬兩之間。」

這個數字相當於光緒大婚的費用：五百五十萬兩銀子。光緒大婚的耗費出自戶部。修建頤和園的錢，慈禧從宮中積蓄中拿出三百萬，文武官員「報效」了一部分，其餘的她希望國家提供。

雖然慈禧執掌大權，但她不能直接從國庫拿錢。她叫海軍衙門幫她籌款。國家撥給海軍的款項最為鉅大，主管人是醇親王奕譞、慶親王奕劻。一八八六至一八八八年，每年籌了多少不清楚，從一八八九年總理海軍事務的慶親王奕劻的奏摺來看，這三年每年為頤和園工程籌的款不超過三十萬。慶親王說：「以今歲而論，即可每年騰挪三十萬兩。」一八九一年他又再次說：「每歲暫由海軍經費內騰挪三十萬兩。」由此可見，從一八八九年到一八九四年工程停工為止，慈禧每年從海軍衙門拿走的錢是三十萬兩。這筆修建費，在海軍全部經費中所占的比重並不大。清史專家認為，這

---

* 人們常引用《翁同龢日記》中「以昆明湖易渤海，萬壽山換灤陽〔承德〕」來「證明」慈禧要放棄建設海軍以修建頤和園。實際上，她捨棄的是去渤海視察海軍。

筆錢「對海軍建設影響不大」，「頤和園工程挪借海軍經費對北洋海軍的建設不可能發生根本性的影響。」

慈禧對自己的行為或許感到不安。醇親王上書建議在頤和園辦「水操學堂」，讓海軍在昆明湖上操練，這樣就可以名正言順地修園了。水操學堂建立起來，他陪慈禧觀看了昆明湖上的操練。顯然，操練的隊伍裡不會有軍艦。慈禧害怕這些造假會激怒上蒼，一八八九年年初太和門大火後，她認為這是「火災示警」，下令：「所有頤和園工程，除佛宇暨正路殿座外，其餘工作一律停止。」事過不久，慈禧對頤和園的渴望戰勝了她對上蒼的恐懼，頤和園重新開工。

主辦官員每隔幾天向慈禧彙報一次，每個細節她都要過問。頤和園勝景糅合人工美和自然美，充分顯示在占地二點二平方公里的昆明湖和俯瞰它的六十米高的萬壽山。沿湖曲折的長廊廊簷，一溜畫著色彩鮮豔的佛教故事和民間傳說。隔湖遙望有一條修長的十七孔橋，優雅地把湖中小島與湖堤連在一起。園內的電燈是李鴻章從德國訂購的，他寫信給慶親王轉呈慈禧說，燈具「是西洋最新之式，前此中國所未有……實屬美備異常」。頤和園附近的老百姓知道皇太后什麼時候住園：湖邊泊船處有個高聳的電燈杆，杆上的燈亮了，人們便知道慈禧來了。翁同龢參觀後議論說，這裡「樓觀之麗，陳設之華，自所未睹也」。慈禧建造的頤和園，是中國園林藝術的瑰寶。

15 歸政之後（一八八九～一八九四）

一八八九年慈禧歸政時，頤和園還在修建，她住在西苑。光緒西苑的寢宮瀛臺，在湖中小島上，由一條可開可關的木橋連接堤岸。光緒時常來住，住的期間天天給慈禧請安，可從不談國事。

歸政前對她未來的政治作用，醇親王和軍機大臣擬定了詳細方案，慈禧接受了，批示「依議」。根據這個方案，光緒單獨處理國事，不需要事先徵求慈禧的意見，只是「皇上披閱傳旨後，發交臣等另繕清單恭呈皇太后慈覽。」清單上只顯示標題。唯一的例外是，任免大員要先報告慈禧，「皇上奏明皇太后次日再降諭旨。」從清單標題上，慈禧能大致知道各地發生了什麼事，但她不知道詳情。她能有點事後知情權，已經是醇親王努力爭取的結果。不久，一個叫屠仁守的御史建議所有奏摺依然由慈禧「批覽然後施行」。慈禧擔心有人懷疑這是她指使的，馬上發表聲明，明確表示「殊深駭異」，「所見甚屬乖謬，此事關係甚大，」一定要「予以懲處……屠仁守著開去御史。」奏摺被扔了回去。

親政大典第二天，光緒的第一批清單就遞交給了慈禧。慈禧同軍機處、包括李鴻章在內的大臣的一切直接聯繫就此切斷。歸政之初，慈禧很難跟政壇完全斷絕關係。這年夏天，她插手宣布京漢鐵路開建（「朕欽奉慈禧端佑康頤昭豫莊誠壽恭欽獻皇太后懿旨……」）。那時翁同龢不在，回家修墓去了，翁帝師歸來後，反對這個項目，光緒也就把它束之高閣。第二年春天，慈禧乘參加謁皇陵的機會，召見軍機大臣和李鴻章，討論鐵路問題，以及當時屬國朝鮮面臨的外來危機。慈禧聽彙報、發指示，惹惱了光緒皇帝。看來光緒跟皇爸爸發了脾氣，慈禧大怒，賞賜果品給官員時，特地下令不給光緒身邊的人。

一八九一年六月四日，慈禧正式搬進頤和園。遠離了決策中心，她再要干預就難了。光緒把她的搬家作為大事，頒發上諭公諸於世，率領百官身著蟒袍補褂跪送，他本人一直送到頤和園。從此，他定期去請安，但不談公事。慈禧後來說，她「自歸政後，時事不復與聞」。

她的職責由祖制定下。天災嚴重，皇太后要發宮內積蓄給災區。後宮的眾人歸她管。醇親王一八九一年去世，後事安排，從祭禮到安葬到建祠堂，是她的事。其他時間，如老太監信修明看到，她「整天與太監、媽媽女子等消遣歲月，達八年之久」。

*

在宮中照料一切，使諸事完滿運行的是大總管李連英。後來經常見到李連英的美國女畫家卡爾描繪他：「鷹鉤鼻、方臉尖下頜，下嘴唇突出，眼睛深陷，眼光充滿精明與智慧。臉上皺紋重疊，皮膚乾硬……他風度優雅，討人喜歡，說話清晰從容，措辭得體，聲音低而悅耳。」

李連英六歲的時候，窮困不堪的父親帶他去「淨身」。他九歲入宮，剛開始像正常的孩子一樣貪玩，清宮檔案中記錄他「滑懶不當差」。嚴厲的懲罰（革去八品頂戴、扣掉錢糧）和訓練逐漸改變了他，使這個聰穎過人的孩子成長為格外善解人意、謹慎小心的太監首領。他處處考慮周到，一切安排井井有條、嚴絲合縫，讓慈禧舒心如意。他是慈禧最好的朋友。慈禧的生活很孤寂。有太監回憶：

西太后雖然有好多事要做，但是日子過得看起來也是怪無聊的。她閒下來的時候，寫寫字，畫點畫，看看戲……心神也像沒有著落似的。能解西太后心煩的是太監李連英，李連英最會服侍她，成了她離不開的人。他兩人的感情看起來非常密切。就我們知道的，每天三頓飯，早晚起居，他倆都互派太監或者當面互相問候：「進得好？」「吃得香？」「歇得好？」有時候，西太后還親自來到李連英的寢室，招呼：「連英啊，咱們遛彎去呀！」李連英便出來陪她去玩，他倆走在前邊，其餘的人遠遠地隨在後面。西太后有時還把李連英召到她的寢宮，談些黃老長生之術，兩人常常談到深夜。

李連英生了病，慈禧立刻傳御醫來給他診脈開方，守著他等藥熬好喝下。太醫院的病歷檔案，他有自己的專冊，而其他太監都是一個宮裡的所有人合為一冊。甚至低級的皇妃也是合冊。

慈禧不斷賞賜李連英各種優越待遇，直至清朝無前例的「二品頂戴花翎」。李連英的殊遇並未在宮內同輩中引起嫉妒，他善於處理人際關係。他的墓誌碑文說他「事上以敬，事下以寬，如是有年，未嘗稍懈。」但是由於對太監根深蒂固的偏見，官員總是指控他干涉朝政，儘管慈禧嚴格按清朝規矩辦事，從不跟李連英談政治。醇親王帶李出巡海軍引起的風暴，蓋過了出巡大事。那次御史朱一新上奏摺指責李，甚至把地方上的水災也歸罪於他。這激怒了慈禧，她公開發諭旨譴責朱一新的話是「虛誕之辭」，降了他的職。她再三聲明，太監「絕不干預公事」。又有人上書反對太監出宮門，慈禧沒理他，把他的奏摺「留中未發」。一個廣為人知的傳言說，李連英能爬到高位是因為會給慈禧梳頭，明顯帶著很濃的「性」成分。就連慈禧歸政以後發生的中國敗戰於日本，也被說成是慈禧受李連英擺弄的結果。

因為李連英和慈禧的關係，希冀肥缺的官員常送他豐厚的禮品，李連英來者不拒，但事實上什麼話也沒給他們傳，那些人也無從知道。慈禧心中有數，睜一隻眼閉一隻眼。

*

慈禧身邊的貴婦多是年輕的寡婦。她們的婚姻是慈禧指定的，這在當時是無上的榮耀。丈夫死後，傳統的道德觀不允許她們再嫁。在慈禧面前最得寵的是慶親王的女兒四格格，她聰明機靈、灑脫大方、說話爽快，慈禧說她很有點自己年輕時的影子，幾天不見就想念她，派人接她來頤和園住。另一個年輕寡婦叫袁大奶奶，她並沒有真正結過婚。慈禧把她許配給弟弟桂祥的兒子，還沒過門未婚夫就死了。出殯前夕，袁大奶奶一身寡婦打扮，坐著一乘白麻布罩蓋的轎子來到靈前，行了妻子的大禮，從此終身孀居。外人說她對春花秋月一概不懂，像個木頭人。慈禧沒什麼話跟她說，但可憐她，也總是接她到頤和園來住。

慈禧身邊當然永遠還有隆裕皇后。宮裡人說她「不僅未受光緒的恩寵，就是慈禧太后也對她沒有特恩。在宮廷裡名有六宮之權，其實是既受制於太后和皇帝，對下不能管治二妃，尤不敢多言，就是對太監，也不敢驕傲自尊。每日必至兩宮，早晚請安。請安完畢，只有閉宮自守，心中惴惴，惟憂鬱而已。……每日在太后面前，提心吊膽……不如四格格等隨便。夜間仍回冷宮，其淒淒涼涼之狀，可想而知。如一日未得太后之加罪，猶以為知足，真是當了二十年之久的窩囊媳婦。」

慈禧身邊的女人們在她面前盡量露出歡喜的樣子，但她們的生活中少有幸福可言。

*

慈禧的日子過得很規律。她不再勉強早起，直睡到八點以後。她準備起床的信號，是寢宮的窗戶開啟。這時整個宮廷就緊張而有秩序地忙起來。各處首領太監齊聚她殿下廊外侯差。宮女跑去茶房拿回熱水倒進銀臉盆裡，小太監雙手捧盆跪下，宮女托著肥皂盒、手巾，慈禧開始洗臉。她把熱毛巾敷在臉上幾分鐘，然後輕輕拍乾。用同樣的毛巾裹住雙手，浸泡在熱水裡，時間長到水要換兩三次。據說這是她的手像年輕女孩一樣細嫩的訣竅。

漱口完畢，她面南坐下，一位太監為她梳頭。據老太監信修明說，慈禧四十歲以後開始脫髮「僅存鬢邊和後腦短髮，修飾惟仗技巧。否則儼然一位禿老太太。太后喜莊嚴，頂心一束假青髮，是紅膠泥黏的，兩邊貼的是髮片。大兩板頭，為滿洲之官妝，最怕碰脫，極須小心。」梳頭太監是打理慈禧頭飾的專家，他一邊梳一邊給慈禧講些傳聞笑話，讓她眉開眼笑。這時她面前擺著一碗據說有健身、駐顏效應的銀耳，她用銀勺一點點啜食，顯得十分愜意。頭髮梳理完畢，她自己動手把珠寶和鮮花插上去。滿族貴婦的頭飾缺不了點綴，慈禧喜歡鮮花勝於珠寶。她還能在頭髮上表演插花藝術，有時套茉莉花花環，有時插一大朵鮮豔的牡丹。

對自己的臉，慈禧沒有多少法子打扮：按規矩寡婦不能化妝。通常滿族婦女濃妝艷抹，臉上白粉重重，面頰粉紅濃烈，下嘴唇中心點上一顆紅「櫻桃」，以滿足「櫻桃小口」的審美標準。為了讓自己盡量顯得美一點，慈禧讓人不易看出地敷上點粉，在兩頰、手心塗點胭脂，甚至在嘴唇上也抹點胭脂紅。胭脂是慈禧自己指導製造的，用的是西山出產的一種特殊的朱砂紅玫瑰。花瓣一瓣一瓣地挑選出來放進石臼，用漢白玉杵搗成漿。原汁用細白紗布過濾流入胭脂缸，剪成小塊的蠶絲棉放進胭脂缸浸泡十多天，吸飽玫瑰汁後，隔著玻璃窗（以免沾上塵土）曬乾，就上了太后的梳妝臺。慈禧用手指把溫水蘸在胭脂塊上，化開胭脂塗手和臉，把胭脂塊捲在玉簪上塗嘴唇。宮裡混合各種花汁以提煉香水，還自製香皂，宮女抱著石臼給慈禧看裡面的香皂泥時，她也動手使勁攪拌。

身為寡婦，慈禧不能穿大紅大綠。但是被認為素淨的顏色按歐洲標準也十分艷麗。在正式場合，她身上或許穿件藍緞子繡大朵白玉蘭花袍子，腳登綴著珍珠串的繡花鞋。

梳洗打扮完畢，慈禧愛在鏡子前照來照去。身邊的年輕女人覺得她有些太過。慈禧看出她們的心思，一天對御前女官德齡說：「你們可能覺得像我這樣歲數的人注重打扮好笑吧？可我就是喜歡穿戴美麗，也喜歡看年輕姑娘都收拾得漂漂亮亮。」德齡奉承說太后看上去很年輕，仍然美麗。又說雖然我們年輕，但永遠不可能跟太后比。這些話都是慈禧愛聽的。

離開梳妝臺之前，慈禧總會站起來把鞋襪審視一番。鞋是方頭的「花盆底」鞋，襪子是白綾做的，繫在腳脖子上，打一個俏美的蝴蝶結。每雙襪子只穿一次。除了宮內有專門的縫紉師，她的家族和其他貴族家庭也按她的尺寸做襪子當禮品進獻。

宮女掀開門簾時，在廊外早就盯著她們一舉一動的首領太監一起跪下，高聲呼喊：「老佛爺吉祥！」老佛爺是慈禧給自己取的外號，既不失身分又親切近人，宮裡人、北京城裡大家都這樣稱呼她。

老佛爺一邊給首領太監交代一天的任務，一邊吸著早上第一管水菸。水菸的長菸管底是個長方形的盒子，端在侍菸宮女的手裡。其中一位這樣描述：「太后習慣是左邊含菸嘴，所以我必須站在左方，站的距離大約離太后兩塊方磚左右，把菸裝好後，用右手托著菸袋，輕輕把菸嘴送到太后嘴邊（輕易不跪著遞菸）。我左手把菸眉子一晃動，用手攏著明火的菸眉子點菸。」侍菸宮女的手不能搖擺，不能讓菸嘴在皇太后口裡打滑。為了能穩如泰山地端菸盒子，宮女必須苦練，直到掌心能托住一杯開水，四、五分鐘紋絲不動。

吸了兩管菸，該吃早餐了。首先獻上的是奶茶。滿洲人喝茶加奶。慈禧既喝牛奶，也喝人奶。一八八〇年代初大病後，醫生建議她喝人奶，宮中因此僱了幾個奶媽，輪流把奶擠到碗裡。奶媽們把自己吃奶的孩子也一同帶來。服侍慈禧時間最長的奶媽，後來終身住在宮內，兒子受教育，還得了個職位。

喝著茶，一隊太監捧著早餐盒來了，大提盒外罩黃雲龍套。李連英守在寢宮門裡，接過提盒，捧到慈禧面前。老佛爺這時盤腿坐在靠窗炕上，可以眼望園子裡的花木和藍天，她喜歡明亮。早餐擺滿一炕桌，延伸到地下一張花梨木茶几上。食盒擺好後，按宮裡規矩她眼看著打開。裡面有各種粥、各種茶湯、各種燒餅、各種滷品，一共二十多樣。

老佛爺胃口極好，一天要吃兩頓主餐，若干次小點心。她吃飯沒有固定的餐廳，人在什麼地方飯就開在什麼地方，一般不喝酒。做為皇太后，她每天定量是三十一公斤豬肉、一隻雞、一隻鴨，蔬菜、調料也有規定的數量。做出的好幾十道菜，分放在一百多個盆、碗、盤、碟中。大部分菜慈禧動也不動，只是擺擺樣子。只有國家出了災難，才會下詔減膳。大部分時間她獨自用餐，如果招人同桌吃飯，陪吃的人得站著吃。餐桌上的菜經常分賞給廷臣，作為恩典的象徵。皇上只要在附近，也會收到她送來的食物，表示關心。剩下的飯菜數量也還可觀，於是宮門外擺開了一溜小食攤子，做起了紅火的「剩飯」生意。另外，每天在特定時間，乞丐可以到某宮門外去領飯，同時搜索宮裡出來的垃圾。

午餐後，慈禧照例要進行翻來覆去的洗手，然後午休。睡著之前，她跟太監老師讀古文，他們會盡量在四書五經中穿插些笑話。她午休醒來的「消息像電火花一樣閃遍全宮廷，人人立刻進入緊張的忙碌狀態。」（卡爾語）

晚上十一點鐘左右，老佛爺準備就寢。首先是洗腳。洗腳水極講究，三伏天祛暑祛濕，用杭菊花煮沸後晾溫了洗；三九天為活血暖身，用木瓜湯洗。洗腳宮女受過專門訓練，懂得怎樣按摩穴位。如果需要剪腳指甲，宮女要輕輕說：「請剪子。」經慈禧點頭後取出來。老佛爺寢宮裡嚴格規定不許動刀剪。修手指甲堪稱一門學問。滿族貴婦時興在無名指和小指頭上留長長的指甲，用金銀珠寶鑲嵌的指甲套保護起來。貴婦都不用自己梳頭穿衣，這幾個指頭上的長指甲不構成無法逾越的麻煩。

慈禧睡在炕上，入睡前仍然是古文教學，她在經書誦讀聲中沉沉睡去。睡覺時一個侍寢宮女坐在屋內地上，紋絲不動好像一件家具。外間、寢宮外和附近地方有守夜的宮女、太監。值夜當差的人能聽到她熟睡的鼾聲。

*

此時的慈禧五十多歲，身體健壯。踢毽子能勝過年輕隨從，登萬壽山也不顯疲乏。北京的冬天大冷，她不在地坑裡生火，最多只用煤球爐子，臥房內連爐子也不用。接見官員的大廳裡燒著兩個銅炭爐，藍色的火苗很美，但對付低溫無濟於事。殿門通常不關，掛著棉門簾，一進一出都有冷氣衝入。身邊人感到快凍僵了，慈禧穿得不比他們多，但若無其事。

喜愛政治的慈禧現在不能過問政事了，但她有著廣泛的興趣。頤和園給了她無窮的樂趣，她每天都在這裡轉。她的隨從有一大群，帶著「衣服、鞋襪、手絹、梳篦、粉盒、各種各樣的鏡子、香水、別針、黑紅墨水、黃紙、菸絲、水菸袋，還搬著她坐的黃綾凳子，好似帶腿的梳妝臺」（御前女官德齡語）。她特別喜歡的一處是「玉帶橋」頂，她愛坐在黃綾凳上，長久地凝視昆明湖。常停下來喝茶的地方是一所竹舍，從屋頂到牆壁到家具全是竹子。喝茶用玉杯，宮女同時呈上一個玉碗，裡面盛者曬乾的忍冬、玫瑰、茉莉花朵。她用兩隻櫻桃木細枝條作筷子，挑出幾朵扔進茶裡，用枝條輕輕攪動。

湖上行舟時，樂師會乘別的船遠遠跟著，吹笛吹簫、彈月琴，樂聲飄忽不定。有時在月光下，慈禧會跟著水上的音樂低聲哼唱。但是有條船她不喜歡——乾隆時造的「石舫」。

她愛花愛草。在菊花折枝栽培時節，帶領宮中女人去摘嫩莖種在花缽中，天天澆水，直到發芽。為了栽菊花慈禧甘願放棄午休。後來重返政壇時，她打破在辦公地點不許有花草的傳統，在接見大廳裡擺滿了花盆，一層層擺上去，好似一座花山。覲見的官員進門後經常找不到下跪的對象，她的寶座似乎隱藏在花山後邊。

頤和園裡有果園。收穫季節，成筐的果實每天都送到她面前。她欣賞它們的色彩、形狀，特別喜歡拿起一串葡萄對著光轉來轉去地觀賞。蘋果、梨、桃子裝在廳堂的大瓷缸裡，為的是呼吸它們淡淡的芬芳，香味散後分給僕人。沒有香味的葫蘆也得到老佛爺的歡心，巡視時常常停下來撫摸它們，天上下雨也不在乎。她收藏了好幾百個葫蘆，太監藝術家把它們雕刻成各式樂器、餐具、陳設，上面刻著字畫。慈禧本人也參與「雕刻」，任務是用一塊尖竹片刮去葫蘆皮。

每隔幾天，皇太后要去看看她的大菜園子，希望能帶走些新鮮蔬菜。偶爾她動手做菜，有次教宮中女官怎麼用茶葉和香料煮「茶葉蛋」。

＊

慈禧跟太監行家學養鳥，也懂一些鳥的知識。頤和園有一角，沿岸栽著垂柳和紅桃，是太監養鳥訓鳥的地方，一排排竹竿上掛著成百的鳥籠，好多是珍奇的品種，有的鳥還自由地飛翔。為了不讓外邊的野鳥飛進來破壞了品種的純正，御林軍裡吸收了一批懂鳥的八旗子弟，成天拿著弩弓，在園子邊轉悠。不同的鳥在不同的時間需要不同的食物，頤和園牆外發展起了繁榮的昆蟲市場，有螞蚱、玉米蟲、地蠶，還有螞蟻窩等等。為了吃到心愛的食物，受過訓練的鳥會朝著一種口哨聲飛去。慈禧爬山、遊湖時，離她不遠的太監暗暗吹口哨，讓鳥繞著老佛爺飛，她高興得笑出聲來。美國畫家卡爾描述親眼見到的一幕：

她手上拿著一根剛從小樹上折下、剝去樹皮的長枝條。這些新鮮枝條發出的樹林氣息，她最愛聞。她嘴唇動著，發出一種鳥叫似的低沉聲音，眼睛一動不動，注視著離她不遠的樹上那隻鳥。鳥煽著翅膀，從一根樹幹跳向一根樹幹，一直跳到她手中枝條彎垂的頂端。她輕輕伸出另一隻手，一點點地朝鳥伸過去，終於，鳥在她手指尖歇了下來！……我屏住氣息，全神貫注地盯著，好像別的一切都不復存在。鳥停在她手指上那一刻，我的心狂跳到幾乎發痛。

在龍王堂畔觀魚時，魚也會爭先恐後蹦向老佛爺伸開的手掌心，濺她一身水，讓她像孩子似的大笑。這是太監餵了那裡的魚幾百擔紅色小蚯蚓的成果。

慈禧飼養了幾十條狗，牠們有一大衣櫥緞面繡花衣裳。為了避免這些狗跟其他狗雜交，宮裡其他人餵養的寵物只能關在自己主人的院子裡。她不喜歡宮廷培育的可以兜進寬袍袖子裡的袖珍狗。這類狗的發育被刻意限制，只餵甜食和酒，穿帶鐵絲的緊身衣。慈禧對卡爾說：她討厭這種非自然的養狗方式，無法理解為何人的樂趣要建築在對狗的折磨上。

最受寵的有一隻獅子狗和一隻長毛短腿的匐狗。後者會耍好多把戲，經常一動不動躺在慈禧腳邊，只有她叫牠動才動，別人招呼一概不理。獅子狗的毛柔軟、淺黃褐色，一雙水靈靈的棕色大眼睛。訓練牠不容易，慈禧疼愛地叫牠「傻子」。卡爾進宮給慈禧畫像時，也為這兩隻狗畫了像。畫像時皇太后坐在卡爾背後看，從頭到尾興致盎然。

賭博被明令禁止，賭者要抓去打板子、罰錢。連麻將也在宮中受到嚴禁。慈禧和身邊人有時擲骰子消遣。她設計了一種骰子遊戲，跟「蛇梯棋」類似，但棋盤是大清帝國版圖，各省顏色不同。象牙雕刻的道家八仙在上面旅行，目的地是首都北京。旅途取決於骰子的投擲，他們可能走上岔路去了秀麗的蘇杭，也可能進了流放的地方，只得退出遊戲。最先到北京的是贏家，獎賞是糖和餑餑，輸的人罰唱支曲子或者說個笑話。

慈禧的一個持久愛好是繪畫，年輕寡居的女畫家繆嘉蕙受聘教她。繆畫家是漢族人，在宮中很顯眼。她不戴滿族的頭飾，把頭髮挽成大髻，繞上一圈珍珠。服裝不是滿族的長袍，而是剛過膝蓋的上衣，下罩百褶裙，裙邊露出她的三寸金蓮。慈禧因為是滿族人逃過了纏足的痛苦，看見這雙讓繆師傅行走艱難、搖搖晃晃的殘廢腳就不舒服。她曾要一位提供人奶的奶媽放腳，現在又令繆嘉蕙放腳，畫師樂意從命。

在繆師傅的指導下，慈禧成為一個出色的業餘畫家。師傅對外人說皇太后的筆「有勁、準確」。她還能一筆書寫比她人還高大的字。老太監信修明說她的「一筆龍、一筆虎、一筆壽，世人稱讚。六尺紙、八尺紙、一丈二尺紙，身高四尺年近七旬的老太太一揮而就，是為奇也。」她後來邀請西方外交官夫人來觀看她寫字。目擊者說：「慈禧身材不高，有時寫一個中堂上的字，她夠不著，便在腳下放一個腳凳，女官和太監在兩旁招呼著，惟恐她摔下來。看她寫字的情形是很吃力的，可是在她高興的時候，一天她可以寫七八張。」這些字有的送給外國人，有的賞給王公大臣。做為皇太后的師傅，繆嘉蕙聲名大噪，出售字畫的收入可觀。她用這些錢給兒子捐了官，還在後海醇王府旁買了座房子。

*

頤和園附近有很多佛廟道觀，經常舉辦廟會。廟會上表演各式技藝，踩高蹺的、耍獅子的、跑龍燈的、玩武術的，成群結隊從頤和園旁邊經過。慈禧常在牆內樓上觀看。知道皇太后在看，各隊人馬必吹打著獻技一番，她會喝采給賞錢，讓獻技者覺得興奮榮耀。有個長鬍子的藝人男扮女裝，惟妙惟肖地作村婦忸怩之態，曾是老佛爺最欣賞的藝人之一。

慈禧喜歡通俗娛樂，是她把京劇改造成中國的國劇。京劇過去叫「亂彈」，被認為難登大雅之堂。少年光緒曾表示不齒，讓翁帝師十分滿意。乾隆帝下令「嚴行禁止」，說它「聲音即屬淫靡，其所扮演者，非狹邪媟褻，即怪誕悖亂之事，於風俗人心殊有關係。」咸豐讓亂彈進入宮廷，但是扶助它發展成熟的是慈禧。她大量邀請民間戲班進宮演出，賜予民間藝術家皇家演員的身分。她要求演出專業化。京劇從前不正規，開幕不準時、化妝粗糙、穿戴隨便，演員在臺上跟朋友打招呼，有時順口開個玩笑。慈禧對這些細節一一糾正：演員甲臉畫得「實是粗糙」；演員乙「不等尾聲完下場，懈怠」；演員丙「上場不准橫眉立目，賣野眼」；學戲的太監「上角沒有神氣……以後俱個提起神唱曲子……如若不遵者，重責不饒。」她一再要求「要準時」，威脅說誰不遵守「拉下臺就打」。一次主要演員譚鑫培演戲遲到，慈禧是他最大的粉絲，不願對他實行體罰，就罰他演豬八戒。

對演藝出色者的獎賞是空前的。嘉慶、道光一次最多也只賞一兩銀子，慈禧一出手就是幾十兩。譚鑫培等多次在一場戲後拿到六十兩銀子的賞錢。這是一筆大數字，早期昇平署總管月銀最多是七兩。有一年，她對當年參與演出者的獎賞總額達到三萬三千兩。

如此豐厚的待遇使京劇演員成為讓人欣羨的名人，就像今天的電影明星。譚鑫培女兒出嫁，慈禧送給她一個宮中銅盆作嫁妝。一次兩百一十八名藝人乘馬跟隨慈禧從頤和園搬進紫禁城，十二輛車為他們拉行頭。唱戲成了不少人追求的行業。

西苑有座水中戲臺，四面滿植荷花，夏日慈禧常在湖上花中聽戲。冬季紫禁城內她常光顧的戲臺上搭蓋玻璃棚，好似今天的溫室，既暖和，又在自然風雪中。在頤和園，她修復了兩層樓的「聽鸝館」，據說常有黃鸝飛來，歌聲與京劇的高腔相得益彰。她還興建了一座三層戲樓「德和園」。戲樓高二十一米，底層寬十七米，深十六米，足以容納複雜的舞臺布景。這是中國最宏偉的戲臺。天花板能開關，讓神仙在五彩繽紛中自天而降。臺下有地井五口，大金蓮五朵能冉冉升起，在臺上張開花瓣，現出端坐其中的五尊大佛。戲樓依傍昆明湖，音樂聲毫無阻礙地飄向遠方。

慈禧不滿足於來自民間的現有曲目，把她欣賞的宮廷中昆弋腔劇目改編成京劇。不擅詩詞的老佛爺，自己也要參與編詞。改編曲牌不同的戲，還要想法子遷就老佛爺編的詞，迫使一位叫王瑤卿的藝人創造了許多京劇新腔。

慈禧之前，女角都是次要角色，只能「雙手抱著肚子傻唱」。在慈禧的支持下，王瑤卿塑造了有血有肉的旦角形象，京劇有了女主角。慈禧參與創造京劇《楊門女將》，主持將崑曲的一個劇本改編成一百零五出的京劇劇本。據當年參加改編的人說：慈禧太后根據崑曲原本講解，由宮中識字的人「分記詞句」，寫成京劇劇本。後來的京劇專家把編成的劇本稱為「慈禧太后御製」。《楊門女將》成為京劇中最受歡迎的劇目。

一次一個演員在戲臺上唱「最毒不過女人心」，慈禧大怒，馬上把他「轟下臺去」。她對這一傳統偏見的反感顯然跟她本人的經歷有關。無論垂簾聽政多麼成功，她也不能名正言順地執政。小皇帝成年了，她就得退入後宮，再不能過問政治。眼看著光緒把她興起的改革項目一個個擱置，慈禧不會不感到焦慮，可是她沒法子干預。中國歷史上，武則天是唯一自封皇帝的女人。但武則天遇到的反對力量極其強大，她打擊反對派的手法也十分毒辣，據稱甚至謀殺自己親生的皇太子。慈禧寧願把統治建築在共同利益的基礎上，爭取反對派而不是殺死他們。結果她選擇了信守歸政方案這條路。但慈禧崇敬女皇帝武則天，想必私下也一定夢想能走她的路——只要代價不那麼高昂。畫師繆嘉蕙特意畫了一幅武則天的像獻給慈禧：《金輪皇帝衮冠臨朝圖》。圖上的武則天穿著皇帝的禮服、以皇帝的身分處理國家大事。這幅畫充分顯示出慈禧的渴望。而她，不得不約束渴望。

16 甲午之戰（一八九四）

明治皇帝一八六七年登基之後日本崛起。這個人口四千萬的島國，雄心勃勃要建立大帝國。一八七〇年代，它吞併了中國的屬國琉球群島，試圖奪取臺灣，同時還覬覦中國的另一個屬國朝鮮。對琉球，慈禧只是口頭上抗議；對臺灣，她保衛到底；對朝鮮，因為這個屬國跟中國有陸地疆界，接近北京，而且清朝皇家的祖墳就在滿洲，她決心不讓日本占領。她鼓勵朝鮮對西方開放，希望借助西方力量抗衡日本。一八八二年，朝鮮發生兵變，日本使館受到襲擊。東京派軍艦去朝鮮保護僑民。消息傳來，慈禧立刻接連電告北洋大臣李鴻章：「該國忽生內變，日本已有兵船前往……後患不可豫言。雖經張樹聲派令丁汝昌、馬建忠等前往，恐亦無濟於事。著李鴻章接奉此旨……部署水路各軍前往查辦，以期無誤機宜。」中國軍隊到了朝鮮，協同平定了叛亂，日本軍隊沒有參與，但日本同朝鮮簽訂了協議，最重要的一條是讓日本軍隊留駐朝鮮。慈禧的對應措施是命令中國軍隊也留下來。她用硃筆下旨，鄭重地叮囑李鴻章：「日本蕞爾，包藏禍心，已吞琉球，復窺朝鮮。此不可不密防也，爾其慎之毋忽。」主要因為這個考慮，她決定花鉅款購軍艦壯大海軍。

一八八四年底，正值中法交戰之際，朝鮮爆發了親日的政變。慈禧密諭李鴻章等：「倭人意存叵測，現又突起釁端，難保不因中法有事，伺隙尋釁。事關重大，極應嚴密籌辦。著李鴻章將北洋快船二號調回，添配船隻，備齊軍火，令丁汝昌統率，前往朝鮮……」但她「立意不與日人開釁」，要在朝鮮的將領「照會日本使臣，和衷商辦，妥速了結」。

在朝鮮宮廷裡，中日兩軍一度交戰，中方兵多，日軍退走。慈禧指示李鴻章與日本的伊藤博文在天津談判，達成協議：雙方「盡數撤回」在朝鮮的部隊，以免兩國發生衝突。慈禧在批准協議時，滿意地誇獎李鴻章：「相機因應，迅速完結，甚為得體。」赫德也高興地對友人說：「昨天日本人在天津簽了約，我們大贏。」

接下來的十年中，日本加速軍事現代化，特別是發展海軍。慈禧在一八八九年初歸政前夕，也為中國制定了以最新裝備武裝海軍的方針：「逐漸擴充，歷久不懈。」

但是慈禧歸政以後，中國停止了購買先進艦艇。光緒聽老師翁同龢的話，翁主管戶部，款項支出他說了算。翁不能理解不打仗為什麼要花天價買軍艦，他也不認為日本是個威脅。他關心的都是國內的困難。一八九〇年，自然災害又襲擊中國，百萬人因洪災而流離失所。赫德記載道：「京城中心出現了好幾個大湖泊，城外一片汪洋，街道成了河流，院子變成游泳池，進屋好似淋浴，屋頂乾脆垮了下來……」飢餓的男女老少靠粥廠接濟，慈禧身為皇太后也捐了款。那年清政府花了一千一百萬兩銀子進口大米。

可是當災害過去，大米進口減半時，海軍購艦並未恢復。一八九一年，慈禧搬進頤和園，遠離政壇。翁同龢以「海疆無事」為由，奏准「將南北洋購買槍砲船隻機器暫停二年」。在其後數年，日本海軍實力，尤其在軍艦的航速和先進性能方面，趕上甚至超越了中國；日本陸軍裝備也勝過中國。

光緒對軍事沒有興趣，把北方防禦事務全部交給李鴻章。李雖然有重責大任，卻沒有皇上的信任。他的對頭翁同龢懷疑辦海軍的鉅款落進了李和下屬的腰包。這也是翁建議光緒不買軍艦的原因之一。慈禧一歸政，翁就開始查李鴻章的帳，上溯到一八八四年海軍開始大規模更新時。李不得不一次次提交詳細清單，回答無窮無盡的詰問，為自己辯護，甚至反復解釋為什麼軍艦需要不小的保養費用。翁帝師疑心不減。

由於光緒對翁同龢言聽計從，李鴻章擔心翁隨時可能找藉口讓光緒罷他的官。他把取悅皇上、保住烏紗帽放在首位。停止海軍購船之後，李鴻章知道皇上不想在這上面花錢，再也不提買船的事。各省都在買洋槍洋砲，「而北洋獨未購辦」（翁同龢語）。李鴻章自己承認：「自光緒十四年〔一八八八年〕後我軍未增一船，丁汝昌及各將領屢求添購新式快船，臣仰體時艱款絀，未敢奏諮瀆請。」就是說，李鴻章沒有把海軍將領買船的要求上報給光緒。相反，一八九一年巡視海軍後，李給皇上的報告大吹海防如何完善，「就渤海門戶而言，已有深固不搖之勢。」他隻字不提海軍的種種問題，儘管他心知肚明。他在同時給慶親王的信中說：中國海軍「船式既非新樣，教練未盡得法……海戰難期得力。」後來他更聲稱自己一向就知道中國軍隊「是紙糊的老虎」。但他不向光緒彙報，只說順耳的話。光緒果然很高興，在報告批示中大大表揚了他一番。

李鴻章不是不知道，日本的海軍建設是針對中國的。一八九三年，他說：日本「歲增鐵艦，聞所製造專與華局比較。我鐵艦行十五海浬，彼則行十六海浬。定鎮〔中國軍艦〕大砲口徑三十零半生特，彼松島等四艦則配三十四特大砲並快放砲，處處俱勝我一籌。現在英訂購之頭等鐵甲船，又是何項新式，蓋以全國之力，專注於海軍，故能如此，其國未可量也。」明知日本海軍日新月異，李鴻章為了私利而沒有遵循慈禧制定的「逐漸擴充，歷久不懈」的方針，致使北洋海軍落後於日本。

如果慈禧還在管事，她絕不會讓日本在軍備上超過中國。她清楚這是遏制日本擴張的唯一道路。歸政之前，她建立起亞洲首屈一指的海軍，裝備遠遠勝過日本。要保持優勢完全能辦到，因為日本在國家總體財富上不如中國，承受不了軍備競賽的負擔。

一八九四年五月二十九日，李鴻章再度巡視北洋海軍，他又給皇上呈交了一份樂觀的報告。這一次，他終於說了幾句擔憂的話：「日本蕞爾小邦，猶能節省經費，歲添巨艦。中國自〔光緒〕十四年北洋海軍開辦以來，迄今未添一船，僅能就現有大小二十餘艘勤加訓練，竊慮後難為繼。」但他沒有明說這意味著什麼，這種形勢會導致什麼嚴重後果，反而吹噓海防「二千餘里間，一氣聯絡，形勢完固，已無可蹈之隙」，沖淡了他提到的海軍問題。這樣光緒還要擔什麼憂呢？自然又誇獎了李鴻章一番：「李鴻章督率有方，著交部議敘。」

*

就在這個時刻，日本點燃了戰火。春天，朝鮮農民暴動。朝鮮國王請中國出兵幫助平定，北京同意了。按照李鴻章十年前跟伊藤博文的協定，中國通知了日本。東京立刻說也需要派兵去朝鮮保護外交官和僑民。兩國軍隊都還沒捲入時暴動就結束了，朝鮮方面請求兩國撤兵。中方答應了，可是日本軍隊拒絕離開。中國軍隊也就沒有撤走。

日本這時的總理是伊藤博文。他是日本首屆內閣總理大臣，被譽為「明治憲法之父」，參與奠基現代日本。他派兵去朝鮮，目的就是要把軍隊留在那裡，作為第一步，然後實現一個更龐大的計畫：挑起與中國的軍事衝突，跟中國一決雌雄。他派進更多的軍隊，藉口是強制朝鮮政府實行「改革」。日本告訴中方，如果願意，可以留下來一起幫助朝鮮改革；如果不參加，日本就單獨幫助朝鮮。伊藤博文的這一番說詞使得日本怎麼都贏。要是中方撤了兵，日本就將占領朝鮮，再選擇時機挑戰中國；要是中國軍隊也留下，那麼，引發戰爭的機會有的是。總之，伊藤博文已經打定主意不僅要占領朝鮮，而且要打敗中國，主宰東亞。

中國政府，包括李鴻章在內，沒人看穿日本的用心。日本在朝鮮調兵遣將，人馬遠遠超過清軍，李鴻章卻不往朝鮮大批增兵，怕引起中日戰火。李沒想到日本決意挑起中日戰爭，還以為戰爭可以避免，一天到晚忙碌遊說歐洲列強，特別是也垂涎朝鮮的俄國，鼓動他們一起來約束日本。赫德說，李過於寄希望於「外國干預和日本願意坐下來談」。但是，「儘管列強不贊成打仗，也在力勸日本撤兵談判，傲慢得意的日本，不過也就是說聲謝謝你們的好意，然後自行其是，可能寧肯向他們全體開戰也不罷休！」

六月底，李鴻章接到赫德電報，「倭擬籌備五萬人候調。先在英國訂購最精大鐵甲船兩艘，並雇買英國商船多隻，以備裝運兵械，兼有圖犯長江、臺灣之語。」李鴻章終於意識到日本其實志在中國，「蓄意與中國為難，全力專注，非止脅韓而已。」他在給光緒的奏摺中不再像一個月以前那樣吹噓，而是改變了調門，說跟日本「海上交鋒恐非勝算」，沿海各軍「合計亦僅二萬人」，「分布直、東、奉三省海口，扼守砲臺」，還有一堆困難，中心是增兵朝鮮很難。

光緒注意到李鴻章此次報告與從前大不相同。但他只是叫李澄清差距，並沒有危機感。皇上充滿了樂觀。他說中日為朝鮮開戰，「在意計之中」，他要「聲罪致討」日本。中國人大多數也跟皇上一樣輕視日本，赫德說：「一千個中國人中有九百九十九個都毫不懷疑大中國會把小日本打得落花流水。」

光緒的主要軍師是翁同龢。七月十五日，皇上下令要翁參加軍機處會議。有一次軍機處開會，其他人都到了，翁因病未來，會竟然沒有開成。師生二人對國防一無所知。赫德寫道，要是開戰，「日本會威武十足，很可能出奇制勝；而中國，按它的老辦法，會吃上許多敗仗……」中國軍隊在多年的歌舞昇平氣氛下，又滑回紀律鬆弛、貪污腐敗的老路上。砲艇用來走私；沒有認真清潔過的砲管做了晾衣竿；裙帶關係成風；沒人有心思打仗。而日本軍隊已被訓練成一架高效率的戰爭機器。

等到李鴻章大規模海運部隊去朝鮮時，日本軍隊已在朝鮮占絕對優勢。七月二十三日，中國第一艘軍艦抵達牙山；同日，日本占領漢城，建立起傀儡政權。傀儡政府授權日本軍隊驅逐中國軍隊。為了運兵，李鴻章租了三艘英國船。二十五日，日本海軍對運兵船不宣而戰，擊沉了一艘「高升號」。將近一千名官兵和船員，包括五名英國軍官葬身海底。這場中日間的第一次軍事衝突，李鴻章對皇上隱瞞了兩天。他怕光緒聽說後要向日本宣戰——宣一場凶多吉少的戰。因為是英國商船被擊沉，李竭力說服英國干涉，說船「掛英旗，倭敢無故擊沉，英國必不答應」。李就像抓一把救命稻草。

李的一廂情願很快就粉碎了。無論英國還是別國，誰都不想捲入戰爭。八月一日，中日互相宣戰。統帥中國第一場現代戰爭的重擔，就這樣落在一個二十三歲、一生幽居深宮的年輕人肩上。他對外界孤陋寡聞，對自己的軍隊了解甚少，對敵人一無所知。他的軍師是個守舊的古文老師，他的軍事指揮官李鴻章把所有希望寄託在外國身上，沒有及時備戰，還向他隱瞞軍情。

與日本的現代化軍隊和出色的領導相對應，戰爭的結果會是什麼，就毫無懸念了。無論陸地還是海上，中方打了一場又一場敗仗。到了九月下旬，日本已經奪取了朝鮮北部主要城市平壤，推進到鴨綠江邊。

*

直到此時，對戰爭政策的制定，慈禧只有寥寥可數的幾次參與。這是因為她只可能在光緒徵求意見時給予反應。七月十五日，光緒去了頤和園，第二天對軍機處「傳懿旨」：慈禧「主戰」。慈禧還說：「諸臣所行、照會不准有示弱之語。」

此後，直到九月下旬平壤失陷，從文獻中看，慈禧的另一次實質性參與是：光緒想罷免北洋海軍統將丁汝昌，根據慈禧歸政時的方案，更換重要官員需要先得到慈禧的同意。*光緒指責丁汝昌「畏葸無能」，不把軍艦開到外洋去尋找日本軍艦打仗。丁汝昌的考慮是，「今日海軍力量，以之攻人則不足，以之自守尚有餘。」中國的軍艦在速度和性能上都不如日本，「倘與馳逐大洋，勝負實未可知。」不如「在威海、大連灣、煙臺、旅順各處梭巡扼守」。但是光緒聽取珍妃堂兄志銳的意見，要派軍艦去外洋「遊駛」，「截日人歸路，遇軍火船則轟擊之，遇載兵船則殺之，一遇敵船必先發砲……」志銳還鼓動光緒召丁汝昌「來京預備召見，到京後即交刑部」，處死丁汝昌。

慈禧扣住光緒的聖旨不發，說：「現在此人無罪可科。」光緒固執己見，叫李鴻章找人替代丁汝昌。李為丁辯護，並說「目前海軍將才尚無出其右者。」罷他的官「無以服眾心」。光緒只好收回成命，下旨：「丁汝昌暫免處分，著李鴻章嚴切戒飭，」同時警告丁：「倘遇敵船猝至，有畏縮退避情事，定按軍法從事，決不姑寬。」

背著這樣的包袱，一八九四年九月十七日，丁汝昌指揮了重要的「黃海海戰」，結果是災難性的，五艘軍艦被擊沉。這並非因為北洋將領是貪生怕死之輩。船長鄧世昌在船受重創後下令開足馬力衝向日軍旗艦「吉野號」，要同歸於盡，但被魚雷擊沉。鄧世昌不肯接受救援，據說抱著愛犬一起沉沒。

這一天，戰爭已經打了近兩個月，平壤失陷在即，慈禧這時才在間隔多年後首次接見軍機。早就焦慮萬端的她，在前一天找了個理由住進了紫禁城隔壁的西苑。在西苑她無由待得太久，只預計待十天，於九月二十六日返回頤和園。

光緒身邊有幾個密友，竭力慫恿他阻止慈禧參加決策。關於戰爭的報告都是「封奏」，直達皇上，慈禧最多只能看到標題。為了讓她了解戰爭發展情況，李鴻章把自宣戰以來的來往電報匯集起來呈送給她。她這才看到情況糟到什麼地步。她立刻把宮內的三百萬兩銀子「交李鴻章迅即運往，以濟餉需」，並且延長了留住西苑的時間。她同時下令停辦六十大壽慶典。

慶典三年前開始準備，由翁帝師等人負責。六十大壽對中國人來說是件大事，皇太后的大壽更是國家大事。政府主要部門之一禮部專門為這類活動提供程式，這次遵循的是乾隆和他母親六十大壽的先例。紅綾封面的兩部小冊子規定該做、不該做的事。屆時將頒發的上諭厚厚一疊：受封的名單、提拔的官員、大赦的罪犯，以及其他無數大小事宜。從紫禁城到頤和園沿途設了六十個景點，預備建經壇、豎亭閣、搭戲臺。如今，這一切全部停止。所有原已準備的材料都封存庫房。

*

對戰爭發展的研究，使慈禧得出結論：李鴻章誤國。翁同龢日記記載她「斥李相貽誤」。她一時不能懲辦李，因為作戰的是李的老隊伍，而且「北洋無人可易」。恭親王此時復出，為領班軍機大臣，但是親王沒有高招。到九月底，中國軍隊全部被趕出朝鮮。就像赫德所說：「再打也無益，

---

* 慈禧還扮演了象徵性的角色。一支軍隊聲稱打了中方第一場勝仗（後來證明是虛報的），她「賞給該軍將士銀二萬兩，以示鼓勵」。

最好的結果是盡快停戰。」兩位軍機大臣來見赫德，請英國調解講和。英國使節提出兩點：「一以朝鮮為各國保護之國；二（對）日本須償兵費。」慈禧同意，可翁帝師大發雷霆，罵英使「可惡」，要求拒絕。慈禧不得不花「極長」的時間去說服翁同龢。英國人這才把條件轉告日本。

在等待日本對英國提案的答覆時，李鴻章上書慈禧祝壽，送她九件禮品。九是最吉祥的數字，因為與長久的「久」同音。李的禮品單如下：「鑲玉如意九柄，赤金壽佛九尊，寶鑽金表九件，福壽金杯九副，鋼鑽帽花九朵，純緯黃緞九端，七寶金爐九座，七寶金瓶九座。」

這張單子的華貴讓人嘆為觀止，對愛好藝術的慈禧顯然有極大的誘惑力。李鴻章的財富還沒有達到揮金如土的程度，他是在不惜一切代價討好慈禧，希望她不跟他算帳。慈禧兩年前發布過六十大壽「毋庸呈進」禮物的諭旨，明文禁止大家送壽禮。但李鴻章還是送了這份厚禮。

李鴻章是個深知上司弱點、投其所好的專家。慈禧的欲望被挑動起來，她收下了這份禮，誘惑力實在太大。一旦她收了李鴻章的禮，就不能不收別人的禮。慈禧推翻了兩年前的諭旨，派太監宣布：「所有應進皇太后六旬萬壽貢物之王大臣，以及外省各大臣等，均著於本月二十五日呈進。」

大臣開始討論送禮的事。翁同龢等人說他們一點準備也沒有，因為他們恪守皇太后兩年前的諭旨，況且他們對她的敬意也不是禮物所能衡量的。由於大家都在議論送什麼好，翁等也不得不去找人代辦。慈禧意識到自己犯了錯誤，馬上試圖解釋，說大臣們「循舊例呈進貢物，係屬出於至誠」，要是自己不收，有點「近於矯情」。可是辯解無用，損害已經造成。抗戰氣氛本來就薄弱，現在更趨於消散。赫德寫道：「這裡情況很糟糕。官員都沒有戰鬥的意志，一派絕望的情緒，前途不妙之極。如果日本不接受『橄欖枝』，真不知道我們將怎樣擺脫困境。」

日本拒不回答英國的詢問，逕自攻擊中國邊防。邊防土崩瓦解，至十月二十七日，日軍已進入中國領土。這天慈禧提出再捐獻二百萬兩銀子，但對戰爭無濟於事。她大幅降格的生日慶典，在日軍前進的腳步聲中舉行。後來慈禧對祝壽、送禮問題深深後悔。在未來的歲月裡，她每逢生日都宣布不大肆慶賀、不送禮。七十大壽時，各省呼籲她接受進貢，她不為所動。

西方列強對中國如此一敗塗地感到鄙夷之極，認為這個大帝國連一場像樣的仗也不能打，只會辦生日。慈禧的聲譽直線下降。赫德對皇太后先前的崇敬也在消失，不無諷刺地寫道：「我們或許會以日軍攻占遼陽來慶祝皇太后的生日（十一月七日），他們那天恐怕還到不了瀋陽！」

＊

十一月二十一日，日軍占領了遼東半島最南端的旅順口，這是北洋艦隊的主要基地。戰爭打成這個樣子，慈禧感到她非得做主，非得了解全部軍情詳情不可。按歸政方案，她無法看到奏摺。要改變這個方案，光緒必須同意。但光緒受身邊密友鼓動，不讓慈禧接觸奏摺。為了迫使光緒對她開放奏摺，慈禧想了個辦法，拿他的寵妃珍妃開刀。

珍妃位居後宮，受皇太后管轄。慈禧曾想方設法接近她，時常邀請她和瑾妃到頤和園來住。珍妃想學畫畫，慈禧就叫繆畫師教她。戰前預備六十大壽慶典時，第一號懿旨就是正式封她為珍妃（之前是珍嬪）。珍妃這時十八歲，太監都知道她「很好用錢」，份例遠遠不夠用。宮中一筆大宗開銷是不斷賞賜太監，以期得到像樣的服務。珍妃出手闊綽，為了尋找生財之道，她賣官賺錢。那年有個相當於上海市長的官職出缺，她懇求皇上、得到批准後賣給了一個叫魯伯陽的人。光緒叫軍機處寫旨任命，當然沒告訴他們推薦人是珍妃。軍機處沒聽說過這個人，對任命提出質疑。光緒只得讓吏部考核他。考核結果是他不配這個官職，把他派到別處，還只是候補。消息傳出，官場譁然，傳言他一個大字不識，「運動費耗去七十餘萬」。在魯之前，珍妃還賣過別的官。

皇妃利用與皇上的關係賣官是清廷一大禁忌，最嚴厲的懲罰是處死。如果大家知道光緒是個「耙耳朵」，他會成為笑料，信譽掃地。慈禧利用這件事對光緒施加壓力，以達到自己的目的。她先審倣為中間人的太監，對太監痛加杖責，讓珍妃在一旁看。珍妃本人被當眾掌嘴，又痛又怕，暈了過去。半月中她「吐痰帶有黑血」，「鼻涕帶紅」，時時不省人事，「抽搐氣閉，牙關緊急，周身筋脈顫動」。她和太監只得招認。

多年前，珍妃剛入選進宮時，她母親就已經預感到女兒命運不會好。美國教會女醫生何德蘭為她看病後寫道：珍妃母親「被焦慮、失眠折磨得精神幾近崩潰。我問她病由，才知道是因為兩個女兒被選進宮做光緒的妃子。她躺在炕上，抓住我的手，把我拉到她面前，可憐兮兮地對我講述怎樣在一天之內失去了兩個女兒。我安慰她說：『她們是進宮！我還聽說皇上寵愛你的小女兒……』『是呀！』她答道，『但那有什麼用？宮裡盡是陰謀詭計，她們都還是孩子，哪裡懂得明爭暗鬥的門道？我怕她們出事啊，我怕她們出事啊！』邊說，她邊在炕上滾來滾去。」

有珍妃和太監的口供擺在面前，光緒只得接受慈禧的交易。十一月二十六日，慈禧接見軍機，光緒迴避。慈禧痛斥珍妃賣官，隨即以皇太后執掌後宮的名義發布上諭，把珍妃和參與賣官的姊姊瑾妃都「降為貴人，以示薄懲」。上諭對光緒扮演的真實角色隻字不提，反說他對珍妃等的行為深感憂慮，認為此風「不可長」，他「據實面陳」，請求慈禧管教。慈禧就這樣幫光緒掩蓋了他在醜聞中的角色。光緒如何回報呢？他把收到的所有奏摺，特別是核心的、由他本人拆看的「封奏」都轉給慈禧。就在同一天，他下聖旨：今後「所有逐日封奏均遞皇太后慈覽」。

對珍妃的受罰，光緒表現得像沒事人一樣，翁同龢第二天去瀛臺見皇上，有些意外地發現皇上談起頭天的事，「意極坦坦」。捲入賣官的太監高萬枝，慈禧本來要明發上諭，把他公開處死。翁同龢建議不要公開，以免「有傷政體」，於是他被「交內務府撲殺之」，即在紫禁城的高牆內杖斃。慈禧下令在珍妃住地掛了塊禁牌，說以後再犯，要「從重懲辦，絕不寬貸」。

*

慈禧下一步是把光緒跟他身邊的密友分開，使他們沒有機會影響光緒，阻撓她過問國事。首先是珍妃的堂兄志銳。慈禧把志銳調到遙遠的北方，擔任烏里雅蘇臺參贊大臣。

慈禧想要趕走的還有文廷式。文廷式不斷對光緒說「皇太后干預國政為牝雞司晨，非國家美事」。他主使御史安維峻上書，把打敗仗的責任推到慈禧頭上，說是由於她「遇事牽制」，還傳謠說「議和乃皇太后旨意，李連英左右之。」慈禧「怒甚」，說：「言官說我主和，抑制皇上不敢主戰。史臣書之，何以對天下後世？」皇帝親信散發的謠言，就是明智的高官也半信半疑。劉坤一在覲見時就曾提醒慈禧要防微杜漸。劉坤一記載道：他「語未竟，太后諭曰：『我不似漢太后，聽信十常侍輩，爾可放心。』」

為了表白自己不是謠言的源泉，光緒不得不把安維峻「革職發軍臺效力」。文廷式為安「斂銀萬餘送行」，使安的流放看起來好似英雄落難，這是對慈禧的公開挑釁。慈禧對他的處理仍有節制。戰爭期間，她沒有碰文廷式；戰後，她對光緒施加壓力，把文趕出宮廷，「驅逐回籍」。

光緒的另外兩個朋友，汪鳴鑾、長麟，屢次要皇上「乾綱獨斷」，「不容皇太后置喙」。後來也因「離間」罪，受到「革職，永不敘用」的處分。

戰爭期間，為了不讓這些人繼續影響光緒，慈禧決意關閉光緒的書房，這是他唯一可以和朋友自由來往、無話不談，而不會引起懷疑的地方。

關閉書房還旨在杜絕光緒與翁帝師私下密定大政方針。慈禧同時任命翁同龢為軍機大臣，使他給皇上出的主意她也能聽到。

慈禧宣布撤銷書房後，光緒很不滿意。此時他一面指揮打仗，一面還在繼續上古文、滿文，甚至英文課。他說學得好好的，為什麼要停止上課？他請恭親王在見慈禧時幫他說話。翁帝師也強烈反對。慈禧只好一再安慰他，說撤書房不是針對他這位忠實老臣的；她還表示撤書房的諭旨「太猛」，只停止了滿文、英文課，切磋古文照舊。書房未能關閉。

慈禧費了九牛二虎之力，才得以重新介入決策。這時戰爭已經進行了好幾個月，中國已注定失敗。

17 紫禁城唯一的男子漢（一八九五）

一八九四年底，日本奪取旅順口後，發話可以和談。兩名中國代表準備赴日。啟程之前他們於一八九五年一月五日覲見慈禧和光緒。之後慈禧又送去一道諭旨，特別莊重地「用黃紙書之」，令使者：「如日本所請於國體有礙，及中國力所不逮者，皆不許擅許。凜之，慎之。」

兩名使者到達日本時，正值北洋海軍基地威海衛失守。海軍曾數度接到電旨，要求他們在萬不得已時沉船，「總之萬不可以我船資敵。」可是官兵拒絕服從命令。許多人跪下向丁汝昌求情，要他帶領他們投降，不能沉船，以免日本人為沉艦而殺害他們。面對這樣的壓力，一八九五年二月，丁汝昌簽署了投降書，把北洋十艘軍艦，包括一艘鐵甲艦，悉數交給了日本，然後吞鴉片自盡。至此，中國海軍主力北洋艦隊覆滅。日本勝利者輕蔑地說：「中國如死豬臥地，任人宰割。」東京不接受兩名和談代表，要李鴻章前來。

慈禧意識到和談不會有能接受的結果。二月六日，她召見軍機大臣，一開頭就說日本「勢難遷就」，應該「撤使歸國」，意思是繼續打。翁同龢記載，說這些話時，她「辭色俱厲」。以恭親王為首的軍機大臣「囁嚅委婉」地「勸慰」：「不可決絕」。她堅持要打。第二天，她召見準備代理李鴻章任北洋大臣、直隸總督的王文韶，王見她「憂憤形於辭色」。王在日記裡寫道：慈禧反復叮囑他，要他告訴官兵皇太后決心打下去，「不憚煩言，歷三刻許」，才放王走。王怕她還有話要說，就等在外邊，直到確定慈禧不再召見了才離開。慈禧以自己的名義給王一道諭令，要眾將士「各矢天良，力圖振作。果能奮勇爭先，殺賊立功，必有不次之賞。」

當時在南方做總督的張之洞，想法跟慈禧一樣，一再呼籲不能讓日本預設條件，應該不惜撤使再戰。慈禧給他發電報，要他幫助朝廷決策軍事。當張之洞委婉地向北京詢問有關資訊時，光緒給他來了個「休管閒事」的電旨：「北洋事務，自有專司，焉能事事飭南洋知之？所請著毋庸議。」

慈禧的話不算數。決策的男人——光緒、恭親王和其他軍機大臣——都不想再戰，寧願接受日本的任何條件。他們怕的是日本攻進北京，推翻清王朝。光緒一想到他有可能逃亡，就「聲淚並發」，讓翁帝師「流汗戰慄，罔知所措」。慈禧被迫同意派李鴻章去日本。她要軍機大臣叫李先來北京「請訓」。恭親王生怕慈禧給李交代條件，使談判破裂，插嘴說皇上的意思是「不令來京，如此恐與早間所奉諭旨不符」。慈禧生氣地說：你們不是問我的意見嗎？那麼「我可作一半主張」。

李鴻章來了。二月二十五日，他和恭親王一道覲見慈禧，告訴她日本的條件是一定要割地：「非有讓地之權者不必派來」，而光緒已經決定在這個前提下派李鴻章前去。翁同龢第二天日記寫道，慈禧堅決反對李鴻章在割地的條件下赴日，恭親王一再勸說，慈禧說：你們想怎麼辦就怎麼辦，不要再來問我！（「昨語割地達請東朝，大拂聖意」，「昨李鴻章所奏，恭邸所陳，大拂慈聖之意，曰：『任汝為之，毋以啟予也。』」東朝、聖、慈聖，都指慈禧。）當光緒還想問她，李鴻章可以割哪塊地給日本時，她派太監出來說，她生病了，不見，讓皇上自己決定。

李鴻章對光緒說：「割地之說不敢擔承」，「讓地不敢允」。光緒只好自己發指示。三月三日，他給李鴻章書面諭旨，又通過軍機大臣再次對李強調：「予以商讓土地之權。」割讓土地不僅是皇上的決定，也是全體軍機大臣的意見。這一天，軍機大臣集體上書慈禧，懇求她理解皇上：「現在勉就和局，所注意者，惟在讓地一節，若駁斥不允，則都城之危即在指顧。以今日情勢而論，宗社為重，邊徼為輕……」慈禧沒有答覆。光緒在慈禧宮外走來走去，想見她，得到她的認可。慈禧不見他，他只好「逡巡而退」。

四月八日，日本的全部條件來了。要鉅款，要遼東半島，要臺灣（包括附近的澎湖列島）。臺灣，用張之洞上書的話說：「極關緊要」。它是帝國的「精華，地廣物蕃，公家進款每年二百餘萬，商民所入數十倍於此，未開之利，更不待言。」據翁同龢記，慈禧對光緒說：「兩地皆不可棄，即撤使再戰亦不恤也。」

當然，慈禧也沒有錦囊妙計，有的只是決絕的意志，承擔風險的膽量。然而宮中的男人都不願冒險。四月十四日，伊藤首相發出最後通牒，不答應條件就派十萬日兵直犯北京。皇上嚇壞了，下令馬上接受日本條件：「即遵前旨與之訂約」。十七日，李鴻章和伊藤簽訂了馬關條約。日本拿走了垂涎的土地，再加賠款二億兩銀子。

甲午戰爭中光緒的表現使慈禧感到絕望。光緒一度害怕慈禧因此廢了他，他派文廷式去見兩江總督劉坤一，請劉幫助「以遏慈禧擬行廢立之謀」。這一步慈禧沒有走。事實上她也很難走：包括恭親王在內的軍機大臣都站在光緒一邊。她只能對劉坤一大談「我甚愛皇帝」一類的話。她後來對劉說：戰爭、和談時期，「我焦急太過，日晚則神識昏迷。」有太監時常見她獨自偷偷哭泣，感到她「心中無限之痛苦，咸流露於暗泣之中」，說慈禧是「天地間最痛苦之人」。

＊

相較於中國一八四二年對英，一八六〇年對英、法的兩次賠款，馬關賠款顯示出亞洲新強胃口既大又霸道。英、法的索價——一次二千一百萬元洋銀，另一次一國八百萬兩銀子——或多或少跟他們的兵費和平民損失有關。馬關條約的二億兩銀子則跟日本的消耗毫無關係。戰爭開始時，日本全部國庫庫存三千萬，戰爭中出售國債八千萬，還未收齊。李鴻章在談判馬關條約時列舉的這些數字，伊藤並未質疑。

馬關條約雖然還未公布，內容已經傳遍全國，震驚朝野。北京有數百名官員上書，要求皇上拒絕批准條約。上書的還有一千多名從各省到北京來參加會試的舉人。這樣大規模的、異口同聲地說「不」，在中國歷史上恐怕是第一次。但是他們的慷慨激昂誠如赫德所說，是「空話，不作數的空話」。公眾輿論不像農民起義，對光緒沒有實質性的壓力；而日本則可能推翻大清統治。

出人意料，俄國、德國和法國出面干涉，要求日本把遼東半島還給中國，理由是占領它「將讓中國首都永遠受威脅」。歐洲害怕日本控制中國。赫德寫道：「日本戰勝、統治中國，將建成世界上有史以來最大的帝國——最野心勃勃、最勇往直前、最強大……未來的二十世紀，小心點！」德皇威廉二世第一次使用「黃禍」一詞來描繪歐洲的夢魘：「整個中國、整個亞洲，都由日本統治。」歐洲不能容忍日本占領中國，這使慈禧得出結論，日本進攻北京、推翻清王朝的可能性極小，日本還沒有條件挑戰歐洲。她希望光緒和大臣們能看到這一點，不接受馬關條約，重新和日本談判。四月二十六日，她要軍機大臣討論，並把討論結果告訴她。

大臣們和光緒一樣，在對日本強硬之前，他們要知道如果日本不接受要求，三國將會採取何種行動。他們發電報給三國，三國無回音。二十三歲的皇上「徘徊不能決，天顏憔悴」。軍機大臣沒人主張不批准條約，誰也不願負亡清的責任。大家都看著恭親王，儘管他無謀可出無策可畫，人又病得不輕。他的意見是批准。這和他的一貫作風一脈相承。

慈禧仍然堅持自己的立場，但態度起了些變化，不再強硬反對批准條約。（翁：「恭聞東朝猶持前說，而指有所歸。」）五月二日那天，光緒走出徘徊，決心批准：「上意幡然有批准之諭」。翁帝師「於是戰慄哽咽，承旨而退」，和光緒在書房裡哭成一團。光緒想趕快了結，五月八日「催伍廷芳等在煙臺即日換約，遂於是夜子初換訖。」

簽訂、批准馬關條約，光緒選擇的是「一條最平安的路」，赫德認為，「事關一個帝國的命運呀！」但是對慈禧來說，馬關條約的代價過於高昂。

*

美國駐華公使田貝此時在中日間斡旋調解。他既身臨了戰前的「好日子」，又目睹了戰後的黑暗深淵，寫道：「中日戰爭是中國末日的開端。」除了二億兩銀子的賠款，中國為了收回遼東半島，又額外付給日本三千萬兩銀子。（日本最終接受了歐洲三國的要求，歸還了遼東半島。）日本獲得的，相當於它四年的財政收入，外加大量軍艦等戰利品。

為了賠款，光緒在苛刻條件下從西方借了三億兩銀子。過去三十年，中國外債總共只有四千一百萬兩銀子，到一八九五年基本還清。現在卻背上了巨石般沉重的包袱。清政府為償付賠款而舉借的外債連本帶利共六億多兩銀子，幾乎是一八九五年財政收入（一億零一百五十六萬七千兩銀子）的六倍。

這場滅頂之災，帳一向算在在慈禧頭上。人們說她把建海軍的錢拿去造頤和園，導致戰爭失敗；說她一意主和；說她在戰爭期間不顧反對大辦六十大壽。有人還捏造了句慈禧名言：「誰叫我一時不痛快，我就叫他一輩子不痛快。」事實上，沒有任何嚴肅的文史資料記載她說過這句話。中國的現代海軍是慈禧創建，她為了修頤和園從海軍拿的錢，並沒有對海軍建設產生根本性影響，甲午戰爭失敗與修頤和園無關。一意求和的更不是她。宮廷中只有她一個人毫不含糊地主張拒絕日本的條件。

甲午戰敗、馬關簽約，責任歸根究底在光緒皇帝。他弱不禁風的肩頭承擔不起千鈞重擔。赫德當時慨嘆道：中國「沒有首腦——沒有強人」。其實，那裡有一個女強人。但身為女人她不能做首腦，宮牆外也聽不到她的聲音。一位頗有洞察力的法國人說：慈禧是「中國唯一的男子漢」。這才是一八九五年紫禁城中的慈禧。

18 列強來了
（一八九五～一八九八）

戰爭結束後，慈禧再度退出政壇。但這回歸政生活跟從前不一樣。自從珍妃一案以來，所有奏摺均「恭呈慈覽」，如今依舊如此。光緒和軍機大臣都意識到，違背慈禧意願簽署馬關條約，未能給帝國帶來真正的和平。當初激烈反對簽約的張之洞把和約的危害形容為「如猛虎在門，動思吞噬……如人受重傷，氣血大損……如鴆酒止渴，毒在臟腑」。日本「以我剝膚之痛，益彼富強之資，逐漸吞噬，計日可待……且西洋各大國，從此盡窺中國虛實，更將肆意要挾，事事曲從則無以立國，稍一枝梧則立見決裂，是日本之和不可恃，各國之和亦不可恃矣。」

迄今為止，中國還受到尊重，部分原因是面積大。甲午戰敗後，用美國公使田貝的話說，列強發現這個龐然大物「裡面充滿的都是空氣」。「中國氣泡被戳破了。」列強見「它打不了仗，打算一有藉口就奪取它的土地」。翁同龢寫道：「各國使臣來署〔總理衙門〕，往往咆哮恣肆，非復前比矣。」一位官員在總理衙門遇見洋人來訪，「態度極為凌厲」，官員氣憤得感到「血管幾欲沸裂」。

光緒的態度是掩飾，是鴕鳥政策。他發了個「不得已講和」的硃諭，只讓上層官員到指定地方去閱讀，「不得抄錄攜出」。對馬關條約後仍不斷上書議論的官員，他說他們不了解他的「萬般為難」，要他們「不必再行論奏」，也就是不准大家討論為什麼打敗仗。硃諭中他本人沒有總結過失，也沒有提出需要汲取什麼教訓，只是泛泛地老生常談。對全國百姓，他沒有發罪己詔。

由於他心虛，便用幼稚可笑的方式推卸責任。有時推給軍機大臣，如對人說：「孫毓汶逼我畫押，徐用儀和之。」更多時候是拿李鴻章做替罪羊，聲稱馬關條約是李未經他許可擅自簽訂的。李鴻章從日本回國後第一次給皇上請安，光緒就「詞甚駿厲」地「詰責」李：「兩萬萬之款從何籌措，臺灣一省送予外人，失民心傷國體」，好像這一切與他無關。李在談判期間遭人行刺受傷，此時還在恢復，劈頭挨了一頓訓斥，只能伏地磕頭，連說是、是，都是臣的罪過。光緒是當著軍機大臣的面在表演，其實大家心知肚明，馬關條約從頭到尾是光緒叫簽訂的。

中國皇上要得到臣子的忠誠，得讓大家感到他賞罰公平。慈禧對這一點特別在行，她的獎賞、懲處公認是恰當的。這是她能得到眾多王公大臣耿耿忠心的原因之一。但是光緒完全沒有她那些本事。憤懣的李鴻章說：「馬關之約，係奉朝命」，並說他「有難言之隱」。他還對屬下說光緒「望之不似人君」：看樣子就不像個皇帝。這句要命的話，就是圈外的人也聽說了。

慈禧沒有責備光緒和軍機大臣，她明白最聰明的辦法是對他們寬宏大量。恭親王是頭號簽約主張者，慈禧對他一句責怪的話也沒有，反而邀請他到頤和園來住，對他「恩遇非常，專設大小廚，所用器具均用黃龍袱，皆親過目」。這時恭親王病重，他兒子苦勸他別出家門。恭親王把慈禧稱為「佛」，回答：「佛為我安置如此，雖欲不出，其可得乎？」有次恭親王在頤和園，光緒也來了，他沒有照規矩立刻去拜見皇上，等了一整天後才去。慈禧如今好似宮廷「女主」。軍機大臣隨叫隨到，紫禁城裡上班見皇上倒成了次要的事。人們注意到：「近來諸事稟承佛意。」對這狀況，光緒雖然不滿，也只是偶爾顯露，多數時把不滿藏在心底，外表上對慈禧更加恭順，以致慈禧對劉坤一說：「皇帝人極老成。」據紀錄，光緒來頤和園的次數大為增加，慈禧同他一道就餐、遊覽，恢復了珍妃、瑾妃的頭銜。人人都知道「近來兩宮禮意甚洽」。

慈禧不讓任何人擾亂她營造的和諧局面，那些慫恿光緒阻止她過問朝事的人被驅逐出宮廷，「革職永不敘用」，罪名是「離間兩宮」。光緒還傳旨說：「此係寬典，後有人敢爾，當嚴譴也。」戰爭中慈禧想撤而未能撤的書房此時被她撤掉。沒問翁帝師的意見，只由光緒點頭。

＊

慈禧最擔心的是日本再次挑起戰火。張之洞等人獻策，與鄰國俄國立約，「若中國有事，則俄須助我以兵，水師尤要。」慈禧清楚俄國對中國也有領土野心：一八六〇年它拿走了黑龍江以北、烏蘇里江以東的一大片領土，二十年後又再次想吞併新疆部分土地。她考慮了好幾個月，最後決定還是同俄國訂約。一八九六年初著手準備，為此軍機處跟著慈禧搬來了頤和園，在東門外設立軍機公所。恭親王也按慈禧的意思抱病住進了附近的園子，以便隨時商量。皇上在哪裡，沒人在意。

從中國駐俄公使那裡，慈禧知道俄國想要什麼作交換。橫跨俄羅斯、連接歐亞的西伯利亞鐵路，通往港口海參威有兩條路線可循：一條是始終在俄國土地上，得繞一個大彎；另一條則穿過中國北滿直達終點，比前者短五百公里。俄國人希望走捷徑。在上層討論之後，慈禧決心讓俄國人在北滿修這條路，這就是「中東路」（時稱「東北俄路」）。這條路對中國經濟也有益：陸地上溝通歐亞，大量貨物必然由此運行，北京可以抽可觀的過路稅；俄國出主要建造費，中方投資五百萬兩銀子，成為三分之一的股東；如果兩國將來交惡，鐵路在中國領土上。這一切都還是簽約的附屬利益，主要的是俄國會在日本進攻中國時派兵援助。

能預料到的弊病是俄國在滿洲影響急劇增加，慈禧對恭親王說「須謹防後患」。然而，兩害之中取其輕，防備日本是當務之急。

李鴻章奉派前往莫斯科祕密談判立約。儘管此時慈禧對李失望已極，但由於他擅長外交，沒人能比，還是用他。一八九六年五月，沙皇尼古拉二世加冕典禮在莫斯科舉行，李鴻章擔任特使出席，真正的目的祕而不宣。得知他要訪俄後，英、法、德和美國也邀請他訪問。這是中國第一次派頭等大員出訪，派的還是西方人眼中的「中國首屈一指的政治家」。為了不讓列強疑心，掩蓋訪俄的真正目的，李鴻章也訪問了這四國。出訪激起了相當的興趣，但沒解決任何實質性問題。*

緊接著加冕典禮，中俄密約在六月三日簽訂。第一款即明說：「日本國如侵占俄國亞洲東方土地，或中國土地……兩國約明，應將所有水、陸各軍，屆時所能調遣者，盡行派出，互相援助……」

*

李鴻章受到委任頗為得意，以為慈禧原諒了他，又要重用他了。走前有人搭起天棚為他餞行，那天風沙很大，「棚搖搖震撼作聲，如欲拔地飛去。」「而公高談健食，意興豪舉，謂自少年以至現在，凡有出門行動，非狂風即暴雨，海行則無一次不遇驚濤駭浪，不知何故。」眾人奉承他說，這是雨師風伯來為你送行，你將來還會「主持國是，重做一番偉業」。他「笑而頷之」。

一路上，李鴻章受到各國元首的款待，到處一片讚美聲，說他是「東方的俾斯麥」。可是，朝踏上中國土地，李鴻章立刻感到事情不妙。十月三日抵達天津後，他等了整整兩個星期才接到北京的召喚。到了北京，光緒皇帝給了他半個小時，其中不少時間欣賞李帶回的勛章。李鴻章「瀝陳各國強盛，中國貧弱，須亟設法。」皇上只叫他「與恭王商辦」。這他可能不甚在意，因為他對光緒本來就不抱什麼希望。是接下來的慈禧接見，使他心緒大亂，一夜未眠：「退朝悚感，五夜彷徨。」慈禧對他說了些什麼，尚未發現文字記載，但顯然是當頭一棒。他第二天就提出辭呈，請求辭去大學士、北洋大臣、直隸總督等職務。那時他住在頤和園旁邊的善緣庵，心情沉重暈頭暈腦，他走進附近的圓明園廢墟。守園的太監認識他，讓他進去了。

慈禧沒有理睬他的辭職，發了一道只有一句話的上諭：「命大學士李鴻章在總理各國事務衙門行走。」李鴻章本來總管全盤外交事務，現在只是外交部門一個成員。他的北洋大臣、直隸總督這兩個實職，旅歐美時由別人代理，現在沒還給他，等於被撤職。「大學士」是個等級最高卻無實權的虛職。慈禧意猶未盡，幾天後又發諭旨公開讓他丟臉：「李鴻章擅入圓明園禁地遊覽，殊與體制不合，著交部議處。」議處結果，他被「罰俸一年」。甲午慘敗後慈禧早就想懲罰李鴻章，李在國

---

* 唯一公開宣布的實質性目標是爭取西方國家同意中國提高關稅。這一目標沒有達到。

外出盡風頭更使慈禧怒火中燒，李鴻章的撤職、丟臉必不可免。但慈禧不能公開宣布李的罪責，因為這牽涉到皇上的責任。

就這樣，慈禧結束了她與李鴻章數十年的密切關係。後來慈禧全面重返政壇時，需要有能力的人做助手。李鴻章借親家楊崇伊的手上書，試圖說服她重新啟用自己：「北洋緊要，不可一日無人……可否請旨飭大學士李鴻章，即日前往暫行署理。」慈禧的答覆是派七十五歲的李在嚴冬去考察黃河，「派隨員帶同繪圖學生，先分赴上下游及海口逐段測量。」

*

中俄密約簽訂後，慈禧對帝國的安全放了心，基本上停止了過問政事。當家人畢竟是光緒，她最多只能掌控一兩件關鍵的事，不能事事越俎代庖。光緒對今後怎麼辦仍然糊裡糊塗。張之洞提出改革的長篇建議，只得到個空泛的諭旨，沒有任何具體措施跟進。外國觀察家曾指望李鴻章訪歐美後中國會加速改革，可他們看見戰後兩年，「中國一事無成，既不改造行政，也不重振軍隊」。

一八九六年中秋，中俄密約諸事完畢，慈禧要慶賀一番，邀請王公大臣到頤和園來。他們在昆明湖畔的玉瀾堂聚會。這座把滿湖秋水盡收眼底的宮殿，是光緒的寢宮。慈禧對諸臣不談時事，只對他們噓寒問暖。據翁同龢日記：皇太后「慰勞備至，詢李鴻藻病狀。臣一一詳對。諭丸膏可服，參可用，耆宜慎。」

中秋那天沒有音樂，原因是光緒的母親、慈禧的妹妹去世未滿百日。三天後，慈禧、光緒行了百日祭禮，頤和園裡就唱開了戲。大臣們跟著慈禧坐船駛入昆明湖，在湖心停下，四周是用紅線繫在岸上的朵朵蓮花。電燈照明的船載著戲臺冉冉而來，戲在燈光下演出，大臣們第一次開了眼。隨後，憑著萬壽山的暗影，花砲放起，「極曼衍變幻之觀」。慈禧顯然在向大家炫耀她的導演工夫，不顧夜裡水上的寒氣。

閒適的日子很快就結束。馬關條約帶來的夢魘於一八九七年底降落在中國頭上，歐洲列強開始伸手要地。德國首先提出要山東的膠州灣作海軍基地，理由是它幫中國要回遼東半島有功。清政府拒絕。德皇威廉二世決定「用點武力」，德國軍艦在海岸外上下遊弋，尋找「有利的機會和藉口」。十一月一日，兩名德國傳教士在山東一個村莊遭殺害。山東巡撫李秉衡立即行動抓凶手，而且「已獲四名」，德皇卻高興地說：「中國人終於給了我們期待的藉口和需要的『事件』。」已經整裝待發的德國艦隊駛入膠州灣，限中方四十八小時交出砲臺。

收到這份最後通牒，光緒一再電令李秉衡：「萬無遽行開戰之理。」「敵情雖橫，朝廷斷不動兵。」翁同龢記載，皇上「力持『不戰』二字」。李秉衡遵旨在四十八小時內退了兵，德國占了砲臺。發了電旨以後，恭親王親自送到頤和園去給慈禧看，回來後以鬆了一口氣的態度告訴大家：「皆蒙垂納。」慈禧都同意。恭親王跟光緒一樣，也怕開戰，德國人要什麼給什麼。

德國攫取了膠州灣及青島等周邊地區。今天的青島啤酒最早即出自德國釀酒師之手。租借九十九年的條約於一八九八年三月六日簽署。德國人請恭親王簽字，恭親王不願背罵名，叫翁同龢和李鴻章去簽。李鴻章是既定的替罪羊，翁同龢是兩年前由恭親王堅持派去總理衙門任職的，因為他一向罵外交官軟弱，恭親王要讓他自己試試。翁簽字後說自己「以山東全省利權形勢拱手讓之腥膻，負罪千古矣」。

雖然這都是光緒負責辦的，慈禧因自己也拿不出更好的辦法，對眾人特別寬宏。翁帝師不無感激地寫道，他們向慈禧請罪、「磕頭不已」時，「太后溫諭，深諒時勢之難。」「慈諭深悉此事之難。」

*

德國前腳來，俄國後腳到，要求租借遼東半島頂端的旅順港。俄國也是要日本還遼的三國之一：「德國得了青島，我們就要旅順。」前一年剛跟中國簽訂密約的維特伯爵，認為俄國的行為「背信棄義之極」，然而他還是設法幫他的國家達到目的。因為清政府不同意租借旅順，沙皇準備派海軍陸戰隊強行登陸，維特建議行賄以避免戰爭。根據俄羅斯檔案，俄方給總理衙門的李鴻章、張蔭桓每人五十萬兩銀子。俄國人還想賄賂翁同龢，但這位信守傳統道德的帝師拒絕私下會見俄國人。

一八九八年三月二十七日，李鴻章簽字把旅順租借給俄國二十五年。第二天，他親自收下五十萬兩銀子，並且「表示滿意」。其實，他收不收賄結果都一樣，光緒要的是不惜一切代價「不戰」。宮中君臣只會相對「揮涕」。簽約前幾天，皇上曾厲色斥責李：「俄事如此，爾去年密約如何立的？」據在場的張蔭桓的日記，李沒有分辯，匍匐在地「伏喘無言」。皇上叫他走時，他站不起來，在身旁人拉掖下才站穩跌撞著出門。受到這樣的對待，或許他認為自己該拿那筆賄款，也算是一種補償。他的心態可以從跟張蔭桓的對話看出。張說派我們倆簽約是「毀我兩人」，李答道：「同歸於盡，何毀兩人之足！」

給張蔭桓的銀子，他暫時只拿了一萬零六百兩。他對俄國人說，他要等一等，朝廷上下正在攻擊他，說他受賄，等風暴平息再說。

跟俄國簽約事先沒有告訴慈禧。李鴻章在覲見時問光緒：「皇上曾商太后否？」光緒答：「爾們都無辦法，如何能商量太后？」光緒告訴翁帝師：看到皇太后「憂勞之深」，他就「未將此事論及」。翁寫道：由此可見，慈禧有多少積聚在心的情緒不得發洩。顯然，光緒不敢對她提起，就算慈禧不訓斥他，她的眼神也足以使他感到害怕。

甲午戰爭時誣衊慈禧、被光緒發配到邊疆的御史安維峻，如今期滿將要回京。報告遞到光緒手上，他「徘徊良久，批再留數年」。翁帝師感嘆皇上對安維峻的好意。安此刻回京，慈禧積壓的一腔怒氣多半會傾瀉到他頭頂上。

德、俄之後，英、法也不甘落後。英國租借了山東半島尖端北洋海軍的基地威海衛，與旅順隔海相對，租借期也是二十五年。這兩個歐洲國家正在玩「大博弈」，爭奪對東方的控制。英國拓展香港地界，囊括九龍大部，即「新界」，租借期九十九年。以同樣的期限，法國租借了靠近法屬印度支那的廣州灣。遙望臺灣的福建省，成為日本勢力範圍。到一八九八年中期，中國沿海的戰略據點，大都落到列強手中。

第五部　走上前臺（一八九八～一九〇一）

19 慈禧發動戊戌變法（一八九八）

馬士，當時最權威的中國歷史專家，寫道：「在世界歷史上，還沒有哪個像中國這樣領土廣大、人口眾多、統一於中央政府之下的大國，經受過中國從一八九七年十一月到一八九八年五月的六個月中所受的那般羞辱、親歷的那般輕蔑。疆土和人口比它小得多的國家也沒有遭受過這樣的羞辱和輕蔑。」

「變法」的需要不言而喻，否則帝國難以長久。要求變法的上書一封封飛進紫禁城。一八九八年五月二十九日，恭親王去世，他在臨死前痛感時事，嗚咽流涕。光緒在做什麼呢？就在這個月，增援強占膠州灣的德國艦隊司令、德皇的弟弟亨利親王來訪。光緒對他有求必應。向來有權在光緒面前坐下的只有皇太后，當德國公使要求亨利在光緒面前坐下時，光緒欣然同意，並主動提出自己站起來請親王落座。慈禧也接見了亨利，但堅持親王在她面前不能坐，「必欲坐只得不見」。最後亨利見她時站著，見光緒時坐著。光緒在頤和園時，亨利臨時提出要在北京城見皇上，不肯去頤和園，光緒就專門從頤和園跑到西苑去見他。

光緒認為德皇對中國「情意殷殷」，得知德皇來電，要授予他勳章，也要回贈德皇一枚。為了這枚勳章，光緒無休止地跟總理衙門和監製人討論顏色、大小、工藝，在北京製造「金色暗淡」，不符合皇上要求，改由上海製造。無數電報往來討論無窮的細節。光緒要求勳章上鑲一顆大珍珠：「寶星大珠一顆重三分二，究不大觀，應移作副寶星用。其大寶星另購八分重一顆大珠，庶合式。餘均照辦。毋庸惜費。」還細心地考慮到附帶的問題：「寶星既用大珠，自應將珠圍外邊放大，滿漢字緊排，惟須分明可辨。其周邊小珠、中珠亦放大，以期勻稱。既加鑽石一圈，尚須小珠否？副寶星改為三分，亦應加大周邊，始能嵌抱……」等等。

他還一時心血來潮，給正因「受賄」受到舉國抨擊的李鴻章、張蔭桓授勳（「頭等第三寶星」），原因只是看見外國外交官佩戴勳章。

光緒不是不想變法，只是不知道該怎麼辦。他每隔若干天便跑一次頤和園，向慈禧討教。從軍機處每天轉來的上書中，慈禧一直在尋找變法的路子。一八九八年六月十一日，光緒在頤和園住了兩天後，回來向軍機大臣宣布了慈禧諭旨。據翁同龢日記：

> 是日上奉慈諭，以前日御史楊深秀、學士徐致靖言國是未定，良是。今宜專講西學，明白宣示。

慈禧透過光緒宣告：從今天起，國家大政方針是向西方學習。而且皇太后「聖意堅定」。

翁同龢根據慈禧懿旨，擬定了以光緒名義頒發的聖旨，即著名的〈明定國是詔〉。詔書說：「數年以來，中外臣工講求時務，多主變法自強。」但「風氣尚未大開，論說莫衷一是」，「國是不定，則號令不行」，因此必須「明白宣示」，要「博采西學之切於時務者，實力講求。以救空疏迂謬之弊。專心致志，精益求精，毋徒襲其皮毛，毋競騰其口說，總期化無用為有用，以成通經濟變之才。」

由慈禧下令寫的詔書，揭開了戊戌變法的大幕。光緒是傳話人，發動戊戌變法的不是他，而是慈禧。

*

擬寫〈明定國是詔〉是翁帝師政治生涯中最後一舉。幾天之後，他的學生光緒就請他出宮，開缺回籍。在變法的宮廷中，沒有守舊派翁帝師的位子。對變法詔書本身，他就持反對態度：「西法不可不講，聖賢義理之學術尤不可忘。」挪開這塊絆腳石勢在必行。跟父親般的人斷絕關係，對光緒不是一件容易的事。他從小跟翁朝夕相處，對他可說比對任何人都親。年輕的君主依賴年長的教師給他出主意，特別是對日作戰期間。馬關之後，災難接踵而至，老師的光環在學生眼裡不可避免地大大暗淡。皇上決心改革後，他們更是無法相處。恪守傳統的翁同龢同光緒事事作對，他們之間有不少動感情的爭執。罷官的上諭是光緒親自用硃筆寫的，對翁帝師不啻五雷轟頂。他要求見光緒道別，被光緒拒絕。第二天他聽說光緒要經過一道宮門，匆匆趕去，轎過時在道旁磕頭。他寫道：

「上回顧無言，臣亦黯然如夢。」

罷免翁同龢，即便不是慈禧提出的，也肯定得到她的支持。她早就想削弱帝師對光緒的影響，此舉求之不得。但很會做人的慈禧，在翁離開軍機處時，派太監送來賞給軍機大臣的紗葛。翁說自己「已出軍機不敢領」，她仍堅持。翁只得收下，自己不便具摺致謝，請同事代陳。

慈禧、光緒合作施行改革。每天把變法的諭旨發向全國。諭旨都是以皇上的名字發出，但它們都曾「恭呈慈覽」，都得到慈禧的贊同。*據清史專家孔祥吉教授披露，取代翁同龢成為皇上知己的張蔭桓告訴日本駐京公使矢野文雄：「太后向來喜悅開新派之人。因此，皇帝翻然歸于開新之說，與太后更加親密，勢必增加太后之權力。」

首當其衝的是拔擢帝國管理者的途徑：科舉。儒家經典教出來的官員不能應付現代世界。作為第一步，科舉考試中陳舊的八股將改為與現實有關的「經濟」、「時務」一類「策論」，次年就將實行。以科舉為主體的教育制度使中國百分之九十九以上的人處於文盲狀況。深刻了解中國社會的美國傳教士丁韙良議論道：教育改革「將決定中國的未來」。西式大、中、小學在全國建立，校址、經費、教材等細節都做了安排。「京師大學堂為各行省之倡，尤應首先舉辦。」

許多措施是慈禧早年改革的繼續，如設立鐵路礦務總局，送學生出國學習等。慈禧、光緒將乘火車去天津檢閱用西法操練的軍隊，以此向全國展示鐵路和現代化國防的重要性。嶄新的措施包括

---

* 請見茅海建教授《戊戌變法史事考》中的細緻考證，以及當時的《上諭檔》。

鼓勵現代農業、西式商務，獎勵出新書、制新器、造新物，為此準備實行「專利法」。慈禧還對傳統的出口方式進行了創新，專門指示時任北洋大臣的榮祿：「北洋出口之貨，以駝絨羊毛為大宗，就地購機，仿造呢絨羽毯等物，亦可漸開利源。」把原材料出口改為用機器加工為成品再出口，使「製造日精，銷路暢旺」。辦理情形，榮祿要「隨時奏報」。

慈禧、光緒合作順利，發出的諭旨代表他們的共同願望。如此兩個多月過去，朝廷的變法意志全國上下都感受到。光緒的改革派老師孫家鼐觀察到：「近日臣工願變法自強者十有六七，拘執不通者不過十之一二。」有的諭旨，如辦京師大學堂，立刻開始。但當更多的項目正在展開時，一場突發事件使這場變法運動嘎然而止。導致事件發生的主角是康有為。

*

年紀四十的康有為，出身官宦家庭，生長在廣東南海，與外部世界有很多接觸。康頭腦開放、思想活躍、敢作敢為，是個領風氣之先的改革者。他極端自信，大弟子梁啟超稱他是「最富於自信力之人」，說：「先生所以不畏疑難，剛健果決，以旋撼世界者，皆此自信力為之也。」他的自傳，恰如其人地名叫《我史》，稱：五歲時對對子，大人出「柳成絮」，他應聲答以「魚化龍」，人們都說「此子非池中物」。二十歲時一日靜坐，「忽見天地萬物皆我一體，大放光明，自以為聖人，則欣喜而笑。」在康的最初稿子上，「聖人」的原文是「孔子」。康有為認為自己是孔子再世。他有了一些信徒以後，在華的西方人也聽說有這麼個「當代聖人」、「孔子二世」。康的信徒「以長素

〔康〕為教皇」。他千方百計要接近光緒皇帝，但他的官階最高時也只是個低級京官，紫禁城天高地遠。

從一八八八年還只是一介寒儒起，康就設法結交翁同龢。翁在看了他的文章後感到「驚詫不已」，說他真是「一野狐也」。但翁沒有給他幫什麼忙。一八九四年，他結識了張蔭桓，徹底改變了命運。張也是廣東人，時任總理衙門大臣。在光緒跟翁同龢愈來愈不和時，張跟皇上愈來愈親近。一八九八年一月二十四日，經過張的運作，康受到當朝五位最高大員共同接見。接見後康馬上給皇上寫了份條陳，由張主持的總理衙門遞達光緒。就這樣，康有為為皇上所知。

康繼續向皇帝上書，光緒一一轉呈慈禧。據研究戊戌變法大量檔案的茅海建教授考證，康寫的《日本變政考》，光緒來不及看就送交了慈禧。慈禧仔細看後留了起來。完全可能是因為慈禧向光緒提起《日本變政考》，光緒兩次要翁帝師（那時還未罷黜）叫康有為「再寫一份」給他。顯然慈禧很欣賞康有為的見解。另外一事也證明了這一點。御史楊深秀、學士徐致靖寫的奏摺，慈禧大加讚賞，促使她下令頒發〈明定國是詔〉。這兩位的奏摺都是康有為代寫的。

康有為代徐致靖寫的下一份奏摺是推薦自己：「工部主事康有為忠肝熱血，碩學通才，明歷代因革之得失，知萬國強弱之本原……並世人才，實罕其比。若皇上置諸左右，以備顧問，與之討論新政……必能有條不紊，切實可行，宏濟時艱，易若反掌。」他還用同樣的語言推薦梁啟超，請皇上把他「召置左右」，說如此「必能措施裕如，成效神速」。

光緒當天將奏摺遞交慈禧，並且下令召見康有為。六月十六日，召見在頤和園慈禧眼皮底下進行，戊戌變法開始後的新秀中，康有為是受到召見的第一人。這無疑是慈禧的意願。召見後光緒直接把康從「工部候補主事」高升為總理衙門章京。對這個人們欣羨的職位，康有為認為「可笑之至」，受到「辱屈」，沒去上班。

自詡「教皇」的康有為，當然看不起這樣的提升，他要到皇帝身邊、為皇帝決策。從見了五大員後給皇上第一封奏摺起，他就一再提出設立一個政治決策機構：「制度局」。不言而喻，這個機構由他領銜。

慈禧也認為設立「制度局」是個好主意。清朝的制度是皇帝一人做決定，軍機處不過是參謀。康有為看到大清的一個根本弊病——英國馬戛爾尼勛爵一百年前就發現的弊病。勛爵拜訪八十歲的乾隆皇帝後寫道，很難想像有人能夠接替乾隆；中華帝國就像一艘「頭等戰艦，迄今幸運地有一連串精明強幹的『船長』駕馭了它一百五十年。一旦有個不稱職的人掌舵，戰艦的紀律和安全就會完蛋。她可能破破爛爛地再漂浮一陣，然後將在海岸上撞得粉碎。」光緒就是那個不稱職的「船長」，需要人協助他掌舵。慈禧後來說，英國的強大不在於維多利亞女王本人，而在於「國會那些能幹的人」集體決定政策。

經由光緒，慈禧一再要上層討論設立「制度局」問題。因為康有為的建議首先是總理衙門上報的，該衙門受命「議復」。他們的答覆是不贊成。慈禧叫他們再議。總理衙門分辯說，這事關清朝政治制度的全盤改造，作為一個部門無法表態。慈禧於是叫「軍機大臣會同總理各國事務衙門王、大臣，切實籌議具奏，毋得空言搪塞。」又叫「奕劻、孫家鼐會同軍機大臣切實核議具奏。」之後多次叫軍機處「嚴催」。

若干個月來來去去的辯論，結果一致的意見仍是反對。問題在於：誰進入這個政治決策機構？如果「心術不正」的人結黨營私，互相抬舉，進入權力中心怎麼辦？許多人擔心的是，康有為利用制度局控制皇帝。當時京城傳言紛紛，說「此次徐致靖保舉康有為、梁啟超等一摺，係康、梁師弟二人密謀合作，求徐上達。」光緒的改革派老師孫家鼐奏道：制度局人選應該「不專選取才華，尤須確知心術。方今講求西法，臣以為若參用公舉之法，先采鄉評，博稽眾論，則賢否易於分辨。」這樣的西式選舉，當時不具備條件，慈禧也想不出辦法，康有為的提議在七月底被正式否決。

慈禧派康有為去上海督辦官報。康有為的日本朋友中島雄在得知此事後，「曾為康有為獲得這個職務暗自高興」，認為這「對於一個理論家而言簡直可以算是如魚得水，從此他可以推動輿論，推動朝臣，推動皇帝、皇太后行動。」另外一道任命命康譯出西方有關報刊的法律，參以中國情形，擬訂「報律」。慈禧顯然已知康有為的雄心，任命完全是她的風格，把她視為危險的人送出京城，但還是用他們，甚至委以重任。她相信樹敵愈少愈好。

但是康有為拒絕離開北京。他經常住在張蔭桓家。張在翁同龢罷官後成為光緒皇帝最信任的人，他把光緒的情況都告訴了康：年輕的皇上多病虛弱，每天處理數量巨大的奏摺，還在處理公文的同時給臣下改錯別字，改用詞不當，改文筆不順，腦子終日處在過度緊張狀況。張蔭桓又告訴康有為一個宮廷祕密：光緒對慈禧的怨氣很大。馬關條約之後，光緒抬不起頭，慈禧一手主持簽訂了「中俄密約」，連皇上的意見也沒徵求。因為慈禧是跟俄國人簽約，光緒也就恨上了俄國人，連帶俄國建造的「東北俄路」。張蔭桓透露的這些內幕，使康有為找到了最能打動皇帝的突破口。

八月十三日光緒度過二十七歲生日之後，康有為寫的《波蘭分滅記》，由張蔭桓直接祕密傳遞給光緒。文章開篇便稱：「俄為虎狼之國，日以吞併為事，大地所共聞也。」然後，康改寫波蘭歷史，編出一個針對中國的政治寓言。他說波蘭國王決意變法，可是俄國人不讓，「流變法賢才於西伯利部，勒令守舊法而勿變，於是不七年而波亡。」波蘭國王「國亡身辱，妻子不保，備古今寡有之酷毒」。

筆鋒一轉，康有為警告光緒：「今吾貴族大臣未肯開制度局以變法也……稍遲數年，東北俄路既成，長驅南下……吾其為波蘭乎？」康就這樣把「變法」與「設制度局」等同起來，把設不設制度局說成是與皇上生死攸關的大事。他在為皇上著想，所以一想到波蘭就「流涕太息」。他刻意提到俄國人利用「東北俄路」，觸及了光緒的痛點。

光緒挑燈夜讀《波蘭分滅記》，書上留下了紅燭侵染的痕跡。本來就心力交瘁的皇上病倒了。他的醫療檔案顯示，從八月十九日起，他幾乎天天看病。正是在病中，他流著眼淚派人給康有為送了二千兩銀子，「以為編書津貼之費」，表示對康的心意。八月二十九日，康有為祕密呈上感恩信：「恭謝天恩並陳編纂群書以助變法摺」。這不是一般的感恩信。比起同類信它長得多：把波蘭寓言又說了一遍，再次強調要想不做波蘭就得馬上設立制度局。而且，信中對光緒的讚美異乎尋常，說光緒「其勤政過絕於前朝……其聖明超絕於天下……前代寡有倫比者」。甲午戰敗、簽馬關條約，「割地紛紜，失權失政」，由皇上來承擔責任，「此真千古不平之事。臣竊為我皇上憤之。」

康說其實問題在於，辦事的都是「舊人」。只要光緒「選通才於左右，以備顧問；開制度局於宮中，以籌全域」，那將會「綱舉目張，規條具舉，內政外交，次第畢張……天下奔走踴躍，則民氣日新，國勢日壯。」一句話，一旦有了康有為這樣的顧問、有了制度局，皇上就會無往而不勝。

從來還沒有人如此讚美過光緒。宮廷中對皇帝的謳歌有固定語言，明君需得從諫如流，不近阿諛逢迎的小人。更不用說，光緒一直生活在慈禧的陰影下，總是感到自卑。現在突然有了一個理解他、認為他偉大的知己，光緒的自尊心得到極大的膨脹，負罪感也因此解脫。他站起來了，他沒有錯，過失都在「舊人」。光緒感到有康有為在，他就有了依靠。他立即下令把康的所有奏摺都收集起來，裝訂成冊，冠以響亮的書名：《傑士上書滙錄》。光緒皇帝就這樣拜倒在康有為的魔力之下。

康有為長篇感恩密信的三分之一是向皇上解釋他在這年初出版的《孔子改制考》一書。光緒老師孫家鼐對皇上說，康在書中「影響附會，必證實孔子改制稱王而後已。言《春秋》既作，周統遂亡，此時王者即是孔子。」即康非要證明在周朝亡了以後，孔子做了中國的國王。因為康自詡孔子第二，康有為生怕光緒擔心自己有帝王夢，反復說他「實無有孔子稱王之說。孫家鼐未詳考故事，原奏所言，想係誤會……」

康同時還給光緒上了另一祕密奏摺，請皇上裁撤「冗署」。光緒馬上行動起來，硃筆一揮第二天就撤銷了一大批部門，裁減了一大批官員，意猶未盡地又加上「淨盡」二字。僅京城一地，「失職失業者將及萬人。朝野震駭，頗有民不聊生之戚。」

本來變法是要淘汰閒散衙門、裁汰冗官，可是光緒沒有事先規畫，沒有給被裁的人出路，以至有的辦公處「自奉旨後，群焉如鳥獸散，闃其無人。匪特印信文件一無所有，即廳事戶牖，均已拆毀無存。」未裁的人擔心被裁，「相與太息」，「一夕數驚」。

諭旨發出之前照例送給慈禧看，她不滿意。但看到紙上光緒急切的著重號連篇，為了維護光緒的權威，她批准了諭旨，只恢復了幾個有關國計民生的部門，比如主管南米北調的漕運。再見光緒時，她明確表示裁撤指示不妥，「過重」，會「失人心」，照這樣辦，他的寶座也會成問題（光緒後來稱：「朕位且不能保」）。

既然慈禧反對，站起來了的光緒，不再把聖旨事先送給她看。他開始罷免康有為的敵人，提拔康有為的朋友。九月四日，慈禧剛一離開紫禁城去頤和園，光緒就下了一道聖旨，罷免了禮部最高的六位官員。起因表面上是：康有為的同黨、禮部主事王照上書，請光緒和慈禧同訪日本，禮部不肯轉交，說這會讓皇上、皇太后同陷敵國，要王照撤銷或修改。王照不從，僵持了十一天，禮部還是轉交了。真實原因是禮部尚書許應騤久為康有為所恨。許是康的同鄉，他拒絕了康的拉攏，上書光緒指斥康居心不良。光緒就王照事借機發揮，嚴旨申飭之餘，革去了許應騤等六人的職務。對王照則「賞給三品頂戴，以四品京堂候補」。上諭下達後，百官一片驚愕。有人在日記中寫道，大家「相顧錯愕」，都說沒見過這般「不測之賞罰也」。

光緒同時任命了康黨的其他人：保舉康有為的李端棻升為為禮部尚書，徐致靖提為禮部右侍郎。他還任命了四個低層官員為軍機處章京，其中兩位是康有為的弟子：譚嗣同、林旭。這些人皇上都只見過幾分鐘的面。

九月六日，光緒赴頤和園，想讓慈禧認可他的任免。慈禧再次妥協，批准了李端棻為禮部尚書，但劃去了徐致靖。對軍機四章京，她未反對，只是叫軍機處把他們擬的諭旨先送給她看。

光緒硬起來了，康有為馬上組織黨人掀起上書高潮，要求召開制度局（或稱議政院，或稱懋勤殿）。九月十三日，光緒下決心組建懋勤殿。康馬上喜氣洋洋去見王照、徐致靖等人。據王照記載，「康來，面有喜色」，對王、徐說「皇上開懋勤殿用顧問官十人，業已商定，須由外廷推薦，請汝二人分薦此十人。」康出示了一張十人的單子，要王照推薦六人，首推梁啟超；要徐推薦四人，首選康有為。康又說：「皇上業已說定，欲今夜見薦摺。」當夜，含有康有為、其弟康廣仁、梁啟超、李端棻、徐致靖以及徐的兩個兒子徐仁鑄、徐仁鏡等一組親朋好友的名單上呈光緒。

第二天，九月十四日，光緒一早去頤和園見慈禧，請她批准名單。慈禧這次不再妥協，拒絕批准。九月十五日，無計可施的光緒召見四章京之一楊銳，給他一封密詔，叫他和其他章京「及諸同志」出主意，怎樣才能「將老謬昏庸之大臣盡行罷黜，而登進通達英勇之人，令其議政，使中國轉危為安，化弱為強，而又不致有拂聖意。」

康有為得知密詔內容後，又於九月十七日看到一道光緒公開發的上諭，要康「迅速前往上海開辦〈官報局〉，毋得遷延觀望」。其中還有他只召見過康有為一次等話，好像是在向慈禧太后辯解他與康的關係。康有為意識到，光緒在慈禧面前退縮了。慈禧太后是他掌控大權的障礙。只要慈禧太后在，他不可能進入金鑾殿。

慈禧和康有為在變法問題上沒有矛盾，她沒有阻撓康有為搞改革。兩人之爭，是權力之爭。實際上慈禧賞識康有為，提拔康有為，但是她絕不把權力交給康有為。康有為要大權在握，只有除掉慈禧。

20 康有為密謀殺慈禧（一八九八年九月）

康有為早就在考慮除掉慈禧，為此他需要有軍隊。他首先想到的是直隸提督聶士成。據康黨人士王照說，康曾兩次要他去勸說聶，如果聶願意聽他們的指揮，將來就給他直隸總督的位子。王照拒絕了，知道此事必不能成。保衛北京的軍隊牢牢掌握在慈禧手中。她發動戊戌變法後，立即派她信賴的榮祿掌握京城和附近一帶的軍隊。榮祿任直隸總督兼北洋大臣，駐紮在天津。

榮祿部下有位袁世凱，既有能力，又有野心。他見沾康黨邊的人都得到不可思議的迅速提升，就跟他們拉關係。一八九八年九月十一日，在康有為推動組建「制度局」的高潮中，侍讀學士徐致靖上書推薦袁世凱。光緒通知袁「即行來京陛見」。九月十六日，在慈禧拒絕批准康黨十人名單、光緒寫密詔尋求辦法之後，光緒接見袁，把他連提兩級升為「候補侍郎」，叫他今後「所有應辦事宜，著隨時具奏」，隱晦地鼓勵袁直接跟皇上聯繫。第二天袁世凱謝恩召見時，據他的日記，光緒對他說：「人人都說你練的兵、辦的學堂甚好。以後可與榮祿各辦各事。」看來，光緒在按康有為的意思，設法擁有一支自己的軍隊。

九月十七日，慈禧透過光緒令康有為出京。九月十八日，譚嗣同夜裡來到袁世凱在北京的住宅。袁知道他是「新貴近臣」，立刻出迎。譚說他「有密語，請入內室，屏去僕丁」。入內室寒暄後，譚說明來意：要袁帶兵入京，包圍頤和園，以便譚和他的人誅殺慈禧：「去此老朽，在我而已，無須用公。」譚對袁世凱說：「自古非流血不能變法，必須將一群老朽，全行殺去，始可辦事。」又說：下次袁見皇上時，光緒「定有硃諭一道，面交公。」袁寫道：「予見其氣焰凶狠，類似瘋狂，然伊為天子近臣，又未知有何來歷，如顯拒變臉，恐激生他變，所損必多，只好設詞推宕。」於是他對譚說：「此事關係太重，斷非草率所能定。」他需要時間考慮。

康有為已經在安排，以便把袁世凱手下的七千人調入北京，調到頤和園旁邊。康黨楊深秀九月十九日上奏摺，聲稱「修圓明園之初，嘗於殿座之下，存有黃金紋銀各一窖」，應該派人到圓明園去挖掘。奏摺上達的第二天是光緒預定第三次接見袁世凱的日子，這樣皇上可以順理成章地調袁的兵進入北京去圓明園挖金子，到時衝進隔壁的頤和園抓慈禧太后。

袁世凱面臨選擇站在哪一邊：皇上還是太后？他「反復籌思，如癡如病。」如他對譚所說，「皇上下一寸紙條，誰敢不遵，又何事不成？」但他最終選擇了皇太后，連夜去見一位太后信任的王公，揭發了密謀者。*

＊

與此同時，北京發生著另外一件事。剛下野的日本前首相伊藤博文正在中國進行「私人」訪問。光緒第三次接見袁世凱那天，也將見這位甲午戰爭、馬關條約的策畫人。

這幾年中，尤其在歐洲列強紛紛占地以來，相當多中國人對日本的態度像鐘擺一樣從仇恨厭惡擺到好感崇敬。日本積極遊說有影響力的人，說：「前年之戰，彼此俱誤。今日西洋白人日炙，中東（中、日）日危，中東係同種同文同教之國，深願與中國聯絡。」康有為暗地裡寫了三封奏摺，由洪汝沖、楊深秀、宋伯魯以他們的名字呈交皇上，要求光緒聘請伊藤博文參與指導中國改革、管理中國內政：「一切內政，尤當廣聘東西各國名士，畀以事權。」即給「東西各國名士」權力。奏摺明白說出，名士主要就是伊藤博文。皇上如能用他，「使近在耳目，博訪周諮，則新政立行。」奏摺還說，有伊藤博文和英國傳教士李提摩太的主導，以「康有為為參贊」，中國「必能轉禍為福」。奏摺還進一步鼓動與日本「聯邦」，甚至「合邦」。

天津的重要中文報紙《國聞報》，老闆是日本人西村博，使用日本明治年號，由日本外務省資助。此時它發表社論，稱中國改革必須由伊藤博文指導：「侯（伊藤侯爵）之功名彪炳冠於亞人，亦為中國人之所敬憚，則中國於此變法之時，其中之深淺緩急，千變萬化，政府諸公所必不能盡合機宜，而不免有毫釐千里之慮者，無不可奉教於侯。」「中國之日抱維新之志，而茫然不知下手之方者，至此亦得其指南矣。」聘請不聘請伊藤博文，是中國「存亡興滅之關鍵」。社論還說中國甲

---

* 歷史學家通常把袁世凱告密的時間定得更晚一些，在他第三次覲見光緒之後。筆者認為這不大可能。在事關慈禧生死的問題上，不馬上向她報告，只會被她看作遲疑不決，看作缺乏忠誠；見了光緒以後再報告更會被她看作是觀風向。她不會再信任袁。而事實上，袁在告密後飛黃騰達，得到慈禧毫無保留的信任。

午戰敗，就是因為跟日本作對而不「合邦」：「自合邦之論起，日本已久操此論，中國不悟，乃有中日之戰。」

光緒對日本的感情，可以從他九月七日親筆擬定的給日本的國書中看出。國書一開頭就超越一般外交辭令，「敬問我同洲至親至近友邦」大日本國大皇帝好，結尾是希望與日本「共相維持，以期保固東方大局」。伊藤博文感覺到他這個指導者的位子坐定了，在天津登陸後給妻子寫信說：「一到天津，清國朝野歡迎我的盛情實非筆墨所能形容。明日當由天津赴北京，皇帝陛下似乎候我久矣，諒能立即謁見。當滯留在天津時，忙於日夜宴會，甚多中國人前來，咸以援助中國為請，實在欲推不得之勢。迄至今日所聽到的是：皇帝似甚賢明，年僅二十七歲……」

光緒定好在九月二十日那天接見伊藤博文。康有為暗中起草呼籲光緒任命伊藤的奏摺中，有一份將在覲見前幾小時到達光緒的御案，另一份在第二天上呈。依照慣例，只要光緒在推薦奏摺上批示同意聘請伊藤，日本人的夢想就成真了。

康有為為什麼如此積極地推舉伊藤博文？從他個人角度，他不會願意有個強有力的前首相來平分秋色。搞政治的人，不會幼稚地以為伊藤真會為中國、而不是為日本利益服務；更不會一廂情願地以為，伊藤為光緒主政，中國仍能保持獨立。李鴻章聽到皇上「竟欲留伊藤為我參政」，寫了三個字：「可笑也。」當有人勸張之洞推薦伊藤「為客卿」時，張大吃一驚，拒絕採用：「甚震其論而不能用也」。李鴻章、張之洞都是極力主張在政府部門請日本人做顧問的人。但他們都明白，伊藤這個「顧問」不能請，請了，中國遲早會變成日本的附庸。

康有為跟這兩位一樣精明；另外他還有掌控光緒的野心，一山豈能容二虎。最大的可能是他跟日本有交易，雙方互相利用。戊戌變法開始後，屬於日本的《國聞報》把宣傳康有為和康黨作為報導主線，接連不斷地登載他們的消息，塑造了一個由康主導變法的形象。因為《國聞報》給人有內部消息的印象，戊戌時全國各地的報章都採用它的新聞。康有為就這樣獲得了全國性的知名度。

日本不僅通過《國聞報》報導康有為和康黨，還幫助康一步登天——透過張蔭桓跟光緒掛鉤。

*

張蔭桓是最西化的官員之一。他頭腦靈活、才能出眾，慈禧派他出使多國，一八八〇年代在華盛頓他是在官邸舉行舞會的第一任公使。他代表中國出席維多利亞女王六十週年登基大典，成為首位由英國封爵的中國官員。從日本駐京公使矢野文雄對外務大臣青木周藏的機密報告可以看出，他是矢野固定的絕密資訊來源。翁同龢罷官，矢野很自然地去找他詢問原委，他把內情盡其所知告訴了日本人。當時他就為此受到高層人士的彈劾，控告他「行蹤詭祕」，把「國家之密謀大計」，「輸予洋人」。軍機大臣廖壽恆對慈禧、光緒說，張把持總理衙門，「交涉密議，行蹤詭祕，旁人不得聞之。」慈禧聽到指控後「盛怒」，下令抄張的家。一心庇護張的光緒第二天「辭色甚厲」地斥責廖壽恆，叫人「傳諭張蔭桓不必憂慮」。慈禧不願和光緒硬頂，忍了又忍，最終沒有堅持要抄家。

不止一名彈劾者指出張蔭桓與康有為的神祕關係，說康經常「於深夜至錫拉胡同張大人處住宿」。張蔭桓是最早把康有為引進到最高層的人。但他用的不是正常渠道「保舉」，而是在私下運作。*之後他不斷祕密地把康的信帶給光緒。這些祕密傳遞的信章在正常途徑如《隨手登記檔》、《早事檔》裡均無記載，不經過軍機處和慈禧太后。他對康的幫助，怎麼估計也不過分。張蔭桓身居要職，是光緒最親近的人，他為什麼要想方設法把康有為拉到皇帝身邊？他二人並非私交很深的親密好友，**以筆者對史料的分析，張蔭桓是在執行日本的指示。

張為日本服務，並非基於他真相信日本是中國的好朋友。他是談判償付賠款的中方代表，當時中國因債臺高築，又遇上黃河決堤等自然災害，要求把償還賠款的期限從三年延長為十年。日本公使矢野同情中方，向東京請示，日本政府一口回絕。張蔭桓就此事在日記中寫道：日本「所謂欲與中國相聯，誠虛語耳」。

張為日本出力的動機顯然是錢。他以生活奢侈著名，擁有價值連城的珍寶，出手「揮灑巨萬」；「又好收藏書畫，同列無與倫比」。他還嗜好賭博。人人都相信他利用職權貪污受賄。張接受俄國賄賂的事，已經由俄羅斯檔案證明。彈劾他的大學士徐桐指控張：「前因北洋重振海軍，購買戰艦，由伊經手，浮冒至六十萬兩之多。本年借英款一萬萬兩，該侍郎假托洋商勒捐為名，八三折扣，外加使費，致我中國吃虧兩千萬兩，該侍郎與洋商分肥入己。此等奸贓事跡，本無佐証，人言傳播，斷非無因。」徐稱：「中外臣民莫不交口唾罵」，說張「天理人心不容或絕也」。張蔭桓是個玩世不恭的人，國家利益在他心中不值錢。德國占領膠州灣，他與翁同龢同為中方談判代表，翁同龢感到痛苦得「如在湯火中」，可張躺著又說又笑，毫不在意，讓翁覺得不可理喻。***

張蔭桓為了錢而服務日本很可能不是一天兩天，可以追溯到甲午，中國的慘敗與他有關。戰爭中，光緒依賴翁同龢決策，翁則依靠張蔭桓。目擊者稱，翁待張「如左右手，凡事必諮而後行」。「每至晚間，則以專足送一巨封來，凡是日經辦奏疏文牘，均在其內，必一一經其寓目審定，而後發布。」張蔭桓熟悉、參與最高層決策。更重要的是，戰爭中宮廷跟前線的電報聯繫，由張主管的「譯署」譯電報發電報。張的同事紛紛向朝廷告他，據翁同龢記載：「張蔭桓人稱為漢奸，餘片電報匿不以聞，並有改字句處。」可是，翁帝師在皇上面前為他開脫，皇上也不調查。今天研究者公認：甲午戰爭期間日方偵破了中方密電碼，所以作戰時對中國軍隊的調動瞭若指掌，談判中能知道光緒的賠錢底線。在筆者看來，密電碼與其說是日軍偵破，不如說是張拱手送上。

＊

對光緒接見伊藤博文、可能聘請他參政的後果，慈禧很清楚。她授意總理衙門為光緒擬定問話

＊　研究張蔭桓的專家馬忠文先生稱張的作為是「暗中活動」，是在「幕後積極支持康有為並直接向皇帝密薦康氏」。

＊＊　後來張蔭桓毫無必要地攻擊康，把康說成是當時清廷最恨的共和黨人：「康本叛賊孫文黨，挈多金走京師，密結京僚圖不軌。康實寒素，所有皆孫文資。侍讀學士徐致靖摺保酬四千金，宋伯魯、楊深秀等月資三百金。」張蔭桓故意把康的錢說成是孫中山給的，掩蓋日本這一來源。而康，則竭力掩飾張蔭桓對他一步登天所起的作用，把張的名字從手稿中塗掉，把自己與光緒的聯繫人謊稱為在慈禧太后面前控告張蔭桓的軍機大臣廖壽恆。廖壽恆在康事發後並未受懲，顯然不可能是康與光緒的聯繫人。

＊＊＊　御史王廷相曾上書指責張蔭桓在關於膠州灣的談判中出賣中國利益：「向來外洋交涉事宜，例應在總署會議，乃該侍郎辦理德事，專在使館祕商，朝夕往來，頗駭聽睹……」

稿。稿子上光緒不提請伊藤做顧問，只是請他提建議，而且還是讓他把建議送交總理衙門轉達。

九月十八日晚間，一封奏摺直接遞到頤和園慈禧手上。奏摺來自御史楊崇伊，李鴻章的兒女親家。奏摺提醒慈禧注意康有為可能被人「引入內廷」，能對光緒施加重大影響。而且「風聞東洋故相依籐〔伊藤〕博文，即日到京，將專政柄。臣雖得自傳聞，然近來傳聞之言，其應如響。依籐果用，則祖宗所傳天下，不啻拱手讓人。」楊懇求皇太后「即日訓政。」

這番話顯然警醒了慈禧。如果光緒不按說好的辦理，到時硃筆一揮、把伊藤博文聘請到身邊怎麼辦？她臨時決定第二天，九月十九日，回到北京城，以保證二十日光緒接見伊藤時不會胡來。

夜半三更，她被叫醒，袁世凱關於「圍園弒后」的報告到了。慈禧的反應無疑是震驚。她沒想到光緒會捲進密謀中。清朝強調孝道，光緒一直表現孝順，難以想像他會參與陰謀。然而從袁世凱的報告，慈禧可以看出，光緒在某種程度上捲入了：密謀者以他的名義要求袁世凱調兵包圍頤和園；而他提拔袁世凱，要袁直接跟他聯繫；密謀者是康黨，而他跟康有為的關係不尋常。

慈禧沒有立刻對光緒和康有為等人採取行動。袁世凱的揭發需要證實，她需要搞清楚陰謀的來龍去脈。另外，光緒馬上就要見伊藤，她不知道陰謀跟日本是否有關係。

十九日凌晨，慈禧按昨晚的決定離開頤和園。表面上一切如常。她吃完早餐，登船過湖駛入「高粱河」。這條十公里長的御用運河，兩旁垂柳，也排列著警衛軍。在調整水位的閘門前，她下船步入岸邊的寺廟拈香，然後繼續乘船至北京城邊倚虹堂碼頭。從此地的小橋流水，曲廊紅牆，她坐上轎子，直赴西苑。這時已是下午。整個行程看似悠閒，但她心裡在倒海翻江。

光緒得知皇爸爸出乎意料地來臨，急忙趕到宮門外跪接。看到他，慈禧不動聲色。次日早上，光緒按原計畫第三次接見袁世凱。他沒有像譚嗣同聲稱的那樣，給袁任何硃諭。但這不等於他不曾打算給，慈禧的突然到來使光緒不敢輕舉妄動。覲見過程中，據袁的日記，袁告誡皇上：「新進諸臣，固不乏明達猛勇之士，但閱歷太淺，辦事不能縝密，倘有疏誤，累及皇上，關係極重。」聽了這番話，光緒「動容，無答諭」。光緒明白袁世凱的話是什麼意思。對慈禧來說，這證明了他的捲入。

覲見之後袁世凱回天津。光緒來向慈禧做例行的請安，她依然是若無其事的樣子。光緒於十一點在勤政殿接見伊藤，按照為他擬好的稿子請伊藤把建議向總理衙門提出。伊藤一離開，慈禧立刻把光緒軟禁在他的寢宮瀛臺。光緒成了階下囚。

做為階下囚，光緒第二天親筆寫了份硃諭，稱自己「再三籲懇慈恩訓政」，蒙皇爸爸恩准；隨後舉行了慈禧訓政的正式儀式。此後的光緒根據慈禧的意思寫硃批。接見官員時，遮住慈禧的屏障拿走了，慈禧從後臺走上前臺。

＊

很快，慈禧就弄清了康有為跟皇上的關係到底是怎麼回事。皇上在太監面前沒有隱私。慈禧馬上審訊他們，她知道誰見了皇上，光緒聽誰的話，張蔭桓等人暴露出來。慈禧口頭下令一個個分別抓密謀者，盡量不要大張旗鼓。

首先要抓的是康有為。可是慈禧晚了兩天。譚嗣同去見袁世凱當天晚上，康一夜未睡，凌晨入城與譚嗣同會面。聽說袁未點頭，便知大勢已去。他雇用的殺手畢永年與康一前一後也去見譚，畢描述他是怎樣知道策反失敗的：

> 早膳後，譚君歸寓，僕往詢之。譚君正梳髮，氣㦛㦛然曰：「袁尚未允也，然亦未決辭，欲從緩辦也。」僕曰：「袁究可用乎？」譚曰：「此事我與康爭過數次，而康必欲用此人，真無可奈何。」僕曰：「昨夜盡以密謀告袁乎？」譚曰：「康盡言之矣。*」僕曰：「事今敗矣，事今敗矣，此何等事，而可出口中止乎？今見公等族滅耳。僕不願同罹斯難，請即辭出。

畢搬走了，結束了同密謀者的關係。康有為也走了：去尋求外國保護。他先找他的朋友，英國傳教士李提摩太。據他後來給李的信說：「我想你一定還記得，那天我們所談的朝政概況和你如何計畫安全地窩藏我。」李提摩太跟許多上層人士和名流都是朋友，夢想著不僅把中國變成「上帝的王國」，還要親自管理這個國家：「改造中國，重塑它的機構，一言以蔽之，接管它的政府。」他的建議中有一條是給慈禧太后「派兩名外國家庭女教師」。英國外交官認為李的計畫是「一派胡言」。但康有為向光緒推薦的兩名外國顧問之一就是李提摩太，另一名是伊藤博文。李感激不盡，此時到處找人救康。可是沒有效果。

伊藤同樣也沒讓康在日本使館避難。伊藤第二天預定覲見光緒，他不能讓這件事破壞了安排。

康只得逃離北京。他逃得很迅速，逮捕命令下達時，他已經到了天津，登上一艘英國輪船，在開往上海的途中。上海碼頭上，英國代理領事璧利南（Byron Brenan）看到：「偵探警察都急不可耐地等待船的到來，等待他們的兩千塊錢」——捉拿康有為的懸賞。由於報紙對康的大幅宣傳（也由於深宮的密不可聞），璧利南和其他外國人一樣，都以為康是變法領袖，要拯救康。英國政府不便公開出面，璧利南讓《泰晤士報》記者布蘭德（J. O. P. Bland）乘汽艇出海，從大船上把康帶走，送上英國軍艦前往香港。在香港，日本領事造訪，邀請康去日本。據康的《我史》，日本首相大隈重信，「有志營東亞」，「電許保護」，康去了日本。

和康共同密謀「圍園弒后」的梁啟超也到日本使館求助。伊藤這時已經覲見了光緒，明白他不可能進入中國權力中心，於是幫助梁逃往日本。梁化妝為日本人，在日本人員保護下到天津乘日輪東渡，與康會合。

那位認定變法必須流血的譚嗣同，據梁啟超稱：「被捕之前一日，日本志士數輩苦勸君東遊，君不聽，再四強之，君曰：各國變法，無不從流血而成。今中國未聞有因變法而流血者，此國之所以不昌也。有之，請從嗣同始。」

九月二十八日，他做了刀下鬼。同時被斬首的還有五個人：參與陰謀的康廣仁、楊深秀，以及除譚以外軍機四章京的其他三人。赴刑場時，《申報》報導：「譚嗣同激昂就戳，甘死如飴。」康廣

---

* 從這話看，康有為似乎也去見了袁世凱。這有可能，但也可能是誤記。

仁顯然慌亂恐懼，只穿著襪子：「襪而登車，身著短衣，面色如灰土。」慈禧自一八六一年政變以來近四十年，因政治緣故這樣殺人是第一次，全國上下都大為震驚。

死者中的楊銳、劉光弟沒有參與密謀，也不屬康黨。被捕後，他們在監獄裡顯得輕鬆，認為公堂審訊能證實自己的清白。慈禧發了兩道諭旨，派軍機大臣、御前大臣會同刑部、都察院對他們進行審訊。但就在審訊開始那天，在審判者、各司員及前往聽審者近二百人等候的情況下，慈禧突然下令將六人提出監獄，「著即處斬」。兩名無辜的人，沒有機會證實自己的清白，也同其他人一道上了刑場。楊銳在臨刑前多次問自己的罪名，被斬時據說「血噴湧丈餘」。人們說：「此冤氣也。」劉光第不斷要求審訊，以表明自己無罪，最後拒絕服食可減輕痛苦的鶴頂紅。

聽到慈禧違背清朝制度不審而誅的命令，文武百官，就連軍機大臣，也都「大駭」，「錯愕不勝」，「驚痛刺心，嘔吐大作」，甚至說「刑之濫，罰之不公，至此極矣」。

慈禧為什麼對六人不審即誅？最大的可能是她意識到，審訊不可避免地會暴露出光緒的捲入。康有為此時已經對外國記者發表講話，稱光緒給了他一道密詔，要他出國設法從慈禧掌中拯救皇上。「密詔」消息由《字林西報》於九月二十七日報導。正是報導的次日，慈禧突然決定不加審訊，立刻殺人。審訊會對她造成致命威脅。試想，如果康的說法由官方審訊證實，慈禧會面臨什麼樣的前景？不少王公大臣會聽命於皇上，列強也許會出兵討伐她，日本肯定乘機而入。

沒有審訊的後果，是康有為「圍園弒后」的陰謀長期不為人知。在關於此案的上諭中，慈禧掩蓋了光緒的捲入，把光緒也變成了像她一樣的陰謀受害者：「前日竟有糾約亂黨，謀圍頤和園，劫制皇太后及朕躬之事。」在光緒被她挾制的情況下，這顯然牽強。人們對是否有此陰謀半信半疑。康有為矢口否認，反稱慈禧有計畫殺害光緒。袁世凱不願讓人知道自己背叛了皇帝。他的日記「交諸子密藏」，在他生前從未見過天日。英國公使竇納樂（Claude MacDonald）認為：「關於謀殺的謠言，不過是為停止光緒皇帝激進改革找的藉口而已。」直到二十世紀八十年代，中國學者在日本檔案館裡發現了當年的殺手畢永年對日本人的筆談〈詭謀直記〉，才最終證實了康有為「謀圍頤和園捕殺西太后」確鑿無疑。慈禧抓人殺人，不是為了阻止這些人搞改革，而是因為他們要殺她，康有為要奪權。

有人要奪清王朝的權，完全正常。康有為是否能比大清更好地治理中國，也是個仁者見仁、智者見智的問題。但人們通常認為康的目標是在中國實行西方式的君主立憲制，這卻不是事實。在戊戌變法時期，康的政治主張中沒有立憲、議會。當年他發表了《答人論議院書》一文，說：議會只適合西方，「中國不可行也。」「君猶父也，民猶子也，中國之民，皆如童幼嬰孩，問一家之中，嬰孩十數，不由父母專主之，而使童幼嬰孩自主之，自學之，能成學否乎？必不能也。敬告足下言：中國惟以君權治天下而已。」*

---

* 完全可能，康有為自己想做皇帝。孫家鼐早就說過：康在《孔子改制考》一書中千方百計「必證實孔子改制稱王而後已」——以孔子再世自居的康有為一心要證明孔子最終做了中國的君王。臺灣著名學者黃彰健院士認為：「孔子為素王，康如果革命成功，則康即可為真王。康以長素為其別號，其理由當在此。」

康的思想傾向是專制的。在他受任辦《官報》後，他用宋伯魯的名字上奏摺，不僅要求規定全國大小官員和學生「一律購閱」他辦的報紙，而且要求「各省民間所立之報館言論」，「皆令先送官報局，責令梁啟超悉心稽核……有非違不實，并令糾禁。」也就是要由梁來做全國新聞檢查總署署長，把他認為不妥的文章都禁掉。*

為了推翻慈禧，身居海外的康有為由梁啟超協助，在採訪、演說、著述中不遺餘力地製造有關慈禧的不實之詞，從毒死慈安、氣死同治，到逼同治的皇后吞金自盡；從「男妾無數」，到令太監「裝為狎客，與相淫樂」。說慈禧把建海軍的全部款項三千萬兩銀子拿去修頤和園，導致甲午戰敗，就是康有為的宣傳。人們相信康，多半因為他暗示消息來源是光緒皇帝，他有皇上密詔，而且是縫在腰帶裡偷運出紫禁城的「衣帶詔」。皇上根本不認慈禧為母親，她不過是「先帝之遺妾」，而且是個「淫亂之宮妾」。

*

戊戌年，慈禧處死的不光是「六君子」，還有根據清朝法律不需要審判、皇上一句話就可以誅殺的太監。四名「來往串通」的太監，被下令「板責處死」。** 這還不足以解氣，慈禧又下令對這些太監「不必買棺盛殮，即著抛入萬人坑」。另有十名太監在板責後被戴上沉重的枷號，有的兩年，有的永遠。內務府報告，「本府現存木枷、鐐銬因年久間有損壞糟朽，現在不敷應用。」慎刑司也報告：「監房共十四間，頭停滲漏，瓦片脫落，監房子牆坍塌閃裂，並二門內界牆及庫房牆垣坍塌。」監獄要重修，鐐銬要重新打造。慈禧例外空前的嚴酷懲辦，似乎說明，這些太監曾幫助康有為來覲見光緒。

跟太監相比，那些跟康關係密切、但未直接參與謀殺陰謀的官員，所受的懲罰就輕多了。大多數只是「革職」。只有徐致靖「永遠監禁」。但他在兩年後被釋放。當時八國聯軍占領北京，監獄裡的人都跑了，而他繼續待在監獄裡。慈禧說他「尚知畏法」，下令對他「加恩釋放，免治其罪」。發往新疆的李端棻，也在兩年後獲赦回了家。

在光緒和康有為之間穿針引線的張蔭桓也被發配到新疆，暫時逃過了掉腦袋的命運。張剛一被捕，英國公使竇納樂就寫信給李鴻章，稱「處決像張蔭桓這樣一位在西方各國很聞名的高級官吏，將會引起很壞的結果」。日本代理公使林權助也透過李鴻章施加壓力。西方人一再要求釋放張蔭桓。兩年後，當慈禧向英、日求助，阻止八國聯軍入侵時，就在求助信發出的同一天，慈禧下令新疆巡撫對張蔭桓「即行正法」，而且指定諭旨由最快速度「六百里加緊」遞送。慈禧怕英、日要求

---

* 多年來人們對康有為政見的誤解，是因為康流亡之後，大量修改戊戌時作品，把立憲、議會等內容加了進去，重寫《戊戌奏稿》。大陸、臺灣學者其實早已發現這一點。黃彰健院士曾編過《康有為戊戌真奏議》。楊天石教授一九九八年指出：「在戊戌政變史的研究和闡述上，我們被康、梁牽著鼻子走的時間已經夠長的了。」康完整的、真實的全部奏章，在二〇〇八年由孔祥吉教授編輯出版，題為《康有為變法奏章輯考》。

** 戊戌年初有一名太監被刑部公開處斬：寇連才。他的死是因為上書言政。清朝法律嚴禁太監以任何形式參政，違者處死。

以釋放張蔭桓為合作條件。

*

在平息康有為事件的同時，慈禧希望戊戌變法繼續下去，發布了一系列上諭，稱：「所有一切自強新政」，不光是「已行者亟應實力舉行，即尚未興辦者，亦當次第推廣。」「不得因噎廢食。」許多改革措施在繼續，不少在事件前僅係倡議，之後才得到落實。然而，每天大發諭旨的那種轟轟烈烈的氣勢不復存在。慈禧訓政後，撤銷了提拔康和康黨的諭旨；恢復了光緒一古腦裁撤的部門和官員；收回了不切實際的指令（如鼓勵全國所有人直接向皇帝上書）；暫停了對科舉制度的激進改革。暫停暴風驟雨式的改革還因為當時在華洋兵、教士與當地人屢起衝突，出現了殺傷教士的事情，導致「洋兵接踵而來，欲乘火車進京」。慈禧亟需安定。由於變法上諭都是以光緒的名義發出，如今光緒做了階下囚，被認為是變法靈魂人物的康有為又流亡國外，這些都不可避免地給人印象，變法夭折。

康有為竭力勸說外國政府幫助用武力推翻慈禧，擁戴光緒。在日本，他與日本情報機構會晤，希望得到支持。對「康有為頻頻乞求援助」，日本情報人員宗方小太郎告訴他：「日本政府決不輕易出兵，但如時機到來，不求亦將提供援助。」康有為把扶助光緒復位作為頭等重要的政綱，在海外組織「保皇會」。*

為了阻止康有為的人前來「拯救」光緒皇帝，慈禧把光緒的住所變成了監獄。根據她的懿旨，

「所有瀛臺兩旁樓梯及各門座，全行堵砌妥協。」瀛臺在湖中小島上，湖水由水閘流出外邊。慈禧命令檢查、鎖好出水口的柵欄，防人潛入。冬天來了，瀛臺四周的湖面凍住。慈禧怕人從冰上接近光緒，或者光緒逃跑，要求「刻急派人趕緊打開一丈餘尺，務見亮水，並由明日起派撥人夫進入鑽打，不准凍上。」慈禧甚至緊張到擔心光緒喜愛的鑼鼓等響器會讓劫持者知道他在哪裡，下令「皇上若要響器傢伙等」，先告訴她再送。

珍妃因為透過服侍她的太監幫助光緒與康有為聯繫，也遭到監禁。她的寢宮面湖的一側被堵砌封閉。

慈禧把光緒隨時帶在身邊。頤和園內，光緒的寢宮玉瀾堂坐落在湖畔，為了防止有人從湖面侵入，一道灰磚砌成的牆封死了臨湖一面的門窗。這堵灰磚牆讓美麗的頤和園破了相，至今還聳立在那裡。

---

* 楊天石教授寫道：「檀香山保皇會有一次會議是這樣開的：『先生（指梁啟超）率同志一齊起立，恭祝皇帝萬壽，齊聲喝采三聲，聲震全市；次祝康先生到處平安，又喝采如前。』不僅要祝『皇上萬壽』，而且要祝康先生平安，還要齊聲喝采三聲。筆者讀到這段記載，想起文化大革命中的某些場面，不僅啞然失笑。」

21 廢不掉的光緒（一八九八～一九〇〇）

慈禧重新執政之後，常點一出叫《天雷報》的戲。故事是一對窮人夫婦收養了一個棄嬰，後來棄嬰成人考中狀元，二老前去看望，棄嬰無情不認，二老悲憤，雙雙碰死。天理不容忤逆的狀元，雷公把他劈死。慈禧看戲時傳令把狀元改成丑角，增添了讓觀眾痛恨狀元的對白：當狀元翻臉不認人時，眾人說：「求狀元老爺開恩，賞給二老幾兩銀子，叫他二老回去罷。」狀元置之不理；二老碰死後，狀元白：「撇在荒郊。」為了表現上天懲罰逆子的力度，慈禧增添了五個雷公、五個閃電，以及風伯雨師，加強了音樂效果。戲中的忤逆人，在她來說就是光緒，她無法在現實中報復，就借戲洩憤，看著他在舞臺上遭天譴、受五雷劈，以解心頭之恨。

殺死光緒的念頭或許曾閃過腦海，但慈禧不敢，她畏懼上蒼，也害怕在國內外引起的後果。那時謠言已經滿天飛，說她要害死光緒，甚至已經害死了光緒。皇上身體本來就孱弱，經過這樣一場翻天覆地大變動，很自然地病倒了。按照慣例，太醫院大夫的病情報告在上層傳閱，上諭讓各省選醫生進京。這些都被看作是慈禧即將宣布光緒死亡的前奏。慈禧只得派負責外交的慶親王去見英國公使竇納樂，請他幫助「澄清」。竇納樂建議公使團派醫生為光緒診病，慶親王立刻答應。

法國醫生德特弗於一八九八年十月十八日進入紫禁城為光緒看病。他的報告證實，皇上病得不輕。症狀包括噁心想吐、氣短頭暈、耳鳴腿軟、手指發木，等等。他腎區疼痛，排尿不正常。大夫下結論，二十七歲的光緒患有慢性腎炎，腎臟受損，不能正常排毒。這一診斷平息了光緒被害的謠言。

＊

每天光緒都要按例行公事來向慈禧請安，然後和她一起接見官員。早上五點至六點，光緒梳洗完畢，吸過菸、吃過早飯，乘八人大轎在黃羅傘下來到慈禧寢宮。隨從帶著所需一切，包括便壺。目擊者描述：「皇上到來，回事太監向太后一跪，報到：『奴才之萬歲爺到。』太后一轉身，端正坐好，皇上進殿。御前太監將黃緞跪墊鋪好，皇上跪下說：『兒臣請皇太后安。』太后右手一摟說：『皇上起來吧。』行此禮後，再行家禮，皇上起身趨前說：『皇爸爸夜間睡得好，昨天進膳進得好。』一切家禮周到……太后也反問皇上之起居飲食好否。然後太后說：『皇上歇息去吧。』」

每日的這番虛情假意後，光緒走到隔壁一間屋子，按慈禧的意願用硃筆親批奏摺。隨後是接見官員，慈禧坐正中，光緒坐右側，特選的御前侍衛分站兩旁，慈禧的弟弟、管理神機營的大臣之一桂祥也在侍衛中。接見時光緒總是一言不發，偶爾開開口，也只是問幾個千篇一律的問題，「外間安靜否？年歲豐熟否？」見過他多次的人，也只聽他問這兩句，「其聲極輕細，幾如蠅蚊。」

這套程式日復一日重複下去。在宮中光緒喜歡穿打補丁的內衣褲，外罩簡單的深色外衣。有次，有人看見光緒由一大群官員簇擁著在西苑演習「親耕」（皇帝要在春天祭祀先農神時親自耕田，以示親農），他的簡樸袍子格外觸目。在宮裡住過十一個月的美國女畫家卡爾寫道：「皇上對吃飯毫不講究。他吃得很快，好像不在乎吃的是什麼。吃完了他就站在離皇太后不遠的地方，或在四周走來走去，等著皇太后吃完。」光緒不愛奢華。太監們在生活上也有意無意慢待他。後來進宮的西方人發現，太監不把光緒當天子對待：「碰到他時沒有太監會討好下跪……我在宮裡多次，從未見到他們對他屈膝。這跟他們以及大員一對皇太后說話就忙不迭下跪，形成鮮明對比。」

光緒沒有對他的待遇發過怨言。他反倒跟太監坐在地上玩耍，任太監作弄。臣下注意到：「宮監對於皇上，殊不甚為意，雖稱之為萬歲爺，實際不啻為彼輩播弄傀儡。」有人說他傻，有人則說他在韜光養晦。卡爾議論說這位纖弱皇上的「臉上掛著莫測高深的微笑，帶著自我壓抑的味道」。

光緒毫無表情的面容，就是長著一雙厲害眼睛的慈禧也看不透。在寢宮裡，光緒不僅讀中國古典，而且讀外國譯書。他練習書法，敲擊鑼鼓。他繼續以拆裝座鐘為樂，據說不僅修好了一個西洋音樂盒，還添上一支中國曲子。他特別喜歡在紙上畫大頭長身各式鬼形，背面寫上袁世凱的姓名，黏在牆上，以小竹弓射擊，然後取下剪碎，看得出他恨袁之深。

誰知道光緒心裡在想什麼？他真有可能在等待拯救他的人馬。一想到康有為在日本人幫助下劫走光緒，慈禧就日夜不安。一八九九年，她採納了楊崇伊的建議，要給日本人一個印象：她願意跟日本結盟，以使日本人感到他們無需扶持光緒。為了這個目的，她派兩名官員到日本。他們在那裡見記者、發表演說，稱皇太后派他們來聯絡結盟之事。他們向日本天皇遞交國書並呈送兩國聯繫的密電碼，拜會伊藤博文，送上慶親王表示「亟欲認真聯絡」的書信。這番表演讓伊藤以為他的機會又來了，提出「即時到北京去」。使者怕日本方面弄假成真，便竭力敗壞自己的身分，對「聯盟密約」毫不保密，「大肆吹說」，還酗酒嫖娼。歐洲人說慈禧「在選擇使節上犯了錯誤」。日本報紙認為他們很「奇怪」。俄國公使向清政府提出警告，說中日結盟會傷害俄國人的感情。清政府聲明結盟之說子虛烏有。日本人將信將疑，仍抱一線希望，後來駐北京的日本公使特地找使者詢問他們到日本的目的和細節。

清朝皇帝每年必須到天壇祭天，祈求保佑帝國農業豐收。自從光緒被軟禁之後，慈禧不再讓他去天壇。原因是皇上必須在那裡過夜，而慈禧身為女人，不允許參與其事，不能同去，她擔心光緒會逃跑或被人劫走，每逢祭天都派王公代替。這使慈禧處在恐懼之中。皇上本人不親自祈禱，由別人代替，慈禧害怕上天會把這看作不敬，用自然災害來懲罰大清帝國。這是她急於廢光緒、換新皇帝的原因之一。

＊

但廢光緒難以辦到。老百姓崇拜天子。封疆大臣雖然支持慈禧重掌權柄，但要求她跟光緒合作。時任兩廣總督的李鴻章，曾說光緒看樣子就不像個皇帝。可是，當榮祿試探他對廢光緒的意見時，沒等榮祿說完，他就跳起來大聲反對：「此事若要舉行，危險萬狀。各國駐京使節，首先抗議。各省疆臣，更有仗義聲討者。無端動天下之兵，為害曷可勝言！」榮祿其實跟他想得一樣，曾不斷勸阻慈禧。

西方公使也明確表態，他們跟光緒站在一起。慈禧想向西方人表白她是他們的朋友。因為她不能跟西方男人社交，一八九八年她借生日之機，要在西苑舉行茶會，招待公使團的夫人。這將是外國女人首次進宮，首次見慈禧。（到此時為止唯一見過慈禧的西方男人是德國亨利親王。）

皇太后邀請的日期，被迫一次次改變，公使團的夫人好似驕傲的公主。赫德寫道：「皇太后邀請信上的日期說是對她們不方便。改了日子，她們還是去不了，因為她們定不下誰翻譯……然後又有別的問題……訪問無休無止地推遲下去。」

茶會終於在十二月十三日舉行，慈禧的生日早已過去。慈禧的憤怒在招待會上毫無流露。美國公使夫人莎拉．康格詳細記錄了那一天。上午十點，一組轎子前來迎接公使團夫人。

我們這一行，十二乘轎子，六十名轎夫，看上去頗為壯觀。到了西苑大門口下轎，轎夫、馬夫、隨從，都留在門外。七頂紅簾宮轎在門內等著我們，每頂有六名太監抬轎，還有不少侍從。我們被抬進另一道門，這裡停著一輛精緻的小火車，是法國送給中國的。我們登上火車，身著黑衣的太監又推又拉，到了目的地，許多官員接待我們，請我們喝茶……王公們領我們進入覲見大廳。在門口我們脫下厚重的外套，按地位排列（在北京時間最久的地位最高）走到皇上、皇太后面前，朝他們鞠躬。翻譯向慶親王介紹每位夫人，慶親王再向皇上、皇太后介紹。竇納樂爵士夫人代表大家用英文宣讀了一篇簡短賀詞，慶親王代表皇太后作答。我們又深深鞠了一躬，然後挨個走到皇上的寶座前，向他行屈膝禮。他伸出手來跟每人握了一握。

竇納樂爵士夫人說：「看見皇上坐在那裡，我們每個人都很吃驚，也很高興……他眼神憂鬱，人顯得纖弱，從臉上看不出有什麼性格。整個覲見過程中，他幾乎沒有抬起眼睛。」見了光緒後，美國公使夫人莎拉・康格寫道：

我們站到皇太后面前，向她行屈膝禮。她對我們伸出雙手，我們走到她身旁。她說了句問候話，握起我們的手，在每人的手指套上一枚鑲嵌珍珠的沉甸甸的金戒指。

這是慈禧表示友誼的一種方式。隨後，由慶親王做主人，公使團夫人和「手指尖套著嵌滿寶石的指甲套」的皇室貴婦共進盛宴。宴會後，她們又被領去見慈禧。莎拉・康格寫道：

再見到坐在黃色寶座上的皇太后，我們都感到驚訝。我們像剛才一樣環繞著她。她神采飛揚，臉上滿是善意，看不到殘忍的痕跡。她用直截了當的方式歡迎我們，動作自然、溫暖。皇太后站起來祝福我們，向我們每一位伸出雙手，指指自己，熱情而急切地說：「一家人，都是一家人。」

公使夫人們還觀看了京劇演出，然後慈禧用一個戲劇性的方式向她們道別。「她坐在寶座上，非常親切隨意。這時茶端上來了，她起身向前，把每杯茶都拿到唇邊，啜一小口，然後舉杯把另一邊送到我們唇邊，再次說：『一家人，都是一家人。』她又送給我們一些美麗的禮品。」

莎拉・康格興奮激動地描述了這次會面：

> 美妙的、夢一般的一天過去了，一切都好像是幻覺，我們回到家中，仍然為新鮮和美好著迷……想想看，中國關閉了數百年的大門，現在已經半啟。迄今從來沒有外國女士見過中國統治者，也沒有中國統治者見過外國女士。我們回到英國公使館，在歡樂的心情中聚集在一起照了張合影，讓這極不尋常的一天永遠保留下來。這是具有歷史意義的一天：一八九八年十二月十三日，對中國、對世界，都是偉大的一天。

在場擔任翻譯的英使館中文祕書亨利・科爾本（Henry Cockburn），在中國待了二十年，人們稱他能力強，判斷力一流。竇納樂夫人寫道：「進宮之前，他對皇太后的看法可以說是一般人普遍的看法。親身見到皇太后之後，他所有的看法都被顛覆，他用四個字總結皇太后的性格：親切柔弱！」竇納樂爵士向倫敦彙報：「皇太后謙恭有禮、和藹可親，留下極好的印象。進宮時，大家以為會見到一個冷淡傲慢、不可一世的人，沒想到，太后陛下竟是個如此友善殷勤的女主人，帶著女人的善解人意和溫柔。」

慈禧就這樣改善了她的形象。

*

但這不等於公使團認可她廢黜光緒。慈禧想了個新招，給光緒立儲，等待時機讓光緒把位子讓給新皇帝。光緒已近三十，還沒有皇子，過繼一個兒子為皇室傳宗接代天經地義。於是階下囚光緒親筆寫了份硃諭，說自己病重不癒，沒有兒子，以致「嗣繼無人」，每每「憂思及此，無地自容」，「再四懇求〔慈禧〕，始蒙俯允」，封咸豐弟弟的兒子端郡王載漪之子、十四歲的溥儁為皇太子，稱為「大阿哥」。

人們立刻開始傳說慈禧要害死光緒。在北京的一位美國人說：「外國公使看去神色凝重，公開說他們害怕光緒來日無多。」慈禧於一九〇〇年一月二十四日宣布立皇儲後，西方公使團聯合要求覲見光緒，以表明他們支持光緒，不承認大阿哥。清宮的答覆是：皇上身體不好，不能見他們。當公使團夫人請求重溫一年前歡樂的經歷時，請求遭到拒絕：皇太后「太忙，忙於處理國家大事」。

22 慈禧與義和團（一八九九～一九〇〇）

公使團站在光緒一邊使慈禧憤憤不平，但更激怒她的是「外國欺我太甚」。一八九九年初，義大利要求租借浙江三門灣做海軍基地，歐洲強國都分了一塊租借地，它也要一塊才有面子。*英國首先表示沒有異議，其他國家也同意，因為這無損列強利益。

義大利軍艦沿著北方海岸遊弋，以便隨時使用武力威脅。列強都以為中國一定馬上像過去一樣求饒獻地。站在中國一邊的赫德感到悲觀：「危機又來了……我真擔心今後會愈來愈糟。我們無錢、無海軍、無像樣的軍事武裝……其他國家還會再來，瓜分的一天不遠了。不是中國自己四分五裂，是列強把她撕成碎片！」赫德又像在甲午年那樣悲嘆：「中國沒有強人……」

但是這回中國不一樣了。讓義大利和其他西方人大吃一驚的是，總理衙門把義大利公使馬迪訥（De Martino）遞交的信件原封不動地退回，對英國公使竇納樂說：「我們不可能同意馬迪訥先生的要求，跟他討論這個問題純粹是白費筆墨，只好退回他的信件。」慈禧下令備戰。西方觀察家注意到：「帝國上下都行動起來。」

在危機中，義大利換了公使。新公使薩瓦戈（Giuseppe Salvago Raggi）到達北京向光緒皇帝遞交國書。依照慣例是慶親王接過國書呈交皇上，但是光緒這次「自己伸出手來，親自接過國書」。薩瓦戈注意到這一點，也看到慶親王一愣。義大利使館認為皇上伸手是個重要信號，表示中國格外優待義大利，顯然是砲艦外交奏效。但第二天總理衙門官員登門解釋，說皇上只是隨意伸伸手，沒什麼特別意義，他們大失所望。

義大利亮出最後通牒：中國必須在四天內答應要求，否則一切後果自負。一八九九年十一月二十、二十一日兩天，慈禧一連發下兩道諭旨：

> 現在時事日艱，各國虎視眈眈，爭先入我堂奧。以中國目下的財力兵力而論，斷無釁自我開之理。……萬一強敵憑陵，脅我以萬不能允之事，亦唯有理直氣壯，敵愾同仇。〔一旦戰爭爆發，〕萬無即行議和之理。各省督撫必須同心協力，不分畛域，督飭將士殺敵致果。「和」之一字，不但不可出於口，並且不可存諸心。以中國地大物博、幅員數萬里、人丁數萬萬，苟能各矢忠君愛國之忱，又何強敵之可懼！

義大利其實不想捲入戰爭，於是降低了條件，最後只要求在通商口岸有個租界。慈禧說：「一

---

* 義大利那時想做海上強國，聲稱指南針是義大利人Flavio Gioja發明的，並且一九〇〇年在阿馬飛（Almalfi）給他立了座塑像。但義大利歷史學家的結論是，這個人不存在。

個中國泥丸也不給！」義大利在年底前放棄所有要求。西方人看到：「愛國的中國人心中充滿了高昂的激情。」可是勝利並沒有減少慈禧的焦慮。她明白她很幸運。義大利是個「小國、窮國」，無心打仗，不過是詐唬，她硬起來，它也就只好算了。如果比義大利更強大的國家來了怎麼辦？慈禧對大臣說：「外國皆聯為一氣」，「我近來焦急得睡不著覺，苦得很。」

＊

列強的行徑激起了中國人的普遍憤恨。幾乎每個跟洋人接觸的人都有自尊心受傷的經歷。曾在英國學習法律、做過駐美公使的伍廷芳寫道：「西方人喜歡賽馬，在上海取得了一大塊地每年舉行兩次賽馬會。但中國人不能上正面看臺，他們另有入口、另有看臺，好像都是傳染病人。」伍廷芳把對個人感情的傷害轉化為按西方模式改造中國的動力，成為引進西方法律體系的主要人物之一。

在農村，反西方的情緒主要集中在當地傳教士和教民身上。那時已有兩千多名傳教士生活在中國。他們是外國人，容易成為靶子。有的傳教士的作法也增強仇外情緒。比方說，發生旱災時，心急如焚的農民盼雨不來，會舉行祈雨儀式，求老天爺開恩。對他們來說，這是餓不餓肚子的大事，全體村民都必須參加，以示誠意。但是，據在中國傳教二十年的教士愛德華茲（E. H. Edwards）所寫：「對外國人來說，這些儀式是無用可笑的。村民那麼篤信這些東西，年年在上面花那麼多錢，讓教士覺得不可思議。」傳教士於是禁止教民出錢或參與。這樣如果旱災延續下去，村民就責怪洋人、教民。「官員請傳教士讓教民付他們該付的款以免麻煩。對這個要求的答覆自然是否定的；而且教士還對官員解釋：參加儀式不僅與中國新教教會的宗旨背道而馳，而且任何成員要是經常參與，會受處分。」

許多地方的村民加入教會，是為了尋求靠山。有些地方官怕洋人，為了不惹麻煩，影響自己的仕途，往往在訴訟中判教民勝訴。非教徒不敢得罪官府，把氣都發在教會身上，導致教堂被燒毀、教民被打死打傷。

一八九九年春天，為了肅清山東的反教民騷動，已在山東擁有租借地的德國，派兵燒毀了若干村莊，擊斃了數名村民。在這些暴行的刺激下，一個始於練習拳術、防禦盜賊的民間團體「義和團」，演變為有幾十萬追隨者的仇外組織，要把洋人趕出中國。

慈禧對付教案的方針從來是「持平辦理」，打擊針對教民的暴力行動。因此，在過去的四十年中，整個中國的教案數量只有數十起，暴烈程度遠遠不及一八七〇年的天津慘案。當慈禧接到報告說山東「拳民時與教民為難」時，她說：「山東地方有大刀會、紅拳會各種名目，多係不逞之徒，藉鬧教為名，結黨橫行，欺壓良善。」她指責山東巡撫毓賢：「固執成見，以為與教民為難者即係良民，不免意存偏袒。」命令「文武各員，查明各種會匪名目，嚴行禁止」。慈禧把毓賢調離山東，派袁世凱繼任。

袁到任不久，一八九九年十二月三十日，英國傳教士卜克斯（S. M. Brooks）騎著毛驢回教堂，在路上被一夥追隨義和團的歹徒殺害。這是兩年來首位遇害的傳教士。慈禧向全國頒發上諭，表示「殊深惋惜」，命令袁世凱「凶犯務獲嚴懲」。袁世凱依旨抓獲了歹徒，處決下手殺人的凶犯。袁向慈禧報告：「秋冬來，濟東各屬，焚劫大小教堂十處，搶掠教民三百二十八家，擄害教民二十三名。」他決心彈壓。慈禧贊同，同時囑咐不要把事情弄大：「山東民教不和，總以彈壓解散為第一要義……隨時就案了案，以期弭患無形，是為至要。」這個方針相當成功，義和團漸漸散去。加上幾天瑞雪紛飛，早春又下了透雨，農民忙著回家春耕，義和團的人就更少了。

剩下的義和團以搶掠為生，結幫成夥進入接鄰的直隸省。這是北京所在的省份，正遭遇大旱災。當時有位傳教士寫道：「自從一八七八年大饑荒以來，第一次小麥無法下種。平常最好的年景也是春雨貴如油，可是這年一滴水也沒有。土地乾成硬塊一片，種子下不去。在這樣的時候，無事可做、心緒不寧的老百姓就像一堆乾柴，一顆火星也能點燃。」恐懼飢餓的農民把旱災怪到洋人頭上，義和團因此大為發展。一九〇〇年二月十九日，慈禧命令直隸像山東一樣，對義和團「嚴行禁止」。命令以告示的方式四下張貼。

*

慈禧對英國傳教士卜克斯遇害的反應，讓外國公使團感到安慰，但他們認定她對義和團的禁令不夠嚴厲。英、美、德、義、法五國公使聯合要求慈禧頒發一道全國的諭旨，宣布義和團和仇外的大刀會非法，「諭旨必須特別說明，參加這兩個組織、窩藏組織成員，都是犯罪，觸犯中國刑律。」公使們要求這道諭旨必須登載在政府新聞簡報《宮門抄》上。

慈禧拒絕他們的要求。她不是傀儡，不能洋人叫她「必須」幹什麼她就幹什麼。她也無意把本來只屬於山東、直隸的問題擴大到全國。她更不能把一般成員都當作罪犯處理，擔心「激成巨禍」。而且，她既定的辦法行之有效：山東的義和團已逐漸消失。公使團不斷要求，她就是不照辦。英國公使竇納樂煩躁地於四月二日寫道：「我從來沒見過總理衙門這樣死硬，這樣洋洋得意。」他埋怨義大利人先前的退讓開了個壞頭：「他們的軍艦來了，瞧了瞧，走了，他們把公使換了——拖辮子的贏了又贏。」

四月十二日，竇納樂等五國公使決定「不繼續要求在《宮門抄》刊登諭旨」，但是限中國政府兩個月剿平義和團，否則他們的軍隊就會進來幫助剿平。威脅發出後，砲艦在大沽口外開來開去。慈禧妥協了，兩天後《宮門抄》刊登了直隸總督的告示，描述政府軍怎樣驅散義和團，以這種方式宣布義和團是非法的。十七日，一道上諭公開告誡鄉民不准「藉端與教民為難」，不准「懷私逞忿，致起釁端」；重申對教民、非教民「朝廷一視同仁」，大家都應當「各循本業，永久相安」。上諭沒有指名譴責義和團，口氣堅定但不嚇人。

《宮門抄》沒有讓五國公使滿意。砲艦繼續待在大沽口外，等於天天對慈禧示威，警告她如果兩個月內沒有剿平義和團，他們就會入侵。公使們並不真想打仗，只是想嚇唬慈禧。英國首相索爾茲伯里侯爵（Lord Salisbury）後來議論道：「我花了好多時間勸告我的國人，嚇唬中國人是個危險的把戲，可我沒預料到我的看法被如此強有力地證實。」面臨戰爭恫嚇，慈禧忍無可忍，走上了一條與西方硬抗的道路。

講究實際的軍機大臣如榮祿，看出對抗下去只會走向交戰和敗戰，建議慈禧順從公使團的要求以避免戰爭。慈禧對他的勸告不予理睬。榮祿請病假，離開朝廷六十天。在這關鍵的時期，慈禧失去了使她能冷靜下來的人。

如果戰爭發生了怎麼辦？她用什麼來打仗？海軍垮了，陸軍虛弱，她想到了成千上萬仇恨洋人的義和團，難道不能利用他們來抗擊入侵的洋人？這樣一來，慈禧剿辦他們的手不可避免地軟了下來。政府軍在驅散義和團時也就半心半意，義和團在北京四周像野火一樣蔓延。

*

公使團要求准許西方軍隊進入北京保護洋人。慈禧同意了，「但人數不得過多。」四百名軍隊進入北京。公使團認為不夠，六月十日，英國駐華艦隊司令愛德華．西摩（Edward Seymour）又率領兩千多名援軍從天津乘火車向北京進發。慈禧不允許這樣規模的軍隊進入京城，要總理衙門勸說公使團讓西摩軍掉頭回去。主管總理衙門的慶親王對援軍前來表示理解，慈禧撤換了他，派端王載漪替代。公使團拒絕西摩軍掉頭。

慈禧不惜開戰也要阻止西摩軍，這時她首次使用義和團。在西摩軍北向的路上，義和團徹底破壞鐵路，協助清軍作戰。據西摩的參謀長傑利科（Captain Jellicoe）說，他們「勇敢無比地」與聯軍交戰。別的軍官也觀察到義和團的「極大的勇氣」。西摩軍的前進被擋住了。

慈禧聽信的人此時主要是端王載漪，「大阿哥」的父親。端王痛恨洋人抵制他的兒子，他和慈禧身邊的王公大臣都說義和團如何忠誠，如何勇敢，如何有紀律。他們自告奮勇要把義和團組織起來。在他們的鼓動下，慈禧頒旨把義和團成員「招募成軍」，跟洋人打仗。

於是北京滿街都是義和團，頭纏紅頭巾，身穿紅衣衫，腰繫紅腰帶，手持大刀棍棒。街頭牆壁上，義和團的通告貼得到處都是，稱：「神助拳，義和團，只因鬼子鬧中原。勸奉教，乃霸天，不敬神佛忘祖先。男無倫，女鮮節，鬼子不是人所生。如不信，仔細看，鬼子眼睛都發藍。不下雨，地發乾，全是教堂止住天。」還有傳言說，洋人的藍眼珠能看透地面，他們把中國地下的財寶都偷走了，所以中國才貧窮。

時人筆下的義和團：「若干人為一團，多者或至逾萬人，少亦以千百計。每團各設有壇宇，所奉之神，任意妄造，殊不一律，率以出於《西遊》、《封神》、《三國》、《水滸》諸小說者為多數。」「各團領袖，皆稱大師兄，凡有正式祈禱，則神必降集其身，跳舞升坐發號令。餘眾膜拜奉命。」「練習時，由大師兄撚香誦咒，其人即昏然撲地，俄頃倔起，謂之神來附體，則面目改異，輒自稱『沙僧、八戒、悟空』之類，狂跳踴躍，或持刀矛亂舞，呼嘯如狂醉。新入者，則以次等頭目教授之，令誦經咒，習拳棒，謂經月而足用，三月而術成，則矢石槍砲，均不能入，以此抵禦洋人，削平世界各國，所向無敵。」

他們中也有女人，必須是處女或寡婦，「衣紅衣，短袖窄褲，十百成群，招搖而過市，手持紅巾一方，沿途揮舞，人稱之為『紅燈照』。謂只須紅巾一拂，可使於百尺樓頂發火，立時灰燼；或以紅巾鋪地，一人立其上，念咒數通，巾與人皆冉冉升空，如駕一片彩雲，直上天際云云。」她們被奉為「天人」，走到哪裡都受到夾道歡迎，男人們趴在泥地上磕頭。在這些女子卑微的生活中，這是從未有過的享受。

對北京城內的義和團慈禧在相當程度上失去了控制。義和團在京城一帶破壞鐵路火車，砍斷電線電桿，她制止無效。北京到各省的電報聯絡中斷，各省督撫得把電報發去山東，由袁世凱派人騎馬送往北京。義和團也開始燒北京的教堂和外國產業，墓地裡洋人屍體被挖出後戳得稀爛燒掉。目擊者寫道：數千義和團成員「環繞教堂縱火焚燒。但聞牆傾棟折及群眾歡嘈之聲，如波翻潮湧。」「凡拳匪焚燒教堂或民房時，在場觀者，無論男女老少，皆令環跪，同聲大叫『燒燒燒，殺殺殺』，呼聲震天，助其逆勢。有不從者，則指為二毛子，頃刻剁成肉糜。」

六月十一日，守衛北京的董福祥的甘軍士兵，在北京街道上殺死了日本使館書記生杉山彬。慈禧發布上諭，表示「實深惋惜」，要求「務獲凶犯，盡法懲治。」但當她召見董福祥要其懲辦凶手時，董說：「如斬甘軍一人，定然生變。」慈禧「默然良久」，只好作罷。

義和團隨便闖入人家搶掠，連恭親王的長女、慈禧養女固倫榮壽公主的府第也不能倖免。他們還揚言要進紫禁城，殺死包括慶親王、榮祿在內的「通洋者」。慈禧後來敘述了這樣一段經歷：「這時太監連著護衛的兵士，卻真正同他們混在一起了。就是載瀾等一班人，也都學了他們的裝束，短衣窄袖，腰裡束上紅布，其勢洶洶，呼呼跳跳，好像狂醉一般，全改了平日間的樣子。載瀅有一次居然同我抬槓，險些兒把御案掀翻過來……我若不是多方委屈，一面稍稍地遷就他們，穩住了眾心，一方又大段地制住他們，使他們對著我還有幾分瞻顧，那時紙老虎穿破了，更不知道鬧出什麼大亂子。」義和團「甚至說宮裡也有二毛子，須要查驗。我問：『怎樣查驗？』他們說：如係二毛子只須當額上拍了一下，便有十字紋發現。這些宦監、婦女了不得的惶恐，哭哭啼啼，求我作主。」慈禧不得不叫他們出宮去受檢驗。「後來出去查驗，也是模糊了事，並沒有查出什麼人。他們心中明白，得了面子，也就算大家對付過去，還了我的面子。」

中國教民被稱作「二毛子」，他們是義和團暴行的主要受害者。當他們遍體鱗傷逃進使館區時，使館人員都感到不能忍受。六月十三日，使館警衛持槍外出援救教民，一兩天內開槍打死了一百多名義和團和觀者。腰纏紅腰帶、手提大刀長矛的發狂人群衝向使館區。

使館區內住著十一個國家的代表。這塊北京城內洋人的地盤大約有六里長、三里寬，緊靠在皇城東南牆外。南邊是隔離內、外城的高大城牆，區內有一條淺淺的南北向運河。四百七十三名外國平民和成千中國教民如今在此避難，四百名警衛構築了複雜的防禦工事。數萬義和團一波波朝工事和城牆湧來，口中高喊「殺洋鬼子！殺！殺！殺！」傳教士明恩溥說：在夜間聽到這些使人寒毛直豎的狂呼，「使人想到地獄，我們在預演地獄的來臨」。

六月十五日，外國軍艦雲集海岸，準備攻打大沽口砲臺。慈禧電召時任兩廣總督的李鴻章，要他來北京準備和洋人談判。所有跟慈禧志同道合的改革者——榮祿、李鴻章、張之洞等等——都反對開戰，反對慈禧的政策。跟幾年前的甲午之戰群情沸騰要求抗戰相反，這次不少人認為洋人有理由出兵，理由就是中國政府不好好保護他們的國人，我們「理屈」。被義和團折騰的地方官尤其希望鎮壓暴民：義和團向他們要吃要住，稍不從意就以「二毛子」論處，從前挨過縣太老爺板子的如今也借機報復，弄得他們苦不堪言。

六月十六日，慈禧召開了人數最多的一次御前會議，有七十多名政府各部門負責人參加。出席者之一惲毓鼎記下了當時的場景：「室中跪滿，後至者乃跪於檻外。」慈禧問大家：京城混亂，洋人調兵準備進攻，你們說怎麼辦？大家議論紛紛，莫衷一是。有人高呼：「拳實亂民，萬不可恃，就令有邪術，自古及今，斷無仗此成事者。」慈禧打斷他的話說：「法術不足恃，豈人心亦不足恃乎？今日中國積弱已極，所仗者人心耳，若並人心而失之，何以立國？」散會時，慈禧對反對她倚仗義和團打洋人的官員「怒目送之」。會議沒有減弱她使用義和團抗敵的意願。

一件充滿不祥之兆的事就在這天發生。前門外大柵欄是京師最繁華的商業區，義和團放火燒一家西藥店，結果不僅把整個地區化為灰燼，而且把時稱「正陽門」的前門，也燒得只剩下一堆冒煙的木炭磚瓦。正陽門在北京所有城門中是最高大的一座，皇上去天壇祭天，必須從它的正門出入。義和團並非有心燒毀，嚇得齊刷刷跪下來，請求火神爺息怒。這個凶兆也沒有令慈禧動搖。

當天晚上，俄、日、英、法、德、美、義、奧匈帝國八國聯軍攻打大沽口，激戰六小時後占領了大沽。這個壞消息更讓慈禧覺得非戰不可。六月十七日，第二次御前會議，慈禧對在場的人說：「今日釁開自彼，國亡在目前。若竟拱手讓之，我死無面目見列聖。」她還高聲說：「今日之事，諸大臣均聞之矣。我為江山社稷，不得已而宣戰，顧事未可知，有如戰之後，江山社稷仍不保，諸公今日皆在此，當知我苦心，勿歸咎予一人，謂皇太后送祖宗三百年天下。」大家都為皇太后的慷慨激昂而「震動」，痛哭流涕著一再叩首說：「臣等願效死力。」「臣等同心報國。」

六月二十日，德國公使克林德（Baron von Ketteler）乘轎前往總理衙門，被巡邏的神機營軍官槍殺。維多利亞女王曾說過：「一旦哪位公使被害，開戰將不可避免。」六月二十一日，慈禧頒發宣戰詔書，對進攻的國家宣戰。

23 對列強開戰
（一九〇〇）

宣戰之後，義和團正式合法化，慈禧諭旨稱他們為「義民」，派端王等王公大臣編隊統率。在北京，義和團人數達二、三十萬，編成一千四百餘團，每團二百人左右。其中十萬人協助清軍，在大沽口通往北京的路上抗擊人數約兩萬的八國聯軍。清軍受過西法訓練，以新式武器裝備。穿著西式軍服，他們曾被義和團誤認為是「二毛子」，差點打起來。美國公使夫人莎拉．康格寫道：「有義和團配合的清軍的確是一支強悍的軍隊。跟中國人相處最久、最熟悉他們的外國人，都說從未見過中國人性格中的這一面。天津之戰打得十分慘烈。中國人表現出的勇氣，連最了解他們的人都想像不到。他們下了狠心，打得非常勇敢，使外國軍隊受到嚴峻的考驗。」傳教士明恩溥也說：「毫無疑問，中國軍隊這次頑強打仗，與中日戰爭中的表現有天壤之別。」

慈禧下令軍隊把換下的軍械發給義和團。以刀矛為主的義和團狂熱地抗擊現代化武裝的八國聯軍。一位聯軍成員寫道：「他們一步步衝過來，手中的刀矛在陽光下閃閃發亮，結果都被我們的步槍、機關槍成排地掃射倒下。」一名英國士兵描寫了這樣一幅場景：「一個穿戴整齊的義和團首領獨自大搖大擺地走向浮橋，面對俄國步兵。他揮舞腰帶，口中念念有詞，但當然，幾秒鐘後，他就只剩下一具屍體。」

眼見他們自稱刀槍不入的領袖魔力不靈，有的義和團認為洋人有邪術，到處收集民間的便桶、婦人的裹腳帶，以及其他被認為污穢的東西，擺在城牆上，說是可以破邪。篤信佛教的慈禧，聽說「五臺山南山極樂寺住持僧普濟，戒律精嚴深通佛法」，下了兩道緊急諭旨，「令該僧聯絡義和團民，設法堵擊」聯軍。這無濟於事。

*

一經開戰，清軍和義和團對被圍的使館區即發起攻擊。慈禧沒有阻擋，還親自策畫。她其實並沒有攻下使館區、屠殺外交官的意圖，她要的是嚇唬洋人，同時保護他們。她派親西方的榮祿帶兵面對使館人員集聚的一面，把義和團和董福祥軍調到外國人已經疏散的另一面。榮祿的攻擊主要是虛張聲勢。莎拉．康格當時被圍在裡面，寫道：

他們的號角聲、喊叫聲、槍砲聲，是我聽到過最恐怖的聲音。……〔可是，〕中國人的砲彈總是放得很高，從我們頭頂上、或者更高的地方，呼呼作響飛過去，沒有一塊彈片打中我們。有時候，放了很多這樣的砲以後，他們調整了標尺，有幾顆砲彈會打中我們的房屋。但立刻，中國人的手好像被止住，沒有一次他們連續打下去，打塌一座房屋、一堵牆。如果不是上帝在保佑我們，這怎麼可能？主慈愛的臂膀在呵護我們。

真正的原因是，慈禧把大砲交給榮祿，榮祿密囑砲手把標尺調高了若干釐米。圍攻使館一個月後，慈禧害怕裡面的人缺乏新鮮蔬菜水果，要榮祿派人送去。後來慈禧說，「我本來是執定不同洋人破臉的；中間一段時間，因洋人欺負得太很〔狠〕了，也不免有些動氣。但雖沒有阻攔他們（義和團），始終總沒有叫他們十分盡意地胡鬧。火氣一過，我也就回轉頭來，處處都留著餘地。我若是真正由他們盡意的鬧，難道一個使館有打不下來的道理？」*

這樣的圍攻持續了五十五天，直到八月十四日八國聯軍攻下北京。使館區內的外國人有六十八人死亡，一百五十九人受傷；中國教民的傷亡沒有統計。幾乎是赤手空拳進攻的義和團，傷亡數千，遠超過他們圍困的洋人。

另一處被義和團圍攻的地方是大教堂「北堂」，四千中外基督徒的藏身之處。端王負責攻打「北堂」，慈禧叫他不要搞「槍砲轟擊」。使用原始武器的義和團毫無勝算地進攻這座構造牢固、由洋槍抵抗的建築物，成批成批地做了槍下鬼。北堂裡食物將盡，教會組織教民衝出覓食。慈禧得知後口授諭旨：「如有教匪竄出搶掠等情，當飭隊力剿」，但她改變了主意，發出的諭旨是：「如有教民竄出，不可加害，當飭隊保護。」衝出的教徒畢竟很少，大部分人寧願餓死也不願落到義和團手中。北堂內死去四百人，絕大部分是餓死的。

在北方其他地方，有大批教士教民被官吏殺害，最嚴重的是山西省。巡撫毓賢原在山東，慈禧認為他偏袒義和團把他調到山西，因為山西沒有義和團，教會與地方政府、一般老百姓的關係良好。仇外的毓賢親自出面，指揮軍隊屠殺了一百七十八名外國人和數千中國教民。方式常常極其殘忍。有位哈默神父（Mgr. Hamer），在鎮上被遊街三天，「每個人都可以折磨他。他的頭髮被拔掉，手指、鼻子、耳朵被割掉。然後人們把他用浸透油的東西包住，倒掛起來，在他的腳上點火。兩個要飯的吃掉了他的心。」

在此期間，同治皇后的父親崇綺等人上了份密摺，要慈禧「通飭各直省督撫，飛劄各府州縣，自此次決裂之後，無論何省何地見有洋人在境，徑聽百姓殲除，以伸積忿。」密摺說：「我百姓數十年來，既被外洋之毒，復受教民之欺，並為偏袒之大小官吏所強壓。愁苦抑鬱，申訴無門，一旦奉此綸音，自必踴躍奮興感恩圖報，」再強大的人都無法抵抗。這樣一來，「則中國之地異類可盡，民氣可舒，而廓清可望也。」

慈禧沒有批復這份密摺。

*

一向跟慈禧志同道合的人都認為她在誤國。李鴻章直截了當地在信中對慈禧說：「倘再任性，逞一時之忿，貽累國家，伊于胡底。」現在華北大旱，「赤地千里，民不聊生」，請皇太后為老百姓做點事！

---

* 在使館區住過的美國女畫家卡爾寫道：「我看了使館區的地形，特別是外國人最後聚集的英國使館，我深信不疑，如果不是有人阻止，所有的外國人不到一星期就會被全部打死……阻止的人，我相信是皇上和皇太后。」

全國上下，各省督撫每天函電交加，都說他們絕不能再執行她的諭旨。慈禧執政以來第一次，大清帝國的封疆大臣對她喪失了信任。她還從來沒有像現在這樣孤立。發動政變，擅立光緒，一個女人執政數十年，乃至置皇上為階下囚——在所有這些事件中，他們都和她站在一起。如今她成了孤家寡人。

慈禧獨自闖下去。但她不想以整個帝國當賭注，特意鼓勵各省督撫不要捲入：「各就本省情形，通盤籌畫」，「事事均求實際」。有了她的默許，李鴻章、張之洞等人與列強簽訂了「東南互保條約」，保證了中國特別是南方和平無事，戰爭只局限於大沽口至北京一線，其他絕大部分地區沒有義和團一類排外動亂。

八國聯軍即將攻克天津時，慈禧再次電召人在廣州的兩廣總督李鴻章，前來北京做談判代表，主動提出任命李為直隸總督兼北洋大臣。同時慈禧調兵遣將，準備保衛北京。李鴻章見慈禧還想跟洋人講條件，這樣無從談起，不願去北京，乘船行至上海停留下來，稱自己生病了。英國首相索爾茲伯里也提醒他「此行有危險」，要他「注意安全」。李鴻章透過英國在廣州的領事轉告首相，謝謝他的關心。七月二十六日，張之洞聯絡全國九名總督中的六名，以及幾位巡撫將軍，聯名上書要求慈禧准許李鴻章在上海就地與洋人談判。封疆大臣聯合署名，是件罕見的事。

慈禧懷疑他們要背著她跟洋人搞交易。為了警告組織者張之洞，她殺雞儆猴。一九〇〇年七月二十八日，慈禧下令處決與張關係密切的兩名大臣：在總理衙門任要職的袁昶、許景澄。袁昶是張之洞在北京的「坐探」，把北京訊息源源不斷地告訴張。許景澄曾任中國駐德國兼俄國公使，根據德國檔案，在德國準備攫取膠州灣時，許「極機密地」告訴德國駐聖彼得堡大使，「如果不運用『一點武力』，割讓一個海島的問題是不易得到解決的，」德國人應當「乾脆地攘奪一個合適的海口據為己有」。許景澄對德國人說，中國人的性格是「只會接受野蠻的行為而不會接受友好的表示」。德皇威廉二世因此向德國外交部宣布：「我現已堅決放棄我們原來過分謹慎而且被全東亞認為是軟弱的政策，並決定要以極嚴厲的，必要時並以極野蠻的行為對付華人，以表示德皇不是可以隨便被開玩笑的，而且和他為敵並不好玩。」他致帝國首相何倫洛熙公爵（Prince Hohenlohe）：「由一位中國公使來對我們愚笨的德人說明我們應在中國怎樣行動，才對我們有利，實在是可恥。這件事必須絕對保密。」*

張之洞感到，殺許、殺袁有針對他的意思。他正在背著慈禧跟英國、日本聯絡。西方人對張評價極高，認為他「誠實，忠實於他國人的福祉」，是個「真正的愛國者」。日本外交官寫道：「張總督為該國頗為少見的清廉之士，雖歷任大官，囊中常常空乏。其學問和認識人所敬服（原文如此），其純潔廉正，當世無比。」伊藤博文稱中國的改革巨任只有張才能承擔。英國人認為張是打交道的最佳人選。

張之洞此時對慈禧深感失望。他認為八國聯軍一旦進京，慈禧政府會垮臺。在這樣的背景下，

---

* 為德國人出主意攫取膠州灣，帶來災難性的連鎖反應，許景澄或許感到良心譴責，在刑場上他顯示出自己罪有應得。目睹者描述：「景澄從容整冠帶，北向磕頭謝恩，無怨色。」

他派駐日本的代表（職務是負責管理留日學生）同日本官方聯繫，說：「倘若天子蒙塵（大概至長安），清國將陷入無政府狀態，屆時南部二三總督互相聯合，於南京建立一政府。」同樣的信息也傳遞給了英國。張的代表對日方說，為了預備「設立新政府」，「當務之急乃是厚置兵力」，「要求日方援助大尉二人、步槍（三十年式或小村田連發）五千挺。」慈禧的政治嗅覺從來靈敏，也有自己的探子，她不會撲捉不到蛛絲馬跡。

*

慈禧在警告張之洞等不得與洋人私下交易的同時，禁止李鴻章在上海談判，戰爭繼續下去。京津之間要鎮楊村陷落後，指揮作戰的直隸總督裕祿以手槍自殺，慈禧派堅決抵抗的李秉衡帶兵。李秉衡對她說：「臣惟有竭殫心力，招集散亡，誓死前進。」可是他目睹「潰兵洶湧，莫可阻遏。軍隊數萬充塞道途，聞敵輕潰，實未一戰。所過村鎮則焚掠一空。」八月十一日，他也選擇了自盡。

慈禧失去了最後一線希望，八國聯軍攻占北京只是時間問題。她又開殺戒，以「內奸」的罪名，把三名大臣徐用儀、聯元、立山「即行正法」。據太監回憶慈禧當時的心態：「太后每退朝，總說『內廷有奸人，宮中有事，外邊就知道，但總想不出是誰。想你們太監，絕不敢幹這事』。」她還常說：「近來漢奸甚多。」她擔心這些人在她逃離北京後，會和洋人合作，建立新政權。*

待要逃離北京了，慈禧才得知，她失去了交通工具。負責北京地區政務的陳夔龍曾預備了兩百輛大車，但當慈禧詢問時，陳發現，車輛已被軍隊拉走。慈禧沒有派人嚴加看管這些大車。如今京城內潰兵四下搶掠車馬，無法再籌辦。聽到壞消息時，慈禧嘆道：「既無車輛，我們不走便了。」她留了下來，沒有準備逃跑。八月十五日清晨五時許，聯軍就要攻打紫禁城東華門，慈禧打算跳井自盡。但最後一刻，在前來告警的王公勸阻下，她改變了主意，匆忙中穿了件平常在宮內隨意穿的藍布大褂，挽著簡單的髮髻，登上桂祥早上上朝時坐著來的騾車，踏上了西逃的旅程。

目擊者說：光緒乘上另一輛車，「各王公大臣或騎馬，或徒步，蹡蹡蹌蹌，隨後扈從，形成一色彩紛呈之凌亂縱隊。」乘車的還有隆裕皇后、大阿哥、珍妃的姊姊瑾妃。慈禧沒有帶上珍妃，她不願在逃亡中派人看守她，為她耗費交通工具，但留下光緒的愛妃在外國人占領的北京也不成，她令珍妃自盡。據從門縫裡偷窺的太監王祥及其他人敘述：「珍妃跪在西太后面前，哀求留她一條活命，口裡不斷呼叫『皇爸爸，皇爸爸，饒恕奴才吧！以後不再做錯事了！……』西太后氣狠狠地呼喝：『你死去吧』！」「諸老太監聞言均已迴避，小太監崔玉貴不敢遠離。太后生氣說：玉貴把她推下去。」「崔玉貴走上前去，把珍妃扯過去，連挾帶提地把她丟到井裡去。珍妃臨危前，王祥還聽到她呼喚『李安達！李安達！』『安達』是對太監的尊稱。這是珍妃呼喚李蓮英，求他搭救她。」

＊ 慈禧特別懷疑、痛恨前內務府大臣、曾與她十分親近的立山，上諭中說立山「尤為喪盡天良」。戊戌年間，慈禧準備抄張蔭桓家以搜查張的內奸證據不成，與立山的阻撓分不開。

24 西逃（一九〇〇～一九〇一）

慈禧出逃時時值盛夏，汗水濕透衣衫，貼在前胸後背。人的汗、牲口的汗，招來大批揮之不去的蠅蟲。不久天又下雨，隨行徒步的上千人在泥濘中跋涉。不少太監途中逃走，他們不慣步行，石塊壘壘的泥路，不久就把布鞋底戳穿，走起路來痛苦不堪。雖然慈禧沒有像他們一樣淋雨，但騾車顛簸晃蕩，把她甩來甩去。後來給她找了乘駝轎，兩頭騾子一前一後，馱著一頂轎子，她可以舒服些。但駝轎在崎嶇不平的路上依然不住地搖晃，徒涉一條河時，正值山洪下洩，雖有士兵在兩側扶持，激流仍險些把駝轎掀翻，把她沖走。

慈禧往西邊逃去，逃往中國內地，目的地西安。北京城外是一片被義和團和潰兵蹂躪的土地。「途經村落數處，不見一人。道旁民舍，皆為潰兵遊匪毀壞，門窗戶壁，幾無一家完整。甚有被宰雞豕尚未烹食者，縱橫地上，為鴉犬爭食。荒涼慘淡，目不忍睹。」慈禧後來說：「途中口渴，命太監取水，有井矣而無汲器，或井內浮有人頭。不得已，採秫稭稈與皇上共嚼略得漿汁，即以解渴。」第一夜他們睡在一所清真寺裡，地上一具草席做了光緒的床，灰布椅套包著笤帚做枕頭。第二天再前進時，皇上摟著這個寶貝的包裹，怕前邊再沒有枕頭了。除了摟著包裹，光緒還緊緊握住他的赤金水菸袋。他穿一件舊葛紗袍，太陽落山氣溫下降就凍得忍不住發抖。李連英看見，急忙將身上綢綢棉襖脫下，跪著獻給光緒，說：「不嫌奴才髒，請穿上。」說罷淚珠滿面。第二天整夜慈禧與光緒只有一條板凳做床，她說她與養子「相與貼背共坐，仰望達旦。曉間寒氣凜冽，森森入毛髮，殊不可耐」。

苦不堪言的兩天兩夜後，慈禧到了小縣懷來，終於有了地方官出城跪迎。知縣吳永是曾國藩的孫女婿，在前一天接到「緊要公文」：「粗紙一團，無封無面，已綢折如破絮」。展開來看，是通知他皇太后、皇上即將駕到，要他準備接待。為皇太后、皇上，他必須準備「滿漢全席一桌」，十多個王公大臣，以及皇室警衛，「各一品鍋」。以下「隨駕官員軍兵，不知多少，應多備食物糧草」。這是吳永無論如何也辦不到的。有人勸他「棄官逃避」，有人勸他「置之不理」，就當沒收到一樣。他躊躇再四，覺得不能不管患難中的君主，叫廚子盡力而為。但兩頭驢子馱載的食物，在路上被逃兵連同驢子一起搶走，廚子的右臂也遭砍傷。最後煮好三大鍋綠豆小米粥，兩鍋被潰兵吃光。剩下的一鍋，經他再三央告，說是給皇太后、皇上預備的，才得以保留。他命馬勇荷槍侍立店外，自己坐在店門外石墩上守護，好容易保住了這鍋粥。

吳永選了一家較為寬敞的騾馬店，為慈禧一行下榻用。他在椅子上鋪上椅墊，門上垂起簾子，牆上還掛了些字畫。慈禧進來時，看見眼前的「奢華」和地上匍匐的知縣，不禁放聲大哭。吳永也隨著痛哭。慈禧一邊哭一邊自訴沿途苦況：「連日奔走，又不得飲食，既冷且餓。」「我不料大局壞到如此！」這時，她聽說有小米粥，高興起來，說：「有小米粥，甚好甚好，可速進。」她突然想到吳永應當「磕見皇帝」，對李連英說：「連英，爾速引之見皇帝。」吳永見光緒站在「近左空椅之旁，身穿半舊元色細行湖縐棉袍，寬襟大袖，上無外褂，腰無束帶，髮長至逾寸，蓬首垢面，憔悴已極」。吳永「跪磕，皇上無語」。

吳永退出，小米粥由太監送進，這時發現沒有筷子，大家都沒辦法，慈禧說用高粱杆。不一會，吳永聽見屋內「爭飲豆粥，唼喋有聲」，聽得出吃得很香甜。過了一陣，李連英出來，對吳永和氣地翹著拇指說：「老佛爺甚歡喜，爾用心伺候，必有好處。」又說：「老佛爺甚想食雞卵，能否取辦？」吳永只好再努力。他走到街上，進入一家空店鋪，四下尋覓，最後在一個抽屜裡找到五顆雞蛋，他寫道：「即於西廂自行吹火勺水，得一空釜煮之。繼更覓得一粗碗，佐以食鹽一撮，捧交內監呈進。俄而李監復出，曰：『老佛爺很受用，適所進五卵，竟食其三；餘二枚，賞與萬歲爺，諸人皆不得沾及。此好消息也。但適間老佛爺甚想水菸，尚能覓得紙吹否？』予思此又一枯窘題，忽憶及身邊尚藏有粗紙數帖，勉強可用，乃就西廂窗板上自行搓捲，輾轉良久，止得完好紙吹五支，隨以上供。」

不數分鐘，慈禧自己用手掀開門簾出到廊下，手托水菸袋，自點自吸，一副飽食後心滿意足的樣子。她看見不遠處的吳永，對他說起話來。這一下吳永「不得已即於院內泥濘中跪聽」。慈禧先絮絮問瑣事，然後說：「此行匆促，竟未攜帶衣服，頗感寒冷，能否設法預備？」吳永答道：「臣妻已故，奩具箱篋均存寄京寓，署中無女眷，唯臣母尚有遺衣數襲，現在任所，恐粗陋不足用。」慈禧說：「能暖體即可，但皇帝衣亦單薄，格格們皆只隨身一衣，能為多備幾件尤佳。」

吳永匆匆回家開箱為慈禧一行找衣服。過世母親的「呢夾襖一件，尚覺完整，即以此件預備進奉太后。又檢得缺襟大袖江綢馬褂、藍綢夾衫長袍各一件，擬進奉皇上。唯兩格格衣服，無相稱者。繼思旗籍婦女可通用男子衣，乃以予自用綢綿線夾春紗長衫數件，拉雜湊置，並為一包」，當即送了過去。送上的還有一具梳妝匣。再見到慈禧等人時，他們都穿著他家人的衣服，顯得衣冠楚楚。慈禧的侍衛說慈禧穿漢人衣裳，恐怕是「破天荒第一次」。

慈禧在懷來住了兩夜，從吳永那裡知道義和團占領了縣城，不僅把它破壞得不成樣子，而且還差點殺了他。有次義和團指他為二毛子，是死是活取決於他們手中的一張黃紙，紙點燃後，「如紙灰上升，可判無罪；灰不揚者即為有罪。」結果就在灰將盡時，「忽從掌上騰起」。另一次，他給北京一位朋友的信被截獲，信內都是「感憤時事、詆議拳禍之語」。他知道義和團的人沒有鑑別筆跡的能力，強辯這不是自己的字。最近的一次是他要出城接駕，而義和團拒絕開城門，還對他厲聲說：「他們皆已逃走，何配稱為太后、皇上！」但是義和團害怕被即將到來的官兵屠殺，棄城逃之夭夭，一邊扯脫拋棄象徵義和團的紅頭巾、紅腰帶，以至道中紅布狼藉滿地。

吳永對慈禧的義和團政策當然不滿，但忠實的他不僅盡全力照料慈禧，還給她預備了一乘相對來說舒服的轎子。慈禧離開時把他帶走，封他「會辦前路糧臺」。慈禧對他說：「此次差事，真難為你辦得很好，汝甚忠心，不日即有恩典。我於外間情形知之甚悉，皇帝性情亦好，差事如此為難，斷不致有所挑剔，汝可放心，無須憂急。」吳永「免冠磕首，不禁感激流涕」。皇太后又說：「爾之廚子周福，很會烹調，方才所食扯麵條甚佳，炒肉絲亦甚得味。我意欲攜之隨行，不知汝願意否？」吳永代廚子答道：「廚伕賤役，蒙恩提拔，不惟該廚役得有造化，即臣亦倍增光寵。」慈禧很高興。傍晚時分，太監告訴他，「周廚已賞六品頂戴，供職御膳房矣。」結果搞得吳永本人晚上沒飯吃，只好到朋友家湊合一頓了事。

*

八國聯軍占領了北京，可是慈禧政權並沒有如人們所料那樣分崩離析。在逃亡途中，儘管狼狽，她仍然是最高統治者。她爬進騾車就像登上寶座一樣，「目光炯炯，神色嚴峻」。桂祥問：「佛爺上哪兒去？」她「僅一擺手而未發一言」。從這時起，她在什麼地方，大清帝國的神經中樞就在什麼地方。她對各省下令，用的是同樣權威的語言口氣。全國各省的報告，也都傳遞到她的行在。她要求軍隊前來保護，軍隊就晝夜疾馳趕來。她要錢、糧、車馬，錢糧車馬就紛紛送到。除了頭幾天的艱辛，以後的一千公里、為時兩個多月的行程中，她不再缺衣少食，還收到六百萬兩銀子的貢款，以及各類奢侈品如上等貢米、火腿、燕窩、絲綿等等。紳士和官員絡繹赴西安朝拜慰問。一年後回北京時，有兩千輛大車滿載貢品和檔案。在前所未有的危機中，各地表現的忠心雄辯地說明王朝依然安定，官民對慈禧的信賴遠遠超過對她的怨氣。

慈禧還活著，依然大權在握，這阻止了看風向準備倒戈的人。新疆巡撫早就接到慈禧命令，要他對張蔭桓執行死刑。他沒有執行：當時八國聯軍在進京途中，巡撫知道張是洋人的朋友。五十天後的八月二十日，巡撫得知慈禧安全離京西去，才殺了張蔭桓。

慈禧政府沒有坍臺，也使張之洞改變想法，放棄了在南京組建新政府的念頭。他設想過新政府的人選，其中極可能有李鴻章和兩江總督劉坤一，但他沒有告訴他們。如今，這些人一個個都對慈禧表示忠誠。李鴻章離開上海去北京代表慈禧跟列強談判。英國使節去函劉坤一，說是「奉外政大臣」之命，停戰議和談判時，我們英國要和你跟張之洞談。英國人要撇開中央政府跟他和張之洞談判，嚇壞了劉坤一。劉即刻電詢張之洞：「駐滬英領有無此函致尊處？……此電恐別有用意。」劉還說，談判係李鴻章全權代表慈禧，問張之洞「應如何答覆，望速電示教」。張之洞此時清楚他很難按當初的設想，找「二三總督」建立新政府，也就不再考慮這一前景。當他得知日本還準備提出「另立一新政府」時，他發出罕見的「千急」電報給他的駐日代表，表示「駭極」，說此舉「顯然意在鄙人」，要代表「務懇千萬阻止」。

張反復對列強強調：必須保證慈禧的安全。其實，在他考慮成立新政府的計畫中，慈禧的安全也是前提。據英國駐上海代理總領事霍必瀾（Peiham L. Warren）給索爾茲伯里首相的報告，張和劉坤一告訴他：「除非皇太后人身安全受到保護，他們不能保障東南互保條約。」八國聯軍進入北京後，張又再次重申，聯軍不能對慈禧有「絲毫傷害」。聽到慈禧逃走的消息，他發電報給中國駐英公使，叫他去見索爾茲伯里首相，「再次要求同樣的承諾」。

張之洞等大員對慈禧的支持打消了列強追趕、推翻慈禧的打算。包括英國公使竇納樂在內，不少人鼓吹以光緒取代慈禧，索爾茲伯里首相告誡公使再往前追「很危險，道路漫長，耗資昂貴，最後還不會成功」。首相否決了聯軍共同占領已經控制的地盤這一倡議：「即使我們一家占領，維持中國北部治安也是無望的事，何況現在是聯軍。聯軍內部不可避免會出現衝突，結局一定是大災難。」占領需要中方大員合作，可所有大員都站在慈禧一邊。列強曾以為中華帝國掌握在地方督撫手中，而督撫們憤怒地反對慈禧。現在他們發現，在關鍵時刻，督撫仍對慈禧忠心耿耿，沒有哪一位站出來挑戰她。十分明顯，慈禧是唯一可以凝聚整個帝國的人。打倒她只會使中國落入內戰的深淵，對西方人來說意味著貿易喪失、借款不還，以及更大規模的義和團動亂。八國聯軍決定不追趕慈禧。一九〇〇年十月二十六日，慈禧安全到達西北古城西安，安頓下來。慶親王、李鴻章代表她在北京與聯軍談判。

＊

張之洞，這個在庚子年（一九〇〇年）唯一與洋人密謀成立新政府的人，即使沒有表示要取代慈禧，但也犯了大忌，對一般專制君主是大逆不道。他急於向慈禧解釋，寫信請求覲見，說自己十多年未見到皇太后，深懷「依戀，積日俱深」；他感到「疚歉悚惶，無時或釋」，可否「先期馳赴河南開封省城，祇候跪迎聖駕」。慈禧的回答是四個字：「毋庸前來。」一九〇一年，張之洞託朋友在西安受召見時幫他說情：張「此次請迎駕係至誠，十八年未覲……去年西幸，心中更萬分記念，至於寢食俱廢，未知何以未准？」慈禧說她的理由是「大局未全定，他走不開」，「待回鑾後明年正、二月特旨叫他來。」可是慈禧一九〇二年初回北京後，又找了個藉口推遲了覲見。到了年底，著急的張之洞託袁世凱替他打聽慈禧到底怎麼看待他，袁傳遞的消息是：「公之公忠體國，暨鄂省各要政，上均洞悉，甚蒙嘉許。明春務請來覲。」一九〇三年初，張怕慈禧再變卦，不等召喚，逕自寫信說他現在就有空，準備「束裝北上，展僅天顏，稍紓二十年戀闕之忱」。這一次，答覆是肯定的：「著來見。」

五月，張之洞終於到了北京，覲見了慈禧。據接待他的軍機章京和接見大廳外的太監說，二人相見時，慈禧不住地「嗚咽涕泣」，張「亦涕泣」，「始終未交言。」相對哭了半天，慈禧只說了一句，命張「休息」，張離去。整個過程中，按照君不問、臣不語的規矩，慈禧不問話，張之洞也不便先開口。慈禧是有意不聽張解釋。對她來說，張之洞在庚子年所做之事最好別解釋，愈解釋愈不清，反而引起更多的不快。慈禧已經打定主意原諒他，信任他的動機純潔。召見次日，她派人送給張之洞親筆扇畫青松、紫芝，把張比喻為高潔正直的賢人智士。張喜不自禁，揮筆寫下詩句：「朽株新被祥風拂，一夕青回兩鬢絲。」在北京的日子裡，張之洞寫了十五首「紀恩詩」，紀念慈禧對他的一切大大小小的恩典。「連日賜內饌。」「賜紫禁城騎馬，西苑門騎馬。」「賜遊頤和園乘舟遊覽，命至對鷗館憩息。」「疊賜綢緞蟒服外，賜珊瑚朝珠一掛。」「中秋節賜衣料、月餅、蘋果與他內膳。初八、十三、十五共賞三次。」「十二月初八日賜臘八粥，二十日立春，賜春餅內饌及牛菜七種。」諸如此類。有一天在頤和園，慈禧命太監端來御園所產瓜果要賜給張，審視瓜果之餘，慈禧宣布它們「不美」，派人「健步入城買三白瓜四擔為賜」。

張在北京住了九個月，臨行辭別時，慈禧送給他五千兩銀子。張一生清廉，「服官四十餘年，鄉里未造房舍、置田產。」後來去世時辦葬禮的錢都不夠。他用慈禧的賞錢再加上他積蓄的薪俸

「造慈恩學堂，教合族子弟」。回到老家南皮時，有更多的慈禧禮物在等待他：「江綢四卷，貂皮八個」，「御筆『融合』二字一直幅，福壽字各一方」，等等。慈禧的每一件禮物、每一個姿態，都引起他抒發「欲報慈恩似海深」的感情。對他每一誇獎，他都以「天語傳來寵若驚」詩句記下。

慈禧就是這樣贏得人心和忠誠。她剛逃離北京時，榮祿、崇綺擔心八國聯軍尾追其後，決定帶兵朝另外的方向去，「以作疑兵」。因為聯軍沒有追趕，崇綺在他下榻的保定蓮池書院以衣帶自縊，上吊前留下絕命詞：「恭悉西巡，未敢遽死，無力恢復，以身殉之。」在此之前，聯軍進城時，崇綺的妻子指揮僕人在家中挖了兩個大坑，男女老幼，坐在坑內，命僕人填土掩埋。僕人嚇得逃走，兒子便自己點燃了窗櫺，闔家十三人全部「以身殉國」。

這樣的作法遠非崇綺一家。在北京，不少家庭以類似的方式「闔家殉國」。慈禧出走時，僅紫禁城內就有幾十人投水自盡。

*

慈禧的死敵在庚子年看到了推翻她的機會。康有為在海外組織軍隊，從日本運來武器，計畫占領幾個南方城市，同時派人北上「殺北都西太后」。參加舉事的有不少日本人，其中田野橘次率領暗殺團，成員是在香港一帶招募的海賊。康有為的設想是刺殺慈禧後擁戴光緒，稱「赴京救上是奇策」，「借尊皇權」，達到自己奪權的目的。康黨寫信給英國駐上海代理總領事霍必瀾，請英國出兵幫助「皇上復位」。霍必瀾給索爾茲伯里首相的電報說：「康的人提出，如果我們不派兵使皇上復位，他們不惜在全國挑起祕密會社暴動，迫使列強不得不捲入。他們在信中提醒我們，暴動將不可避免地損害貿易，摧毀傳教士的產業，他們已經預料到這一點。」用這樣的語言、方式去勸說英國適得其反，英國人感到康的人比義和團好不了多少。

康以為英國會支持他，想像著「附英兵輪入京」。夢很快破滅。英國在武漢的代表電告霍必瀾：

長江流域的安定和平，面臨被「改革黨」破壞的危險。他們積極籌畫暴動，給人印象好像我們在支援他們。武器彈藥從日本偷運進來，煽動性的布告到處貼著。現在已不是改革的問題，而是無政府狀態和燒殺劫掠。康的隊伍中有很多日本人，總督〔張之洞〕請您祕密跟日本總領事協商，請他制止。

霍必瀾把電報轉呈索爾茲伯里首相。日本政府約束了康黨中的日本人。在這個時候刺死慈禧、引起內戰，不利於日本。在中國的土地上有多國軍隊，個個有自身的領土野心。暗殺團的日本領隊田野橘次稱病退出，由中國人沈藎代理，但剛剛出發，就因為康的武裝力量「自立軍」在武漢失敗而未能成行。武漢是張之洞的地盤，自立軍一動作，張就抓捕了他們，處死了首領唐才常等多人。英國支持張之洞。

想利用慈禧西逃機會推翻清王朝的，還有中國共和的先驅孫中山。這位蓄著小鬍子的廣東人，早就剪掉了辮子，穿上了歐洲服裝。一八九五年中國對日慘敗後，他在廣東首次舉行武裝暴動。起事失敗，但使他名聞清廷。他流亡海外，到了倫敦，在中國使館內被抓住關押。英國政府拒絕引渡他，經過交涉他被釋放。在日本，他屢屢試圖跟康有為合作，但康不願與他為伍。孫中山沒有灰心，繼續他的武裝鬥爭。孫也有一群日本同志，其中一位透露了孫在庚子年的計畫：「孫逸仙及其徒眾，計畫目的以江蘇、廣東、廣西等南清六省作根據獨立共和體，漸次（向）北清伸揚，愛新覺羅土崩瓦解，支那十八省從之，東洋大共和創立。」「東洋大共和」也是跟日本合邦。雖然孫不斷對日本做各種許諾、姿態，日本只給他有限的、若即若離的支持。這年他也一事無成。

*

流亡西安的慈禧太后，仍是中國不可撼動的統治者。她把流亡的危難轉化為有利因素，接見官員時常常流淚，甚至「大哭」，讓那些男人感覺她的無助，原諒她，呵護她，既像對待皇太后蒙塵，又像對待一個女人受難。但是任何人一旦超越一道無形的紅線，他會馬上看到一個非常不同的形象。知縣吳永有過這樣的經歷。因為他對慈禧雪裡送炭，慈禧又是個知恩必報的人，他們的關係相當密切，以至吳永以為自己可以暢所欲言。一天，他看見慈禧坐在倚窗炕上，一副輕鬆悠閒的樣子，就進言說被斬首的許景澄、袁昶等應該予以昭雪。吳永後來回憶道：「言至此處，意尚未盡，突見太后臉色一沉，目光直注，兩腮迸突，額間筋脈悉僨起，露齒作噤齘狀，厲聲曰：『吳永，連你也這樣說耶？』予從來未見太后發怒，猝見此態，惶悚萬狀，當即磕頭謝曰：『臣冒昧，不知輕重。』太后神色略定，忽將怒容盡斂，仍從容霽顏曰：『想你是不知道此種情節。』……『這難怪你，咱們宮廷裡的事，外間哪裡知道？』」吳永寫道：「遇此劈天雷電，忽而雲消雨霽，依然無跡，可謂絕大幸事，然予真已汗流浹背矣。不意太后盛怒時，威棱乃至如此。昔人謂曾、李兩公，當時威權蓋世，一見太后，皆不免震懾失次，所傳固當不虛也。」

慈禧就有這樣的本事，讓人敬她、怕她，同時還又愛護她。

流亡帶來了相對寬鬆的環境，許多人得以見到慈禧、光緒。他們無一不深感兩人的反差。光緒虛弱懦怯，「萎靡無儀表，暇中每與諸監坐地作玩耍」。而慈禧「聰強」，說起話來「滔滔不絕」，「古文成語，脫口而出。然人情世故，頗甚明澈，數語後即洞悉來意。故諸大臣頗畏憚之。」逐漸地，覲見的人在記載會見時乾脆把慈禧寫成「上」——屬於皇上的字眼。慈禧本人也清楚地位的變化。到西安之前，接見官員時她坐正中，光緒坐在她側面。如今「皇上正面坐，前有御案。太后於其後坐高座，恰如舞臺上之演觀音王母像。」這是明示眾人，她的地位高於皇上。

八國聯軍的入侵，不但未損慈禧的權力，反而增強了她的權威。

25 自責之詔（一九〇〇～一九〇一）

逃離紫禁城之前，慈禧給守宮太監留下一張蓋著她印璽的親筆紙條。她對守宮人說，任何人要從宮裡拿東西，必須有她的親筆字，蓋著同樣的印璽。踏上逃亡之路時，慈禧掛念的是皇宮珍寶。

不久，守宮人傳來好消息，八國聯軍沒有搶掠焚燒宮殿，相反他們派人守衛。顯然放了心的守宮人報告慈禧：「皇城以內現有洋兵護守，仰賴皇太后、皇上如天之福，所有各處宮殿及衙署均各無恙。」隨後的報告說：「自八月起，洋人不時進內瞻仰，所幸各宮殿均尚完善。緊要之件，預為敬謹尊藏。宮內各項庫儲，亦皆防範無虞。惟零星物件，不免稍有損失。」其中瓷庫被盜，「庫門外木板墻垣有拆毀形跡，當飭該庫司員等進庫檢查，失去各式瓷瓶四十餘件，瓷盤瓷碗三百餘件。」聯軍退走後，內務府大臣經過全面清倉，詳細報告：「緞庫、衣庫、茶庫、皮庫、車庫、各內庫及造辦處各庫所存什物，覈與原冊數目均屬相符，並無遺失。惟傢伙庫遺失黃白銅盤計二千五百五十三件，桌案木架七十四件，又銀庫失去金盃三個，托盤八個，銀執壺一把，盃盤一分，一兩重銀錁一百七十個。」「御茶膳房所存金銀器皿亦經一律清查，計失去金器六十八件，銀器五十四件，現存金器十五件，銀器一千七百二十四件。」

頤和園駐紮的是英國和義大利軍隊，他們撤退時，清廷留守大臣「會同英國義國武官，進園查點接收」，發現各處殿宇，「均尚整齊」。但是隔壁的圓明園就不一樣了，沒有洋兵駐紮，「匪徒乘機混入園內，致將圓明園內各殿宇房間，拆毀無存，樹株亦有缺失。」法軍駐紮的清西陵丟失了若干祭器，談判代表慶親王向法國公使交涉後，「由壽皇殿領回金銀祭器一千七百八十件，象牙、烏木等筯四十六副，銅祭器二十六箱，計三千二百二十五件。」

不同於一八六〇年，聯軍這次嚴禁劫掠皇宮珍寶。但是他們拿走了紫禁城內外、北京天津倉庫裡的數百萬兩銀子。剛進城的頭幾天，有士兵闖進富有人家索要銀錢，但「未焚燒」，*「未慘肆殺戮」，只偶爾「有辱及婦女之事」。這些都很快被制止。留守大臣報告慈禧，聯軍一進城，赫德就寫信邀請他們開會，主動提出：「各國並無害國、傷民之主見。如有大臣出頭商辦，定可轉危為安。惟應愈速愈妙，遲則不堪設想矣。」大臣說：「目前最急者，保護宗廟社稷，東西兩陵，以及禁城以裡大內各地方，均為最要。其次，則百萬生民性命全仗赫大人旋轉乾坤之力……」赫德不無諷刺地說：「外洋向以百姓為第一，宗社尚在其次。」但他說你們的要求並不難滿足：「各國大臣

---

* 使館區隔壁的翰林院，在義和團時期被燒，翰林院負責人崑岡一度稱它「被洋人焚燒」。英國公使照會抗議：「翰林院於上年五月二十七日，趁北風時，被中國兵隊放火，以圖延燒本館，經竇大臣函致總署王大人有案。彼時非但本館受困之諸國人民未經種火，反冒死往救，以期房廊書冊免付焚炬。竊以為翰林院掌院學士崑岡公然謂為西人焚毀，殊出情理之外。應請貴王大臣速將此事設法更正。重複發抄，是為切要。」崑岡做了更正。

已經商辦，並備有告示。」告示有兩種，「一洋文禁令，不准洋兵亂行騷擾」；另一種中文的針對義和團，「要義莫非令華民各安生業，照常安居。其餘威嚇各語，亦不過保護善良之意。」赫德把底稿給留守大臣，請他們「刊刻刷印千張，送至總稅務司處，以便轉請各國大臣蓋印，遣人張貼。」留守大臣感激不盡，辭別時說：「蒙赫大人竭力拯救，中國萬民感激，現在不必說，將來我們也要磕謝的。」慈禧也寫信感謝赫德：「該總稅司目擊時艱，力維大局。數十年借材異地，至此具見悃忱，朕心實深嘉慰。」

義和團大部散去，小部分抵抗到底。當地教民帶領聯軍去搜查義和團，一名軍官寫道：「那座房子明顯加固，拒絕投降，聚集的人手持菜刀、鐵棒、長棍，在陰沉的沉默中等待最後的結局。沒人說一句話、動一動，他們等待我們的來到。這景象太罕見了，一生中也就只能目睹一次。」

很快北京恢復平靜。驚恐的市民原以為入侵者會燒殺掠淫，如今長吁一口氣。北京在一些洋人眼裡，是「全世界最骯髒的城市」，八國聯軍乘機給它來了次大掃除。時人記載：「拳匪亂時，積屍於道，聯軍則驅華人負屍出城。有達官貴族，被驅遣負屍，不順則鞭之。」聯軍還命令每家每戶清理門前的一塊地方。迄今像個大便所的北京街道迅速改觀。欣賞此舉的人之中有慈禧，她回京後沿用了這套人人自掃門前路的規矩。

*

聯軍占領北京兩個月後，一支德國軍隊在瓦德西元帥率領下到來。此舉毫無必要，因為他們離開德國之前戰爭已經結束。由於德皇遊說各國，瓦德西元帥被任命為八國聯軍總司令。赴任前他做的夢是「以中國征服者的身分回國」。到任後便來個下馬威，派德兵四下出擊，搜尋義和團，其間殺了不少華人，據他說都是「罪不容赦者」。在保定，德軍焚燒了縣衙門和城門，槍斃了六名地方文武官員，包括直隸護理總督廷雍，罪名是縱容義和團殺害教士教民，廷雍的首級被高懸示眾。慈禧得知後十分憤怒，說不問清楚就殺這樣的大員與中方法律不符，按「西律尤屬違悖公法」，要慶親王、李鴻章「據理詰問」。李回答這「是德帥藉以立威，無可挽救」。也有挽救回來的，其中被誣支持義和團、險遭槍斃的沈家本，後來成為中國法律革命的領軍人物。

瓦德西製造了新的暴力，不久他也停止了。他在給德皇的報告中把自己表現為恢復秩序的人，誇大他到來之前聯軍的劫掠，稱：「自從我到來之後，除了幾個個案，可以說這裡已經沒有暴行了。」

瓦德西元帥把西苑慈禧的寢宮儀鑾殿作為司令部，他為紫禁城和西苑的美陶醉，在日記裡寫道：

昨天晚上很晚，我回到皇宮。我一生未見過如此美麗的星空，星光中大殿下是茫茫一片白色石地。我穿過空曠大地來到西苑湖畔，忽然音樂聲響起，第一東亞步兵團的樂隊正在湖中小島瀛臺上演奏，皇上曾被囚禁在這裡。在這個偉大的異教城市內，樂聲在一座座佛教廟宇中穿越回蕩，強烈地震撼了我。我肅立著，直到最後一個音符淡去。

出於禮節，瓦德西元帥規定「不要碰皇太后的寢室和起居室」。可是一天夜裡，慈禧花了多年心血建造的儀鸞殿全部付之一炬。德軍的一個大鐵火爐引起了火災。這沒有引起慈禧強烈反應，絕大多數宮殿無恙，她已經謝天謝地了。

北京市民對八國聯軍沒有大肆燒殺感到意外，把這歸功於高級妓女賽金花對瓦德西的枕邊細語。賽金花在一八八〇年代以公使夫人身分隨丈夫洪鈞出使柏林。回國後丈夫去世，她重操舊業。聯軍進京後，她利用前公使夫人的身分和在德國學的一點德文，在年輕德國軍官中做起了紅火的生意，有時會跟他們一道騎馬出遊。據中方德語翻譯齊如山說，她的身分是老鴇，德國軍官在她那裡喝一次茶八元錢，過夜二十塊，此外給賞錢。賽金花曾說服一兩個德國軍官帶她進西苑，企望能遇到瓦德西。她是否成功不得而知，但她自稱「救了北京市民」，很多人相信，並賦予她風塵奇女的形象。二十世紀三十年代有一出關於她的戲，後來成為毛澤東夫人的江青想要扮演賽金花，未能如願，角色給了王瑩。王瑩在文革中被整死，原因之一是搶了毛夫人的風頭。

*

一九〇一年九月七日，「辛丑條約」在八國聯軍進北京一年之後簽訂。大部分的談判時間，中方代表慶親王、李鴻章不過是等候列強決定向中國提什麼要求。

列強決定不追究慈禧縱容義和團的責任。端王被列為首犯判處「斬監候」，但又「約定如皇上以為應加恩貸其一死，即發往新疆，永遠監禁，永不減免」。數名王公大臣被處死，更多的官員受到別的處罰。清廷派代表去外交官殉難的德國、日本「表示惋惜」。大沽砲臺拆除。中國人永遠禁止設立或加入仇外的會社。

賠款總數四億五千萬兩銀子。至今人們以為這是按每名中國人賠償一兩銀子來確定的，因為那時中國人口約為此數。其實數字來源是各國提交的戰費、平民損失費的總和。美國曾建議，賠款「應該在中國的能力範圍內」，敦促各國降低索賠，以使總數不超過四千萬兩銀子。可是德國說它「不明白為什麼列強要這樣慷慨」，別的國家也都呼應。瓦德西寫道：德皇指示「向中國人索討盡可能多的賠款，因為他緊急需要建設海軍的錢」。沒有權威機構和公認原則來檢驗各國的索賠數目是否合理，大家各行其是。俄國在東北的鐵路遭到暴徒襲擊，是最大的索賠者，所獲占賠款總數百分之二十九。其次是德國，占總數百分之二十。再其次是法國、英國。英國最初贊成美國提議，不久大概覺得不要白不要。日本這次比一八九五年大有節制，索賠數量在歐洲列強之下。美國後來也索取了一筆事後調查認為過高的賠款。所有的索賠加起來為四億六千二百五十六萬零六百一十四兩銀子，後調整為四億五千萬兩銀子。*

---

* 各國索賠數目如下：俄國：133,316,000；德國：91,287,043；法國：75,779,250；英國：51,664,029；日本：35,552,540；美國：34,072,500；義大利：27,113,927；比利時：8,607,750；奧匈帝國：3,979,520；荷蘭：800,000；西班牙：278,055；葡萄牙：未索賠；瑞典：110,000。總數：462,538,116（原文如此）。（馬士：《中華帝國對外關係史》，第三卷）

＊

赫德等人認為「中國無錢償付」。有人如法國主教樊國梁，認定皇家有錢，「財富價值三億馬克」。瓦德西元帥覺得這話太不可靠：「只需看看紫禁城就能看出往昔的壯觀在逐漸褪色。」他向德皇報告：「我不相信真有巨大財富的宮廷能夠忍受這樣的衰敗。我不知道那些所謂的財富儲存在什麼地方。」有人建議：「列強各自占領一塊地方，從中獲取賠款。」瓦德西想「占領山東一部」，這是德皇的希望。但是以英、美為主的國家不贊成以任何形式瓜分中國，以至瓦德西說美國「好像不願人從中國拿走一丁點東西」。美國公使夫人莎拉．康格帶著感情寫道：

我十分同情中國人。中國是中國人的，他們似乎寧願為此犧牲一切……瓜分中國意味著無休止的戰爭和龐大的駐軍。中國人的怨恨會更深更騷動不寧，一旦反抗起來，可怕的程度現在根本無法估量。

瓜分中國的主意打消了，又有國家想強迫中國借更多外債。赫德反對：中國已經在用每年收入的四分之一償付舊債，債上加債只會導致國家破產。赫德和其他同情中國人的財政人員忙著尋找新財源以償付賠款。他們找到了，並說服列強贊同：海關進口稅迄今只有百分之三點一七，或更低，如今調高到百分之五；同時對免稅的進口物品徵稅。這些物品主要是供洋人享用的洋菸、洋酒之類。這就是說，庚子賠款的相當部分由洋人承擔。赫德估計，新財源每年可達一千八百萬兩銀子。

慈禧也想到了這一財源，她的估算是「可增出二千數百萬」。提高海關關稅是中國政府多年的目標，李鴻章當年訪問歐美的主要目的之一就是勸說西方國家同意提高關稅，他的遊說沒有成功。這一次，慈禧要她的談判者再努力，特別是爭取英國的支持：「英國商務在華最多，果肯實力相助，此事實於中國大有益而於英仍無損。」中國破產將給英國帶來極大損失。英、美率先支持這一建議。慈禧還指示慶親王、李鴻章著力談判付款期限：「總之，須極力商請勿索現銀並減數寬期，分若干年攤還。」目標是把每年還款數量控制在新財源範圍內。這就是為什麼庚子賠款付款期定為三十九年，這樣每年還款數（包括利息）預計約兩千萬。慈禧說：新財源「足敷償款之用，即有不敷，添籌也易。」慈禧名言「量中華之物力，結與國之歡心」，是在這一背景下說的，她實際上是努力用洋人的錢來償付庚子賠款。

赫德說服列強接受增加進口稅、從外國人身上獲取新收入，他為中國立了大功。慈禧讚賞他的功勞，封他為「太子少保」，他非常滿意，因為同時獲得這個頭銜的是張之洞和袁世凱。今天大多數中國人都不知道赫德的貢獻。

美國比赫德幸運些：它的好意得到承認。接受賠款幾年後，它主動提議尚未付足之款項不必再付，轉用於教育。清華大學得以誕生，庚款獎學金將一大批最好的中國學生送往美國受教育，他們是未來中國現代化的棟梁。美國也是唯一一個把八國聯軍時期拿走的銀子退還中國的國家。一九〇一年，美國軍隊在天津政府衙門繳獲五十萬兩銀子，六個月後，這筆錢折合成三十七萬六千三百美金交還中國。

*

一九〇〇年底，慈禧收到辛丑條約的草稿「議和大綱」，她「曷勝感慨」。最擔心的事——「奪我自主之權」以及逼她讓位給光緒——都沒在條款上。她指示談判代表「所有十二條大綱，應即照允。」

整個流亡過程中，慈禧反思過去。剛離開北京時，她曾以光緒名義發了份「罪己詔」，為自己辯護的成分居多。收到「議和大綱」後，對洋人多了好感，她又頒發「自責之詔」，表示「悔禍」。她的好感，來自看到列強「不侵我主權，不割我土地，念列邦之見諒，疾愚暴之無知，事後追思，慚憤交集」；來自得知聯軍對皇宮、對北京的保護。從「自責之詔」裡能看出她的真誠：「一旦顛危至此，仰思宗廟之震驚，北望京師之殘毀，士大夫流離者數千家，兵民之死傷者數十萬，自責不暇，何忍責人。」

慈禧時常表示對義和團政策的悔恨交加。她反復說：「我總是當家負責的人，現在鬧到如此，總是我的錯頭。上對不起祖宗，下對不起人民。」反思之餘，她實行大刀闊斧的改革。一九〇一年一月二十九日，依舊以光緒的名義，慈禧從西安發布劃時代的上諭，揭開了慈禧「新政」的序幕。上諭提到她本人：「皇太后何嘗不許更新」，「懿訓以為取外國之長，乃可補中國之短。」上諭宣布：「近之學西法者，語言文字，製造器械而已。此西藝之皮毛，而非西政之本源也。捨其本源而不學，學其皮毛而又不精，天下安得富強耶。」即將進行的改革囊括「舉凡朝章國故，吏治民生，學校科舉，軍政財政。」總之，一切制度，無不在內。慈禧隨之又以自己的名義再發諭旨說：「惟有變法自強，為國家安危之命脈，亦即中國民生之轉機。予與皇帝為宗廟計，為臣民計，捨此更無他策。」

慈禧搞「新政」，擁有廣泛的支持。聯軍對北京和天津的占領，讓數百萬居民和大批官吏都親身經歷西方制度如何改善民生。聯軍占領天津兩年，一個中世紀的城市正轉化為現代都市。臨時政府交權時，帳目清楚，顯示它一共徵收了二百七十五萬八千六百五十一兩銀子，支出二百五十七萬八千六百二十七兩，所用每一分錢都記錄著去處。居民首次享受了自來水、街燈、電車、電話。城市大為清潔，排污系統開始建造，成堆的垃圾從街道上消失，公共廁所誕生。西式警察卓有成效地維持治安。*人們對西方模式的好處有了共識。

正如張之洞所寫：「近日民情，已非三十年前之舊，羨外國之富而鄙中土之貧，見外兵之強而疾官軍之懦，樂海關之平允而怨釐局之刁難，誇租界之整肅而苦吏胥之騷擾。」各省督撫擁戴慈禧，中央政權如今也以改革者為主，仇外的大員失勢。儘管仍有人執意排外，但他們不敢破壞新政。居住中國數十年的美國傳教士丁韙良感覺到「革新之風在大地回蕩，天下歸心於皇太后」。

* 當然，現代化也讓許多人傷心。天津是中國第一個「為了軍事和衛生的目的」拆除城牆的城市。對許多人來說，沒有了那雄偉連綿的城牆，城就不城，即便行動方便了不少。

西方人意識到慈禧是不容置疑的領袖，跟她積極配合。幾年後他們就把她比作「俄國的葉卡特琳娜女皇（Catherine the Great）、英國的伊麗莎白一世（Elizabeth I）、埃及女王哈特謝普蘇特（Hatshepsut）和克麗奧佩脫拉（Cleopatra）——歷史上偉大的女性統治者之一」。有了這樣廣泛的支持，慈禧於二十世紀初進行了一場「現代中國的真正革命」。

第六部　真正的革命（一九〇一～一九〇八）

26 重返北京（一九〇一～一九〇二）

一九〇一年四月，慈禧在西安成立了「督辦政務處」，作為總管改革的機構。辛丑條約簽訂、聯軍撤出北京後，慈禧於十月六日啟程回京。之前因為聯軍駐紮京城，她心存戒心，不肯動身。

離開西安那天，吳永記載：早晨七點鐘，「兩宮聖駕自西安行宮啟蹕，闔城文武官吏，均先於宮門外齊聚，伺候升輿。行李車先行發。辰初三刻，前導馬隊出城；太監次之；各親貴王公大臣，或車或馬，又次之。俄聞靜鞭三響，即有黃轎數乘，自行宮出，士民皆伏地屏息。皇上、皇太后先後乘黃轎出宮。皇后隨後。向有扈駕諸王、大臣，又在其後。最後為大阿哥。銜尾重車無數，均為各衙門檔案。曲折穿行大街中，辰牌向盡，始出南門。沿途市肆，各設香花燈彩；長安父老，均於南門外祗候跪送，恭獻黃緞萬民傘九柄。出城後仍繞赴東關，旨八仙庵拈香進膳。本來直出東門，路線可省三分之二，謂因體制關係，且取『南方旺氣向明而治』之意，所以輦路必出南門。」

慈禧剛到西安時，陝西已大旱三年，城中餓殍載道。慈禧「命急辦救濟」，由各省送上的銀子中開支。次年陝西豐收，老百姓把功勞算在慈禧帳上，「回鑾之日，長安市民無論男女老少，空巷而出，接連十里，跪在道旁高呼老佛爺萬歲、皇爺萬歲，哀懇不讓回鑾。沿途老百姓痛哭流涕，跪送兩宮回京。人多之處，慈禧特命打開簾子，讓老百姓瞻仰。」「形形色色，好似迎佛的善男信女。有的在路旁擺設香案，駕過時，雙手合十，直跪案後，口中喃喃，頭不敢抬，目不敢視。」太監總管首領等，手拿洋錢賞賜路人，「老民皆賞一兩重壽字銀牌一枚。為了多得銀牌，有跟隨數站者。」

官員接到通知，「州縣都守以上，均在灞橋恭送。佐雜千把，在十里鋪恭送。」託故不到者兩年不能升官。「所以冠裳蹌濟，異常熱鬧。沿途千官車馬，萬乘旌旗，氣象極為嚴肅，較來時光景，當然大不相同。」沿途經過的陝西、河南、直隸三省，錢糧稅收豁免，地方官需出來接駕，用領到的皇差費準備食宿。

上路第二天，駐地臨潼官員未做任何安排，大家都餓肚子，包括慈禧在內，下榻的地方也沒有燈火。那個官員半年前就得到通知，差事他還是靠關係運動來的，為的是二萬七千兩銀子。但他沒有能力操辦，乾脆藏起來不露面。讓眾人嘖嘖稱奇的是，慈禧要求不追究，一句責備的話也沒有。大家都說：老佛爺「更歷患難，心氣平和，所以務從寬大也。」

＊

慈禧一路行，一路遊覽如華山等勝地，滿足多年對旅遊的渴望。有時一連幾天，轎行在山谷夾溝中，懸崖絕嶂間的羊腸小道上。途中消息傳來，李鴻章於一九〇一年十一月七日去世，時年七十八。他的逝世使慈禧失去了最得力的外交官。

李鴻章臨死前口授了一封給慈禧的遺疏，用電報發給慈禧。這封極帶感情的信中說，他想到自己「受知最早，蒙恩最深，每念時局艱危，不敢自稱衰病。惟冀稍延餘息，重睹中興。」如今他「伏讀迭次諭旨，舉行新政，力圖自強。……臣在九泉，庶無遺憾。」死亡在即，他見不到皇太后了，現在道別，「無任依戀之至」。

讀了李鴻章遺疏，慈禧發布了一篇動情的懿旨，說「批覽遺章，曷勝愴慟」；她賞賜五千兩銀子給李隆重治喪。北京搭建起一所宏大的由無數純白旗幟環繞的靈堂，身著灰白麻衣的人群在哀悼的樂聲中進出。莎拉．康格說葬禮的「規格之高超出了我所有的想像」。數十人抬著李的巨大棺材，回到一千公里以外的家鄉安徽落土安葬。一路設有考究的停靈處，慈禧命令「靈柩回籍時沿途地方官妥為照料」。李的子孫前途得到細心安排。慈禧還下令為李鴻章建祠，使李成為清代漢人官員唯一在北京建祠的人。她撤銷了從前對李的一切處分。

慈禧這時在開封，因為是古都，「行宮陳設極壯麗」，儼然有皇宮氣象。一個月後，她還沒動身，又發了一道懿旨獎勵李鴻章。失去李鴻章她有如失去了一隻強有力的臂膀。她與李共事四十年，共同把清王朝從封閉帶入世界；他們也都各自犯下了嚴重過失，禍害了國家，也疏遠了彼此。慈禧不能原諒李鴻章在甲午慘敗、中國衰落中應負的責任；李鴻章也對慈禧的義和團政策憤怒不已。然而，慈禧對李鴻章的悼念遠不只是感情問題。洋兵尚未撤盡，她還擔心回京後受到洋人侮辱。洋人尊敬李鴻章，她需要李把一切都安排妥帖。慈禧就這樣遲疑著在開封住下去——直到有一天，袁世凱電報飛來，說安全沒問題，各國使節還都等著覲見。袁世凱此時儼然李鴻章第二，任直隸總督、北洋大臣。這些要職無疑是慈禧對他在戊戌年忠實不二的報償，當然他的能力也超強。慈禧立即下令啟程。

＊

在開封時，慈禧處理了幾件要事。其中之一是撤去溥儁的「大阿哥」名號。他的父親端王載漪被定為義和團事件的禍首，人們早就在呼籲不能再讓他做大阿哥。慈禧知道端王在代自己受過，不願在端王剛定罪時雪上加霜，所以一直保留著大阿哥的稱號。但她明白這孩子當不了未來的皇帝。宮內人說，他「性甚頑劣，在宮時，一日德宗立廊下，彼突從背後舉拳擊之，德宗至撲地不能起，以後哭訴太后，乃以家法責二十棍。如此行徑，何能承宗社之重？……平日對諸宮監，亦無體統，眾皆狎玩而厭惡之。」

慈禧等了一年，京城在望時才撤銷大阿哥名號。上諭當然說這是大阿哥苦苦哀求的結果。離開宮廷時慈禧給他三千兩銀子，派人照顧他。大阿哥跟他的老乳母一塊出宮門，「涕淚滂沱」，他後來跟流放的父親團聚。

同吳永告別的時候也到了。慈禧派吳永去廣東，說她知道吳永在這一年的服務中，貼了不少自己的錢，意思是「粵中著名繁富，一經到任，即可滿載，可以藉資彌補。」慈禧在新政中改革一切，但沒有反貪腐。來開封覲見的一名官員曾對她說，中國積弊「全壞在一個利字」；「即如洋人稅務司，他的薪水厚，除薪水外，就能不要一個錢。洋人最看不起中國者，中國官吏全是舞弊。中國無一個不要錢之官，無一個見得人的錢。」慈禧把話岔開說：「外國全講一力字……」

召見吳永時，慈禧一再表示眷念，說他們「患難相從，跋涉數千里」，「汝今遠去，予實非常惦念。」她用緋色縐帕頻頻拭淚，又說：「古人君臣知遇，輒稱感激涕零，今始知並非虛話。」她送給吳永銀子和手書「福」字，讓吳永覺得「令人不能不生感激」。

吳永帶著感激心理安排慈禧離開開封北渡黃河事宜。臨行前一天風雪交加，吳永擔憂慈禧的船不能安然渡河，自謂他「衝風冒雪，往來奔走，幾無頃刻停趾，至竟夜不得休息。」可是第二天忽然天晴，旭日當空。慈禧中午到了河岸，先祭河神，然後登上龍舟。「文武官員、紳民父老，一體於河岸俯伏跪送。」這時「天宇澄清，波平如鏡。俄而千橈並舉，萬槳齊飛……一團簇錦，徐徐移動，離岸北向。夾道軍民，歡呼踴躍，舉頭延佇，望舟傍北岸，方始一同散隊。」慈禧感謝河神保佑讓她穩渡黃河，同時也很實際地賞賜銀子給水手們。

慈禧的歸途歷時三個月，最後的一程乘火車：京漢鐵路的最北段。義和團時，北京城外的鐵軌被掀翻，車站被燒毀。八國聯軍幫助修復了鐵路，還為慈禧預備了黃貂絨、黃緞鋪飾的皇家車廂。沿線各站，鐵路洋員和官吏、紳民、衛隊一道迎接，軍樂隊奏樂歡迎。一九〇二年一月七日，第一次乘坐正常火車的慈禧，頗為氣派地駛到北京。下車後她乘轎由南向北進入北京城，先穿過義和團火燒後重建的正陽門，由外城進入內城，再穿過大清門，這是她首次通過專為皇上開啟的大門。再向北就是天安門、午門。慈禧是否穿過了這兩道正門，特別是午門，進入紫禁城外朝？未見任何記載。當時「所有在京王公文武大臣」接到命令，「在天安門外跪接皇上聖駕，並伺候跪接皇太后聖駕」。在這麼多人在場的情況下，慈禧如果從正門進入，這樣重要的大事應該有人記上一筆。但沒有任何人提到，這應該說明慈禧沒有破壞這個宮廷規矩，沒有跨進外朝，而是拐了個彎，依然從後門回到後宮。

一歸來慈禧便擇吉日率宮廷的人到東陵去拜祭祖先。在東陵時，她偶然看見一隻小猴子在某隨員的帳篷頂跳上跳下，很喜歡，隨員只好「進獻」，小猴子穿著黃馬褂蹦進了紫禁城。

在這之前，慈禧回京第二天，發布懿旨：追贈逃跑前下令推入井內的珍妃為貴妃，「以示褒卹」。這是懺悔的表示，也是對光緒的安撫。從戊戌到出逃，他都一直跟慈禧合作，從未找過麻煩。最重要的，慈禧在向西方人做姿態。他們認定她是殺害無辜女孩的凶犯，她決意要贏得好感。她做了一系列友好的努力，這不僅事關個人處境，對國家利益也至為重要。她的「新政」需要友善的國際環境。

27 跟西方人做朋友（一九〇二～一九〇七）

進北京時，慈禧打破中國君主出行不讓人看的常規，歡迎外國人「瞻仰」「鑾輿回京」。外交官受邀去特別觀禮臺，其他人站在城牆上。某處她下轎正要進屋，牆上的人「脫帽揮拂以示敬禮」，慈禧一轉沉甸甸的衣裙，向他們揮舞手絹。從有人在城牆上搶拍的照片上可見，她和周圍的太監都含著微笑。君主揮手是個新玩意，慈禧從派出海外的使者報告中學到的。

歸來二十天後，一九〇二年一月二十七日，公使團覲見皇太后、皇上。沒有垂簾，慈禧坐在寶座上。整個過程是「尊嚴的，尊重彼此的」。幾天後，慈禧為公使團的夫人兒女舉行招待會。因為她不能跟公使交朋友，慈禧爭取友誼的努力只能發揮在他們的家庭成員身上。沒見過這陣勢的赫德議論說：「宮廷的客氣是不是過了頭？皇太后不僅要接見公使夫人，還要接見使團的孩子！」

招待會那天風和日麗，常常橫掃京城的風沙無影無蹤。出發前，美國公使夫人莎拉．康格，一個虔誠而富有寬恕之心的基督徒，以公使團首席夫人的身分，把即將出席招待會的夫人們召集在一起，告誡她們要有禮貌。康格夫人的看法是：「中國人有不少東西我都不認同，但在他們性格裡也有許多東西讓我崇敬……我真的很希望了解他們，我喜歡中國人。」紫禁城內，慈禧坐在御案後面，案上擺著一根珊瑚如意。康格夫人友好地向慈禧致辭，慈禧也報以友好的書面答詞，由慶親王跪著從慈禧手中接過，然後站起來誦讀。使團所有的夫人、孩子都介紹給慈禧，她跟他們一一拉拉手。然後，他們被介紹給光緒，光緒也跟他們拉拉手。

介紹儀式結束，招待會在另一間大廳舉行。慈禧叫人把康格夫人領到面前，康格寫道：「她雙手拉起我的手，情緒激動地有點不能自己。當她控制住聲音時，她說：『我悔恨，我痛心發生的那些不幸的事。這是嚴重的過失，中國從今以後會跟外國人做朋友。那樣的事再不會發生了。中國會保護外國人，我們希望將來永遠是朋友。』」這些話既是作秀也代表慈禧真實意圖。在隨後的宴會上，慈禧邀請大家跟她一塊祝願和好。康格夫人寫道：慈禧「拿起她的酒杯，我們也都跟著拿起。她把她的酒杯放在我的手裡，優雅地把我的兩隻手拉到一起，使兩隻酒杯相碰，嘴裡說：『和為貴』。然後她拿起我的酒杯，把她的留在我的手中，對大家舉杯。大家也都舉起杯來。皇太后再三對我說兩年前的事不會再發生。她舉止嚴肅、考慮周詳，她關心客人是否舒適愉快。她的眼睛明亮敏銳，不放過任何細節，她的臉上沒有殘忍凶惡的痕跡，她的聲音低軟動聽，她的觸摸是輕輕的、慈祥的。」顯然，慈禧留下了她希望留下的印象。

慈禧和她的外國客人一同坐下就餐。這在慈禧是破天荒。宮廷規矩是跟她一起就餐的人除了皇上外都必須站著。這次宴會發生了很不愉快的事。在慈禧一側坐的是英國使館一等祕書的太太蘇珊．唐列（Susan Townley），因為當時的公使薩道義（Ernest Satow）未婚，她代行「第一夫人」職責。蘇珊．唐列在義和團暴亂之後剛來中國，她「一想起身邊圍繞著中國僕人就噁心——我想像他們一定又髒又臭，伸出來的手叫人反胃」。*如今她朝慈禧探過身去，索要一只皇太后本人吃飯用的碗做禮物。這個要求當然是無禮，而且她也知道御碗不能當作禮物送給他人。慈禧沒跟她計較，送給她一對碗。這位女士得以驕傲地誇耀她有「最獨特的禮品」，還自我感覺是皇太后「最喜愛的人」。甚至在她企圖從宮中拿東西被發現後，慈禧也沒表露過任何不快。一位在現場的美國人寫道：唐列「從一個擺設櫃裡拿了一件珍品，正要走開，被宮女擋住，請她放回去。宮女說她負責屋裡的每一件東西，如果丟失了她要負責。」

要碗的那次宴會是慈禧唯一一次跟西方人同桌。但它是慈禧與公使夫人們頻繁社交的開端。那天宴會結束時慈禧對夫人們說：「我希望我們能經常見面，逐漸熟悉彼此，交上朋友。」由於送禮是交朋友不可或缺的部分，慈禧送給夫人們貴重的禮物，小孩子和翻譯也沒被忘記。

公使團認為這是慈禧在賄賂他們的婦女，向宮廷要求以後不再送禮。赫德說：「覲見進行得太順利了，批評者認為過於甜蜜，懷疑動機不純。」慈禧被認定是在討好外國人，以使列強善待她。這自然是慈禧的動機之一。但正如康格夫人所說：「這歷史性的一天有什麼害處？」

*

更多的禮物接踵而至。康格夫人愛北京犬，一天一隻漂亮的小黑狗送到美國使館，睡在襯著紅緞墊子的竹籃裡，戴著金項圈，扣在一根牽狗的長絲繩上。康格夫人的女兒生小孩，慈禧送了「兩個玉擺設，盛在黃綢盒子裡……皇太后第一次送給外國嬰兒禮品」。不時地，慈禧花園的盆栽牡丹、蘭花，果園裡的時令水果，御廚房的點心、茶葉，會送來使館區，帶著皇太后的問候。中國新年到了，象徵「年年有餘」的魚，會送給每個外交官家庭，送給美國使館的一條有三米長，一百六十四公斤重。慈禧在用一種道地中國的方式表示好意。

對西方人的其他姿態包括開放東西陵、頤和園，乃至紫禁城。洋人可以在預約的時間參觀。慈禧接待來訪者時，總是把這個國家送給她的禮品擺在顯著地位。俄國公使夫人來了，會看見沙皇與皇后鑲鏡框的照片擺在茶几上。英國人來了，兩幅維多利亞女王的鋼板雕刻像，會掛在牆上顯眼的地方：一幅女王身著盛裝，一幅跟夫君阿爾伯特親王（Prince Albert）和子女在一起。女王送給慈禧的音樂盒和其他陳列品也擺了出來。各式歐洲鐘會取代慈禧通常陳設的白玉佛像。

作為「友誼攻勢」的一部分，慈禧鼓勵其他中國女人跟洋人交朋友。首次招待會後，康格夫人邀請宮廷貴婦到美國使館晚宴。慈禧的養女固倫榮壽公主代表慈禧率領十一位到場。公主相貌平平，但據說「舉止極富尊嚴，宮中禮儀任何人都不及她遵循得那樣十全十美」。她乘坐的是皇家專用的明黃御轎，貴族女性中地位高的坐紅轎，低的坐綠轎，翻譯坐官派騾車。隨從總共有四百八十一名，包括六十名禁衛軍，守在使館門口。隨從多少是地位高低的標誌，皇家出行，必有大群人馬「以壯觀瞻」。這一大隊人降臨的景象使康格夫人禁不住發出驚嘆。公主帶來慈禧的問候，皇太后

---

* 她後來修正了這些想法：「回想起來，我真希望他們現在在我身邊。世界上沒人比他們更愛乾淨，伺候人更安靜。他們從不給你找麻煩，而且從不要求晚上放假！」

「希望中美之間的友好關係永遠繼續下去」。貴婦們離開時，「她們隆重莊嚴的大隊從美國國旗下走上黃龍旗的街道。她們經過的地方，行人都得迴避，但成千人還是站在遠處欣賞這一景觀。」

不久，宮廷貴婦邀請康格夫人作客，她蒐羅了將近一百名隨從前去赴宴。女人們互相來往，交上了朋友。一九〇三年初，康格夫人寫信給曾在北京住過的女兒：

> 你是不是能像我一樣感覺到鎖住的門在一點點打開？我為這些變化深深高興。高官的夫人，無論滿漢，都邀請我們上門，我也回請她們。我從前對中國婦女的看法大為改變。我發現她們對本國和別國的事情都感興趣。她們研究諭旨、閱讀報刊。有時候我提起時事想知道她們的見解，她們能告訴我好些東西。我們有很多共同語言。

這些中國女人讀過傳教士翻譯的書，知道「哥倫布發現新大陸、清教徒到達美國、我們跟英國的麻煩、十三州殖民地脫離大英帝國、我們的獨立宣言，等等」。有一位甚至「對傑克斯教授的金融體系很感興趣」——康乃爾大學（Cornell University）的傑瑞米亞·傑克斯（Jeremiah Jenks）教授那時剛對中國金融體系提出建議。這些表現讓公使本人也佩服。有次一位美國海軍上將問公使夫人：「你們女人在一起說些什麼呀？衣服、首飾？」公使替夫人答道：「恰恰相反。她們談滿洲的麻煩、政治問題，還有其他跟她們的政府有關的事情。」看來起碼部分宮廷貴婦見洋人之前有所準備，慈禧知道西方人尊重有頭腦、有見識的女人。

莎拉．康格跟慈禧經常見面長談。慈禧告訴她庚子年西逃的經歷，「栩栩如生地描繪途中的艱難困苦。皇太后告訴我許多我從前以為她完全無知的事情。」皇太后「也非常想聽我說我看到的真實中國」。一次康格和丈夫在中國各地旅行，回北京後對慈禧詳細講述她的印象：「中國人前所未有地熱切擁抱外來思想，到處都能感受到頭腦開放的黎明。」從康格夫人那裡，慈禧能得到珍貴的信息：西方人對她新政的觀察、反應。

西方報刊對慈禧的「不公正醜化」使康格「感到憤慨」。她「產生了一股強烈的願望，要讓世界看到真正的皇太后」。於是她接受美國報紙的採訪，「講述我多次見到的」慈禧。美國公使夫人為慈禧說話，她是慈禧的好友，為慈禧塑造了一個令人同情的進步的新形象，尤其在美國。報刊開始報導慈禧的改革，《芝加哥每日論壇》（*Chicago Daily Tribune*）大標題是：「中國的女性統治者正致力於美國化其帝國」。這家報紙還刊登了一幅題為「她下令女人放腳」的慈禧素描，把她畫得像一位廢除纏腳的鬥士。（慈禧回京後首批諭旨之一是廢除纏腳。）

莎拉．康格是慈禧最寶貴的朋友。慈禧很感激。一九〇五年，康格夫婦即將離任，行前夫人來道別，正式的客氣話說完後，「皇太后與我坐下來，像女人對女人一樣聊天。」最後，「告別的話又說了一遍，我離開了皇太后。忽然，她的翻譯叫我，把一枚血色玉做的『護身石』放在我手裡，對我說：『皇太后從她自己身上摘下這顆玉石送給您，希望您在越過大洋的漫長旅途中戴著它，讓它護佑您一路順風回到您可敬的祖國。』」這枚玉石貌不驚人，但它在清宮中代代相傳，慈禧本人戴著它執政數十年，像護身符一樣。把這樣一件東西送人非同小可，可能真是慈禧的衝動之舉。康格夫婦另赴他任後仍然不時收到慈禧的問候。

*

為了改善慈禧在西方的形象，莎拉．康格想出一個主意。一九〇四年，美國聖路易主辦世界博覽會，康格設想屆時在那裡展出由一名美國女畫家繪製的慈禧肖像。慈禧同意了。點這個頭慈禧克服了相當的心理障礙。按傳統只為死去的先人畫肖像。慈禧迷信。但她不想推卻朋友的好意，她也歡迎有這個機會讓世界認識自己。

美國女畫家卡爾就是這樣於一九〇三年八月來到慈禧身邊的。慈禧開始只承諾坐一次供她畫像，那次穿戴極其華麗，以與大清帝國皇太后的身分匹配。明黃色的錦緞長袍上，珍珠串成藤蘿圖案，鈕釦上掛著一串珍珠，每顆都又大又亮，顆與顆之間以玉石分開，下面垂著一枚碩大的紅寶石，由兩顆梨形大珍珠襯托。一塊淡藍色的繡花絲綢手絹掖在一隻胳膊下，另一隻胳膊下掖著拖黑長絲線的香荷包。頭飾上插著珠寶，還有大朵的鮮花。手腕上戴著手鐲。就好像需要找地方多戴首飾，每隻手的兩個指尖上套著嵌滿珠寶的指甲套。雙腳也沒有被忘記：方頭「花盆鞋」上掛著一串串小珍珠，剩下的只有高高的鞋底沒有裝飾。穿著踩高蹺式的鞋，慈禧精神抖擻地朝卡爾走來，問她雙龍寶座該擺在什麼地方。一切就緒，卡爾開始作畫，她數了一下，四周有八十五座時鐘在滴答，皇太后「炯炯有神的兩眼盯著我」。

這對眼睛判斷卡爾是個性格直率、開朗、堅強的人。慈禧喜歡她。當天畫完時，卡爾寫道：

「皇太后眼睛直視著我，問我願不願意在宮裡再住幾天，她有空時再坐下來讓我作畫。」女畫家這時已經對慈禧頗有好感，高興極了：「我聽了很多關於皇太后仇視外國人的話。這第一次見面就使那些話徹底失效。我覺得就是最善於表演的演員也不可能裝得這樣逼真。」

卡爾在宮中住了十一個月。通過女畫家，慈禧讓外部世界進入神祕的中國宮廷。她也喜歡這個美國人，幾乎天天見卡爾。卡爾善於觀察細節，富於理解力。她注意到慈禧享受著神聖般的待遇，「人們對她的肖像就像對基督教的聖器。每當皇太后說她疲倦了，暗示今天到此為止，就有太監把肖像從畫架上仔細拿下，恭敬地放進專門屋子裡。他們把畫筆、畫盤從我手中接過，小心翼翼地放進一個專門製作的大匣子鎖好，鑰匙由首領太監保管。」

這幅畫要到世界去展出，她要以最美、最莊嚴的形象出現。慈禧對卡爾的要求不少，但總是以最委婉的方式提出。一次她拉著卡爾的手說：「你會幫我做點小小的修飾，對吧？」修改最多的是眼角、眼底，那裡的皺紋、眼袋都得抹去。臉上不能有暗影，對中國人來說，半明半暗的臉是「陰陽臉」，表示這個人心術不正。卡爾的畫改了又改，最後她放棄了畫一幅優秀油畫的願望，讓慈禧的臉只是傳統的好看而已，不反映性格。

還有一點讓慈禧不放心的是，畫像完成的日子不能隨卡爾的意，得查曆書。曆書決定一九〇四年四月十九日是吉日，下午四點是最理想的時刻。女畫家對此毫不介意，肖像就在那個時辰完畢。

卡爾觀察到慈禧熱愛大自然：「不管皇太后有多少煩心的事，她總能從她的鮮花中得到慰藉！她會把花拿到眼前，深深吸著花的香氣，撫摸花，好像花是有生命的東西。她會走到她滿屋子的花中，摸摸這朵，捧捧那朵，或者把花盆移到更合適的地方。」卡爾像慈禧一樣對大自然著迷：「美不勝收的景致讓我興奮得幾乎發抖。」這也是慈禧喜歡卡爾的地方。

冬天天氣冷了，慈禧讓宮廷縫紉師為卡爾做了一件絲綿襯裡的棉衣，還親自設計了一件歐、中式混合的皮袍。送給卡爾時慈禧忘不了告訴她這些東方衣服只是為了實用，不會抹殺她西方人的特性。衣服對慈禧是民族的標誌，她一生都只穿滿族服裝，只在逃難時才穿上漢人吳永家人的衣服。慈禧還為卡爾選了一頂貂皮帽，說顏色跟金髮相配，式樣還能突出畫家的性格。她們議論服裝。那時的西洋女裝把腰束得很緊，慈禧說它們「只能給苗條的人穿，身材不好就倒楣了」。滿族服裝從雙肩一直墜下，能遮蓋缺陷，適合胖子。慈禧沒有當著卡爾的面批評緊身胸衣。有個在歐洲住過的翻譯過於誇張地向皇太后描繪了胸衣，慈禧說：「外國女人真受罪啊！用鐵絲箍得緊到出不了氣。可憐！可憐！」

慈禧待美國女畫家好似朋友，享受著與人平等相處的樂趣。兩個女人有許多共同興趣，還能一塊開懷大笑。一天慈禧去看菊花，卡爾繼續作畫。慈禧帶回一個新品種，興奮地說：「你猜我給這株花起了個什麼名字，猜中了我送給你一件好禮物。」卡爾看這朵花的花瓣細長，像頭髮一樣從光滑的中心垂下，說它好似禿頂老頭。慈禧高興地大叫：「你猜中了！我起的名字是『山中叟』！」一次參加花園招待會，慈禧看了看卡爾穿的灰色衣裙，從花瓶的插花中摘下一朵粉紅牡丹別在畫家胸前，說有點色彩更好看。慈禧細心周到，舉行花園招待會時，她事先派人送卡爾出宮去美國使館，讓女畫家跟康格夫人等美國人一同來赴會，這樣她就不會被人看作宮廷隨從而感覺不安。宮中有什麼娛樂的事，慈禧總是想著她。春天來了，是放風箏的時候，最不苟言笑的王公大臣也像小孩子一樣跑來跑去。傳統上第一隻風箏由皇太后放。那天慈禧把卡爾也請了去。慈禧十分在行地抖著線，讓風箏徐徐上升，然後手把手教卡爾。

卡爾在慈禧身邊將近一年，近距離地觀察在「家中」放鬆的慈禧，感到自己「真正愛上了皇太后」。慈禧對卡爾也有同感，邀請她再住下去，住多久都行，讓她畫宮中別的女人，甚至永遠住在北京。卡爾謝絕了：「宮牆外的世界在召喚我。」出宮後卡爾寫了本書記載她的獨特經歷：《在中國皇太后身邊的日子》（*With the Empress Dowager of China*），於一九〇六年出版。書中留下了慈禧栩栩如生的形象。

肖像在聖路易世博會展出後，贈送給美國政府以示友好。一九〇五年二月十八日，在白宮的「藍廳」裡，中國駐美公使對羅斯福總統（Theodore Roosevelt）和滿屋要員說，皇太后的禮物表示她對美、中友誼的讚賞，以及她「對美國人民的福祉、成功的長期關注」。羅斯福總統的答詞說他「以美國政府和人民的名義接受這一禮物。我們兩國的友誼應該以各種方式來維護和加強，既有國際關係的大領域，也有像我們今天共聚一堂這樣的美好姿態。」他說肖像「將掛在國家博物館裡，讓我們永遠記住兩國都希望友誼天長地久，都強烈關心彼此的幸福、發展」。

*

慈禧在一九〇三年初還交了個好友：路易莎．皮爾遜。她是個混血兒，父親是住在上海的波士頓商人，母親是中國人。歐亞人的結合在一八七〇年代相當普遍，但他們的孩子總是受人歧視。海關總稅務司赫德本人自稱「我包養了一個中國女孩」，他們同居多年，直到他離棄了這個女人去娶英國妻子。他們的三個孩子被送到英國由他的會計師的太太養大，赫德和孩子的母親從此再也沒見過他們。赫德的行為據稱「俠義得過分」，因為別的西方男人對混血孩子多半是拋棄了事。路易莎·皮爾遜的美國爸爸死在上海，他生前怎樣對待女兒今天已不得而知，但確知的是，路易莎被一位思想前衛的中國官員裕庚娶為夫人——不是做妾，更非包養，而是做妻子。他們的結合不容易。中國人把路易莎叫做「鬼子六」，在華洋人也不屑跟裕庚夫婦來往。但他們走自己的路，生了一堆孩子，生活幸福。赫德感嘆道：「這場婚姻，我想，還真是愛情呢！」「愛情」二字他加了著重號。他又接著寫道：「人人都不喜歡裕庚家，但那老頭子後臺挺硬。」

這些硬後臺包括皇太后本人。裕庚最先在張之洞手下，張派他調停教民與非教民之間的爭端。會說雙語的路易莎得以溝通雙方、消除誤會、化解矛盾。張之洞十分看重這對夫婦，把他們推薦給北京。裕庚得到飛速提拔，先任駐日本公使，再任駐法國公使，夫婦倆帶著他們會說英文的吵吵鬧鬧的孩子們歡歡喜喜去了巴黎。

在巴黎，他們過著忙碌的社交生活。西方報紙對他們充滿好奇。據《紐約時報》報導，路易莎「說一口完美的法文、英文，有一點波士頓口音，還有一點不知是什麼，無疑是華語影響。她是個上乘藝術家，能在絲綢上以中國風格作畫，讓法國畫家瞠目結舌。」《波士頓環球報》稱她主持的使館招待會「絕頂高雅、令人著迷」。一九〇一年夫婦倆主辦化裝晚會慶祝中國新年，他們的兒子馨齡扮作拿破崙，從當年的照片上看去他頗像真人。馨齡是天主教徒，跟一個法國鋼琴女教師在巴黎一家教堂結婚。婚禮那天新郎穿著紅珊瑚飾物的藍色滿族長袍，參加的眾人中有美國駐法國大使何瑞斯・波特（Horace Porter）將軍。報界廣泛報導，稱之為「近來這裡最別致新鮮的婚禮」，「奇妙的一幕」。《紐約時報》描述兩個女兒德齡、容齡「漂亮可愛，她們的歐洲服裝總加上東方的特色，使她們無論出現在哪家上流社會客廳，所有人的眼光會一齊投向她們」。路易莎和裕庚給女兒一切自由，讓她們盡情享受巴黎。她們常進劇院，看過人稱「聖女貞德之後最有名的法國女人」莎拉・伯恩哈特（Sarah Bernhardt）演出，還跟著名的舞蹈家鄧肯（Isadora Duncan）學過舞蹈。在父母舉行的宴會上她們常為賓客表演，交際舞會上也曾翩翩起舞。這家人的生活方式，包括法國男士吻路易莎的手，讓使館的守舊派反感到憎恨的地步，不止一人以不止一個理由向北京告他們的狀。

可是看到這些狀紙後，慈禧反而更喜歡他們。裕庚任期屆滿後，全家漫遊歐洲各大城市，於一九〇三年初回到北京。皇太后正急不可耐地等待他們，立刻邀請路易莎和她的兩個女兒入宮做貼身御前女官。英、法文皆熟的德齡、容齡做慈禧的翻譯。有一天，慈禧問路易莎：「你喜歡音樂嗎？」據容齡回憶，路易莎答道，她對音樂沒有研究，可是二女兒容齡很喜歡音樂，在外國的時候，曾學過好幾年音樂和古典舞。慈禧說：「那好極了，從前明朝末年有個田貴妃，舞蹈很好，可惜現在失傳了。我總想讓王府格格們研究舞蹈，但總找不到相當的人。既然容齡會跳舞，就讓她在宮裡研究吧！」容齡因此在宮裡瀏覽古畫裡古裝仕女的舞姿，與懂得音樂的太監研究伴舞的旋律，編了一些中國古典舞，並曾表演給慈禧看，慈禧很滿意。伴奏的除了有宮廷樂師，還有袁世凱的西樂團。這是容齡研究現代舞的開端。今天她被稱為「中國現代舞第一人」。

路易莎可以說是慈禧的外交事務總顧問。有了她，慈禧終於在身邊有了個對歐洲、日本都親身經歷過的、可以信任的人。她既問路易莎外國宮廷、總統府的禮節，也諮詢各國政治、社會情況，還請她出主意。一九〇三年晚期，日俄戰爭一觸即發，一天日本公使內田的夫人求見。慈禧很喜歡這位太太，總是很高興見到她，在給康格夫人北京犬的時候，也不忘給內田太太一隻。友好姿態自然也是給東京看的。慈禧知道這位太太此時造訪是來摸底的，東京想了解皇太后對日本的真實態度，而慈禧不想流露。她和路易莎商量，路易莎建議容齡做翻譯：「如果內田太太提出什麼不方便的問題，她就想辦法岔開。她是小孩子，這種事小孩子辦最好，免得誤會。」慈禧接受了這個辦法，又叫路易莎不要走開，說擔心容齡鬧小孩子脾氣。經過路易莎的囑咐，在內田太太提起戰事時，容齡裝作沒聽明白，對她談別的事。送走內田太太，容齡回憶道：慈禧又問她，內田太太在院子裡說什麼話沒有？路易莎說：「她沒有對奴才容齡說話，她只對奴才說：你的女兒很聰明，傳話傳得很好。奴才想她這一句話是反說的。」慈禧笑了說：「倒看不出來內田太太總是笑著臉鞠躬，可是心裡滿有數。」

路易莎對慈禧不可或缺。偶爾，她不得不離開宮廷去探望生病的丈夫，慈禧總是迫不及待地催促她回來，儘管話說得很客氣。只是在一九〇七年，裕庚實在病重需要去上海治病（在那裡他不久病故），慈禧才依依不捨地讓路易莎和她女兒離開了皇宮。

28 真正的革命（一九〇二～一九〇八）

從一九〇二到一九〇八年，慈禧推行了一個接一個的里程碑式的變革。中國經濟發展迅速，財政收入從新政前的年收入一億零一百五十六萬兩銀子（一八九九年），達到二億三千四百八十萬兩銀子（一九〇八年）。（在她執政前期的一八六一至一八八九年初，中國年度財政收入已經翻了一倍，從清朝一般的四千萬兩銀子到八千多萬兩銀子。）收入增加使清政府能夠施行更多的改革措施。這些年的改革既是激進的，又是人道的，為的是改善人民生活，掃除中世紀的野蠻。同時中國傳統的精華也沒有被破壞。

慈禧的第一道革命性諭旨發布於一九〇二年二月一日。諭旨取消了滿漢通婚的禁令。在一個以家庭為中心的社會裡，滿漢不通婚意味著兩個民族之間很少來往，男人在外做官是同事，家眷彼此之間從不見面。美國教會醫生何德蘭女士講到，一次一位滿族貴婦和一位漢族軍機大臣的孫女在她家遇到，何女士發現，讓兩人對話就像「把油和水攪合在一起」那樣艱難。如今，滿漢隔離將消除。

這道諭旨還要求漢族婦女不纏足，告誡人們這「有傷造物之和」。慈禧知道，作為壓制婦女象徵的纏足「由來已久」，很難廢除，強行禁止可能帶來暴力衝突。她的命令帶著一向的謹慎：官宦人家要做表率，對老百姓「務當婉切勸導，使之家喻戶曉，以期漸除積習。斷不准官吏胥役藉詞禁令，擾累民間。」慈禧的風格是在實行激進變革時不用任何暴力，而用勸說，逐漸成功。當莎拉·康格問她諭旨是否會在全帝國立即產生效果時，慈禧說：「不會的，中國人動得慢。我們的習俗固定了很長的時間，也需要長時間來改變。」慈禧寧願等待。她的漸進方針使無數女孩（包括本書作者的姥姥）在十年之後仍遭受纏足之苦，但她們也是受苦的最後一代人。

用同樣和緩的方式，慈禧把女性從家中、從男女隔離中解放出來。婦女開始拋頭露面，上電影院、進戲院、辦報紙、成為公眾人物，享受從不敢夢想的快樂。慈禧特別著力讓婦女受教育。當時報紙如《大公報》頻繁刊載〈深宮注重女學〉、〈兩宮垂詢學務〉等消息，報導慈禧「每於召見學部堂官時，必垂詢推廣女學辦法，」「以期輸入文明，咸知愛國。」她要貴族家庭樹立榜樣，設立貴胄女學堂。「貴胄女學堂事，政府已會同學部妥議，約於春間即可開辦。聞榮壽公主已面奉皇太后慈旨，充當貴胄女學堂總監督。」

一九〇五年，興辦女學的先驅惠興女士因為學校經費短缺難以支撐，用自殺方式來吸引人們對辦女學的注意。新興的報刊把她塑造為「女傑」、「偉人」。《北京女報》在陶然亭開會追悼，出席者均為「北京女界最有聲望之人」。參加北京淑範女學校追悼會的達四、五百人。《順天時報》說：「統計先後到會的，除本女學校學生，和各女學堂學生，並眾女賓外，所有各男學堂學生，及學堂教員，報社記者，一切維新志士，凡知道這開會事的，九門內外，無論東城西城南城北城，不分遠近，都一律親身到場。」京劇名演員把惠興的事跡搬上舞臺。對這些活動，慈禧大力支持，內務府傳集北京各戲班名角，「在頤和園敬演《女子愛國》及《惠興女士》新戲。」一九〇七年，清廷學部奏定的女學堂章程公布。

改革新星端方，在西安任職時為慈禧欣賞而提拔為總督。端方考查過美國女學情形，提倡女學最力，他是首先派女子出國留學的人。一九〇七年在任兩江總督時，他派送第一批女生赴美國，她們中有宋慶林〔齡〕，未來的孫中山夫人。宋就讀於喬治亞州的威斯利安女子學院（Wesleyan）。跟她同行的妹妹宋美齡後來畢業於麻塞諸塞州衛斯理學院（Wellesley），成為蔣介石夫人。

許多風雲女性都受益於慈禧開創的機會。其中有首位報紙女編輯，《大公報》的呂碧城，她的石榴裙下拜倒著無數人。女報數量達到三十來種，甚至還有份日報，或許是當時世界上唯一的婦女日報（儘管存在的時間不長）。二十世紀初，「女權」在中國是個時尚的字眼。早在一九〇三年，著名的《女界鐘》就宣稱：「二十世紀之世界，為女權革命之時代。」一個以纏足這一最殘忍不過的方式來對待女性的國度，從此開始了女性解放。

*

受到徹底改變的還有以科舉為主體的教育制度。這個現代化的障礙慈禧早就要排除了。在科舉還未廢除之前，她逐步建立起另一套教育體系，使人們不需要科舉也可以有前途。一九〇五年廢除科舉時，這根一千多年來支撐中國政體的大柱竟倒得輕輕易易。新的教育體系基本西化，採用了幾乎所有的西方課題，當然儒家經典仍然是重要課程。那年莎拉．康格在全國旅行，參觀了許多新式學校，看見學校裡有教英語的教師、穿制服的學生，有圖書館，有體育室。她不禁想到：「成百的孩子從這樣的學校畢業之後像發酵劑一樣溶入社會，未來的中國會是什麼樣子？」三年以後，這樣的學校超過了五位數字。

出國留學大受鼓勵，或有獎學金援助，或有學成歸來後的優越職位做吸引力。開頭好些人去得勉強，特別是習慣了僕人成群的達官貴人的孩子。現在他們得知，將來要做官，「必須曾經出洋遊歷一次」。任職的也要求出國。慈禧懿旨：「已為職官者，皆讀書明理，深知法度之人，令其出洋遊歷，最為有益無弊。」留學人數激增。僅在日本，二十世紀初的頭幾年，人數達到近萬人。

*

新教育、新思想，使年輕的漢人開始質疑和反對滿族統治，他們的出版物充滿了反滿的聲音。一九〇三年，曾留學海外的鄒容，在上海租界《蘇報》上寫了篇著名的〈革命軍〉長文，第一章開頭就宣布要「誅絕伍佰萬有奇披毛戴角之滿洲種，洗盡二百六十年殘慘虐酷之大恥辱，使中國大陸成乾淨土。」文中管慈禧叫「賣淫婦那拉氏」，宣稱的宗旨有：「驅逐住居中國之滿洲人，或殺以報仇。誅殺滿洲人所立之皇帝。」文章和它的影響使慈禧以及王公大臣非常憤怒，慈禧下令「將此等敗類嚴密查拏懲辦」，「再三催促」手下人要求引渡鄒容。上海租界當局拒絕了要求，由西方人為主的法庭審判了鄒容和為〈革命軍〉作序的章炳麟等人，中國政府一方由律師代理。審判結果是：

「鄒容監禁兩年，章炳麟監禁三年，罰做苦工，限滿釋放，驅逐出境。」《蘇報》被查封。

此後，極端分子寫作時不得不小心。租界的西式監獄，雖然不像中國監獄那樣恐怖，也不是美妙的地方。鄒容身體本來就多病，「在牢時，容色甚悴，若瘋若癲，夜不寐，大聲罵人。」監獄條簡單的規定就足以讓他送命。據章炳麟描述：犯人衣服只有冬夏兩套，「三月底一律脫去棉衣，著單衣，九月底一律脫去單衣著棉衣，此時最苦體弱者，中寒成病，或竟死，鄒容亦死於此牢中。」死時入獄僅一年。

對慈禧，這件案子也足以讓她深思。她面對新的挑戰：怎樣應對到處蓬勃興起的報刊中「大逆不道」的「異端邪說」。當時有人建議壓制言論，「以肅觀聽」；有人要求清廷停派留日學生，「免為革命學說所中」。對這些倒擰時針的建議，慈禧沒有接受。她選擇用制定新聞法來進行控制，建築在歐美、日本模式之上的「報律」逐漸產生。慈禧新政期間，中文報刊大幅發展，官紳士民自辦的報紙遍布全國六十多個城市、地區。只要有資金，人人都可以辦報，無人可以對他們實行禁聲。直隸總督袁世凱在天津經常受到當地最有影響的《大公報》的無情批評。大怒之餘，袁的唯一辦法，是一度下令禁止郵局投遞、禁止公務人員閱讀該報。但這反而促進報紙銷量增加。《大公報》主編英斂之的夫人愛新覺羅·淑仲因是皇族，常與宮廷來往，據說「屢為《大公報》寫宮廷通信，頗為精采。」該報主張慈禧歸政、光緒掌權。慈禧對批評她的政府和她本人的報刊的容忍，是史無前例的，恐怕其後也鮮有人能望其項背。那一時期，中國是真正的百花齊放。

引進了前所未有的自由，慈禧也在同步西化中國的法律。一九〇二年五月，她頒發上諭，「派沈家本、伍廷芳，將一切現行律例，按照交涉情形，參酌各國法律，悉心考訂，妥為擬議，務期中外通行，有裨治理。俟修定呈覽，候旨頒行。」一九〇五年四月二十四日，臭名昭著的凌遲、梟首、戮屍等被「永遠刪除」。頒發諭旨時，她為大清辯護了幾句，解釋說這類殘忍的作法是明朝的傳統。另一道上諭批准了「禁止刑訊」、「變通笞杖」。到那時為止，刑訊逼供被認為是天經地義，現在，「除罪犯應死，證據已確而不肯供認者，准其刑訊外，凡初次訊供時及徒流以下罪名，概不准刑訊。」慈禧特意聲明，她認為刑訊「實堪痛恨。此次奏定章程，全行照準。倘有陽奉陰違，再蹈前項弊端者，即行從嚴參辦。」同時批准的還有改良監獄，不得虐待犯人：「監羈一事，固須屋宇廣潔，尤須隨時體恤，禁絕凌虐。」文明的法律制度必須深入人心，要「於京師設法律學堂，考取各部屬員，入堂肄業，畢業後派往各省佐理新政。」官員中還要設立「速成科，講習法律」。這是一場名副其實的法律革命。

*

一個或許不那麼驚天動地的發展，是讓商務受到尊重。雖然中國人愛賺錢，但傳統文化偏偏瞧不起從商之人，商人在「士農工商」的排列中處於最底層。一九〇三年，中國歷史上首次開辦「商部」，擬定「商律」及公司註冊章程，鼓勵大家成立公司。那年她批准的「獎勵公司章程」規定：集股五千萬圓以上者，商部聘為「頭等顧問官，加頭品頂戴，並請仿寶星式樣，特賜雙龍金牌，准其子孫世襲臣部四等顧問官，至三代為止。」商人參加博覽會，或發現新產品出口，都有獎勵。

新政期間的成就還有：國家銀行成立；為沿用至今的「國幣」奠基（「中國國幣單位，定名曰元……以一元為主幣……元角分厘各以十進。」）；國民經濟大動脈京漢鐵路通車；中國鐵路網的胚胎初成。陸海軍有了新的司令部大樓：中國人自己設計的兩棟歐式巍峨建築。經費據說由慈禧支付——或許她在為從前拿海軍軍費懺悔吧？

*

鴉片是在這段時期被禁的。被迫弛禁鴉片半個世紀以來，吸食者據官方估計「幾於十居三四」。在西方，一個常見的華人形象是骯髒醜陋的臉在大菸館吞雲吐霧。想一想中國人是怎樣走上吸食之路的，這成見就特別不公。關心中國命運的國人和西方傳教士一道，多年來不倦地為禁菸呼號。進口的鴉片主要產在英屬印度，一九〇六年，英國國會辯論此事。中國駐英公使向北京報告，英國人心所向是結束鴉片貿易，如果中國政府要禁菸，英國會配合。慈禧抓住這個機會，於九月二十日頒發上諭：「定限十年以內，將洋土藥之害，一律革除淨盡。」政務處制定了一個十年禁菸章程，要求六十歲以下的吸菸人「每年遞減二三成，幾年內一律戒斷。」（「年逾六十精力漸衰者……可從寬免議。」）權威歷史學家馬士那時在中國，看到慈禧上諭「激起了中國人無限的興奮」：農民不需要怎樣勸說就停止種植罌粟；「數以百萬計的吸菸人停止了吸食；在公共場合吸菸為人側目；年輕人受的教育是千萬不要染上這一習慣。當然，百萬人還在繼續抽鴉片，但是新一代人成長起來與惡習絕緣。」

慈禧政府正式向英國要求停止鴉片貿易，英政府報以積極反應。跟慈禧的十年計畫相配合，英政府同意印度的鴉片出口每年遞減十分之一。中英兩國都把這看作「偉大的道德運動」，忽略不計可觀的稅收損失。十年之後，中國禁菸運動成績斐然，英國的鴉片貿易徹底停止。

*

像大洋的巨浪一樣，慈禧的新政一波接一波，層出不窮。沒有在通商口岸居住過的中國人經歷了許多「生平第一」：第一盞路燈、第一桶自來水、第一部電話、第一部電影、第一場運動會、第一座博物館、第一個動物園和公園（由慈禧批准用皇家地皮）、第一所農業試驗場（也建在皇家園林上），還有第一所西醫醫學院。北京協和醫學堂這時由英國醫生開辦，慈禧贈給醫學堂一萬兩銀子。許多人讀了有生以來第一份報紙，開始養成了每天讀報這一怡然自得的習慣。

慈禧本人也經歷了好些「第一」。一九〇三年的一天，她問路易莎・皮爾遜她的女兒會不會照相，因為從外面找男人照相師進宮照相肯定會引起風波。路易莎說她的女兒不會照相，但兒子勛齡在國外學過照相，還帶回一套器材，可以叫他來給皇太后照相。雖然勛齡是男人，但他是路易莎的兒子，可以看作「家人」。勛齡成為唯一正式給慈禧照過相的人。

後來，有個美籍荷蘭畫家胡博・華士（Hubert Vos）稱他為慈禧照過相、畫過像，人們一般也就把他的話當真。事實上沒有絲毫資料證明這些事發生過。他是個男人，而且是個洋男人，這使得他進後宮為慈禧照相、畫像（據他稱慈禧面對他坐過五次讓他作畫）絕不可能。*即便是與慈禧有數十年之交的赫德，也只在正式場合見過她幾次，最長的一次在一九〇二年，僅有二十分鐘。因為這是絕無僅有的一次，赫德記錄下來：

> 老太太說話的聲音甜蜜，對我稱讚有加。我說別人也能替代我的工作，她反駁說她需要的是我。她還提到〔愛德華七世的〕登基大典，說她希望國王陛下永遠幸福。講起鐵路旅行來，她笑著說她甚至想像到國外旅行！

慈禧熱愛旅行，好奇心旺盛，出國一定會給她極大的樂趣。但是她從未認真打算過，因為她判斷這不適宜。同樣，儘管她是最高統治者，她沒有進過紫禁城外朝。她不會僅僅為了滿足欲望就去挑戰格外頑固的傳統，以免引起不必要的風暴。雖然她期望跟男人無拘束地交往，也不介意男人給她照相、畫像，但她一定會遏制這些欲望。慈禧能節制自己。她對什麼能做、什麼不能做，什麼時候做最妥當，有準確的判斷。這是她得以統治大清帝國、改造大清帝國的關鍵之一，也是她的改革沒有引起動亂的根本因素。

* 胡博・華士畫的慈禧肖像比卡爾的畫像更反映出慈禧的性格，他很可能是照著勛齡拍攝的慈禧相片畫的。

＊

慈禧這時將近七十歲，照出來的相看去跟她年紀相當。這些照片會讓皇太后皺眉頭，因此照相師把它們修飾後才呈上。修飾過的慈禧臉上沒有皺紋，沒有眼袋，年輕了幾十歲。把故宮現有慈禧照片，與華盛頓弗利爾藝術館（Freer Gallery）收藏的、勛齡留下的底片相比較，可以清楚看出這一「整容」的效果。

慈禧看到照片高興極了，那段時間讓勛齡拍了好些照片。她擺出各種姿勢，有一張往頭上插花，好似愛俏的小姑娘。她又換衣服，又換首飾，又換地方，有的場景按京劇布景製作，相當複雜。慈禧酷愛京劇，有次以為四下無人，一邊走一邊又唱又舞，被人窺見。如今她也戲裝打扮拍照，扮作觀音，讓女官、太監扮作觀音身邊的侍從。最合意的照片被放大成七十五釐米高，六十釐米寬，精緻地作色、裝框，掛在宮內牆上。有些用來送給外國首腦，作為他們寫信祝賀她七十大壽的答禮。那時時興國家元首互贈照片。美國報紙在看到照片後說：「照片上她看去四十歲，而不是七十歲。」

修飾、放大、裝框的工作由京城最老、最著名的豐泰照相館承擔。豐泰的老闆任景豐，曾在日本學習攝影。由於他的功勞，慈禧邀請他入宮，據說授予他四品頂戴。在宮內，一心想拍電影的任景豐結識了在昇平署供職的京劇名演員譚鑫培，由譚主演，他導演了電影《定軍山》。這是中國第一部電影，誕生於一九〇五年。慈禧或許稱得上中國第一位「總製片人」吧？

＊

慈禧穿著戲裝跟太監一塊照相，在太監地位低下、女人不能上戲臺的年代，被認為「近乎非禮」。這些照片落到她的敵人手裡，用來損害她的聲譽。從一九〇四年下半年到一九〇五年底，康有為黨人辦的報紙《時報》每天刊登廣告，翻印出售慈禧照片。廣告以日本出版商高野文次郎的「有正書局」名義刊登，刻意突出「太后與李連英崔玉桂〔貴〕扮觀音並坐」。售價不僅便宜，還「大減價」。寄售處除了上海還有慈禧鼻子底下的北京琉璃廠。對這些旨在損害她形象的廣告，慈禧沒有採取任何行動。她反而透過跟她關係密切的北京道教白雲觀高方丈，把跟李連英的合影，堂堂正正地送給日本外交官做禮物。這大概是她的答覆。

廣告似乎沒能抹黑慈禧，她那時相當得人心。諾貝爾文學獎得主賽珍珠（Pearl Buck），父母是傳教士，小時生活在中國農民和小鎮居民中。她的觀察是他們「愛戴她」。慈禧七十大壽時沒有安排如六十大壽那樣的慶典，但是人們用各種方式慶賀。北京正陽門外舉行燈會，「張燈結棚，遊人如蟻」。在上海，莎拉．康格寫道：

> 我們的車駛過租界，看到眾多美麗的裝飾，祝賀皇太后的生日。中國人的商店都點綴得鮮艷奪目，甚至有中國國旗迎風招展。這實在異常，因為在中國，通常只有官方場合才掛國旗。……在各式各樣瑰麗彩燈裝飾下，一切都更加栩栩生輝。中國人在對中國和它的統治者表

示忠誠，讓外國人也能感受到他們的忠誠。

慈禧頒旨「禁絕諸臣貢獻」生日禮物，但對她特別忠心的一些臣子如張之洞，想方設法要送禮，不張揚地送。張之洞在武漢辦了個西式招待會慶祝她的生日，邀請各國外交官、軍艦將校，以及在武漢的外國雇員、旅行者參加。

*

在全國巨變之時，宮廷內的變化相對地小。管理太監的規則有所放鬆，太監能出宮光顧酒館、戲院。但是中世紀的太監制度本身依然存在，小男孩還在被閹割做太監。慈禧曾經設想過廢除太監制，太監得知後「日夜號泣」，慈禧便沒有推行下去。

人們在她面前還得下跪。跟外國公使夫人就餐那一次，慈禧和外國女人們坐下，宮廷女官直挺挺地站著吃。宴會進行中，康格夫人問慈禧，女官是否可以坐下，慈禧不好拂康格的意，揮揮手，讓女官坐下了。這是唯一一次除了皇上以外的中國人跟她一道坐下吃飯。不過這些女官並沒真吃。目擊者說：「她們惴惴不安地沾了點椅子的邊兒，沒有碰任何食物。」宴會時，翻譯是跪著工作的。

慈禧在紫禁城和頤和園之間往來，指定的官員要跪迎跪送。有次她乘船去頤和園，在倚虹堂上船時，官員在兩岸跪著送行。天下起雨來，一位官員衣服濕了貼在身上，往下流花花綠綠的水。慈禧問太監怎麼回事。太監說官員沒錢，買不起蟒袍，用紙糊了一套袍褂，畫上花紋，碰上下雨，紙衣服自然不行了。還有一次，她給一大群官員賞賜了禮品，他們等著給她下跪謝恩。因為人多，房子裝不下，儀式只能在院子裡舉行。那天大雨不止，為了等雨停，人們等了一個多小時。一個謝恩的人寫道：「皇太后捲簾以待，雨略小，王大臣百官即在雨地謝恩。」

駐美大使伍廷芳，在華盛頓盡情享受自由，社交界的人都聽說他「喜歡在晚宴上說尖酸刻薄的話」。回京後正值羅斯福總統的女兒阿麗絲（Alice）一九〇五年訪華覲見慈禧，他做翻譯。習慣了自己與任何人平等，伍廷芳好像忘了跟皇太后說話他須得先下跪，得到允許才能站起來。他站得很自在。阿麗絲回憶：

他站在我們之間，稍稍靠後一點。我們聊了一會，突然，皇太后小聲尖利地說了句什麼話，他的臉色發青，一下子匍匐在地，頭磕在地上。皇太后說一句話，他抬起頭來給我翻譯一句，完了頭磕下去；我說一句話，他又抬起頭來，對皇太后翻譯，隨後頭又磕下去……給人的印象是她隨時可能說「拉下去砍頭」，而他就會人頭落地。

伍廷芳此時正被慈禧委以重任，負責法律改革。

慈禧在宮廷中堅持下跪。下跪標誌皇權至上，彎曲的膝蓋一旦都直了起來，皇位一旦沒有了至高無上的威嚴，人們會不可避免地想：我憑什麼要服從它？大清王朝可能搖搖欲墜。

為了維持這個絕對服從的象徵，慈禧犧牲了好奇心。當時袁世凱進貢了一輛汽車。袁世凱不僅繼承了李鴻章的職位，還在慈禧的生活中扮演了李的角色，既是精明的軍師，也送她喜好的禮品。袁為皇太后買的這輛車漆成明黃，帶著龍的標誌，座位也好似寶座。慈禧很想坐汽車兜風。她剛騎過一輛也是袁世凱進貢的三輪腳踏車在頤和園繞彎，很愜意。可是她最終沒有乘坐汽車。為什麼？原因極可能是司機既不能跪，也不能站，必須在慈禧前面坐著。

29 籌備君主立憲（一九〇五～一九〇八）

慈禧明白，歸根到底，皇位只能靠制度固定，她邁出最具歷史意義的一步：實行君主立憲，其核心是選舉產生國會。慈禧企望君主立憲能賦予大清王朝統治的權利，同時以漢人為主的民眾能夠通過選舉參與管理國家大事。

慈禧曾說：「現今毛病在上下不能一心……外國能得上下一心，所以厲害。」一次談到英國維多利亞女王時，慈禧議論道：「英國是世界上最強大的國家之一，這並不是維多利亞女王個人絕對統治的結果。她的背後是國會那些能人，他們總是討論一切問題，得出最好的結論然後施行。」「中國有四億人，都靠我一個人做主。雖然我有軍機處出主意，但重要的事情我都得一個人決定。」慈禧為自己的能力驕傲，但也承認她在義和團問題上闖了大禍。放眼看看宮廷內外，就沒有一個皇室的人配作君主，尤其是現代社會的君主。

當時不少報紙在提倡立憲，《大公報》是其中之一。一九〇三年，該報一篇文章議論道：「政體之沿革，由君主而立憲，由立憲而民主。階級秩然，莫能陵踏。我中國之政體，不改良則已，欲改良，惟有立憲。」一九〇五年四月，報紙徵文，題目是：「振興中國，何者為當務之急？」應徵的文章中不少說：「居今日而欲振興中國，採五大洲之良規，剔四千年之積弊，貧一變而為富，弱一變而為強。其必以君主之國而行立憲之法，最為當務之急。」「總之，振興中國，變專制為立憲，實為當務之急。」慈禧決定實行君主立憲時，很可能聽取了報刊的議論。

一九〇五年七月十六日，慈禧頒發上諭，派王公大臣「分赴東西洋各國考求一切政治，以期擇善而從。」慈禧的意思是「考察憲政」，由於反對立憲的呼聲甚高，改為比較含糊的「政治」。但慈禧在大臣們出洋前接見他們，「殷殷」囑咐，說任務是「考察各國憲政，冀歸來後施行」。用當時西方觀察家的話說，慈禧是「從金字塔的頂峰」往下推行憲政。這樣一來，她掌握了主動權，得以保障清王朝和她本人家族的利益。考察的領隊是鎮國公愛新覺羅・載澤，他的妻子是慈禧弟弟桂祥的長女、隆裕皇后的姊姊。載澤和別的滿族大臣也會幫助慈禧說服其他滿人。

考察團兵分兩路，將要考察的國家有歐洲的英國、法國、德國、丹麥、瑞典、挪威、奧地利、俄國、荷蘭、比利時、瑞士、義大利，以及日本、美國。九月二十四日，載澤一行，包括一大隊仔細挑選的隨員，在北京火車站登上列車準備啟程，一心要以暗殺推翻滿清的吳樾在載澤的車廂裡引爆自己攜帶的炸彈，要與載澤等同歸於盡。載澤等十多個人受傷，死亡三人中有吳樾本人。這是中國第一個「人肉炸彈」。第二天一早慈禧召見考察團其他人員，據大臣之一戴鴻慈日記，慈禧對他們「慰勞有加，又問澤、紹〔英〕傷狀及當時情形」。她「慨然於辦事之難，凄然淚下」。

慈禧沒有放棄努力，只是因為載澤等人治傷，考察團推遲了出發時間。臨行前她再度召見，「溫慰如前，有加意保重等語。」考察團帶著她的期望離開了北京。他們走後，慈禧下令設立「考察憲政館」，「延攬通才，悉心研究，擇各國政法之與中國治體相宜者，斟酌損益，纂訂成書，隨時呈進，候旨裁定。」

一九〇六年夏，考察團回到北京。載澤知道皇太后在等待他，從火車站「逕赴頤和園」報到。第二天黎明，慈禧接見他，跟他談了兩個小時。別的出使大臣她也分別接見。考察團寫了數十卷報告，交給考察憲政館。這年九月一日，一道劃時代的上諭宣布奉「皇太后懿旨」，中國開始「仿行憲政」，「預備立憲」。上諭說中國的問題在於老百姓不認為自己是國家的主人，跟當權者互相背離、隔閡。「而各國所以富強者，實由於實行憲法，取決公論，君民一體，呼吸相通，博採眾長，明定權限，以及籌備財用、經畫政務，無不公之於黎庶。」從現在起，要「將各項法律詳慎釐訂，而又廣興教育，清理財務，整飭武備，普設巡警，使紳民明悉國政，以預備立憲之基礎。」皇太后呼籲國人「尊崇秩序，保守和平，豫備立憲國民之資格」，稱自己「有厚望焉」。

一石激起千層浪，各報紛紛發「號外」報導這篇上諭。在日本的梁啟超看到號外後，在給友人的信中說：「今夕見號外，知立憲明詔已頒，從此政治革命問題，可告一段落。此後所當研究者，即在此過度時代之條理何如。」他馬上行動組織政黨。一些政治組織也合法成立。慈禧政府推行了一系列準備工作：制定法律、推廣教育、向公眾宣傳憲政、建立現代警察並訓練他們維持治安，等等。

兩年之後，一九〇八年八月二十七日，慈禧批准了《憲法大綱，暨議院法、選舉法要領，及逐年籌備事宜》。這個歷史性的文獻是中西制度的混合。遵從東方的長期傳統，皇上有實質性的權力：「君上有統治國家大權，凡立法、行政、司法，皆歸總攬，而以議院協贊立法，以政府輔弼行政，以法院遵律司法。」《憲法大綱》強調皇權，第一款就是：「大清皇帝統治大清帝國，萬世一系，永永尊戴。」

同時，按照西方的政治制度，君主與百姓，在憲法面前人人平等：「憲法者，國家之根本法也，為君民所共守，自天子以至於庶人，皆當率循，不容逾越。」君主必須受議院（國會）的制約。法律需先「經議院議決」，「已定之法律，非交議院協贊奏請欽定時，不以命令更改廢止。」皇帝無權「命令更改廢止」議院通過的法律。老百姓被賦予一系列根本權利，包括「臣民之財產及居住，無故不加侵擾」；「於法律範圍以內，所有言論、著作、出版及集會、結社等事，均准其自由。」人民將有選票，只要合乎選舉資格，都有選舉權和被選舉權。「選舉用投票之法，以投票多數而合例者，方准當選。」議院職責除了立法，還包括協助制定「國家之歲入歲出，每年預算」。《憲法大綱》沒有說議院和君主發生衝突該怎麼辦，但制憲者給慈禧的奏摺反映了他們的思路：「始於君民之相爭，而終於君民之相讓」。

議院未開之前，一九〇七年先成立了一個「資政院」作為過渡機構。一九〇八年七月八日，慈禧批准了資政院擬定的議院章程及議員的產生。議院分上、下兩院，各約一半議員。上議院議員產生於：「宗室王公世爵，滿漢世爵，外藩（蒙、藏、回）王公世爵，宗室覺羅，各部院衙門以四品以下七品以上者（但審判官、檢察官及巡警官不在其列），碩學通儒，納稅多額者。」各群體選出上議員後，由皇上指定，即「欽選」。下議院「民選」，由各省地方議院「諮議局」議員中選出。

布。

諮議局議員則由民眾直接選舉，《選舉章程》草案經慈禧批准於一九〇八年七月二十二日向全國公

在這個具有偉大歷史意義的文獻中，選民資格範圍從西方世界借鑑。在英國，選民當時必須是成年男子，擁有不動產或者每年至少交十英鎊的房租。在這個範圍內的選民占英國成年男子的六成。在中國，成年男子定義為「年滿二十五歲以上」，不動產定義為「在本省地方有五千元以上之營業資本或不動產者」。章程起草者認為：「專以財產為標準」，可能開啟「民間嗜利尚富之風」，於是在財產限制之外，按中國特色擴大了資格範圍，使下列人士也能參加選舉：「一、曾在本省地方辦理學務及其他公益事務，滿三年以上，卓著成績者；二、曾在本國或外國中學堂，及與中學同等或中學以上的學堂，畢業得有文憑者；三、有舉貢生員以上之出身者；四、曾任實缺職官文七品武五品以上，未被參革者。」所有這些人，儘管窮、沒有房產，也將是選民的一員。

被選舉人的資格範圍也跟西方大同小異。和日本相同，他們需得年滿三十歲。中國特色又一例是小學教師不具有被選舉權，原因是他們「職司國民教育，責任綦重」，不能分心去競選。連選舉權也不具有的人有「本省官吏或幕友」，原因是他們「當行政之任，與諮議局本屬對立」；以及軍人和巡警，因為他們必須「不預政事」。

在批准章程時，慈禧強調：「中國立憲之體，前已降旨宣示，必須切實預備，慎始圖終，方不致托空言而鮮實效。」她要求制定一個「開設議院年限」，由她「欽定宣布」。主持章程起草的慶親王力陳「不可預定年限」，說這樣大的轉折，「一切應辦各事，尚未舉辦，先宣布開設議院年限」

不妥；那些要求定年限的人，「其中有亂黨勾結，無非使權柄下移」，他們乘機奪權。慈禧沒有採納慶親王的意見。不定期限各級官僚就可能消極怠工，開設議院就可能虎頭蛇尾。只有定下年限，展示逐年應當籌備之事，才能鞭策各級官員積極行動。宣布年限，也能讓全國民眾看到皇太后的決心。

慈禧政府決定九年後頒布憲法，舉行上、下議院議員選舉。九年中每年要做的各項工作、要達到的目標一一列出，有調查戶口、融化滿漢、編訂法典、擬訂稅收章程、訓練巡警、編輯國民必讀課本、確定皇室經費、頒布文官章程等，不一而足。其中一項突出的、需要逐年增加的，是識字者在國民中的比重。中國當時的文盲占人口百分之九十九以上。第一年，需要先「編輯簡要識字課本」作為教材，使識字者在第七年達到百分之一；第九年，「人民識字義者，須得二十分之一。」慈禧下令把她認可的諭旨，和逐年應行籌備事宜，刊印在御用黃紙上，蓋上皇帝的大印，「分發在京各衙門，在外各督撫、府尹、司道，敬謹懸掛堂上，即責成內外臣工遵照單開各節依限舉辦。」她警告說：「倘有逾限不辦，或陽奉陰違，或有名無實，均得指名據實糾參，定按溺職例議處。」她甚至用「天良」、「神明」來鞭策官員「隨時催辦，勿任玩延」。

慈禧的誠意和決心無可置疑。如果一切能按計畫實施，從一九〇八起的第九年，千百萬中國人將參加選舉。（英國一九〇八年的選民是七百萬。）有史以來第一次，民眾能夠參與過問國家大事。在這塊土地上生活幾十年的美國傳教士丁韙良呼道：「選票箱將會激起怎樣的震動啊！這個大腦發達的民族潛在的智力，將會怎樣地迸發出來！」

慈禧版本的君主立憲，沒有給選民以西方選民所擁有的權力。但是她把中國引領出絕對專制，讓政府的運作為國民所知。她限制了她本人的權力，在中國政治中引進了君主與民眾代表以及各利益集團進行協商討論、討價還價、激烈爭辯的園地。就慈禧本人而言，根據她一向的作風，她不會不讓步。

丁韙良承認，推測立憲的前途「為時過早」，但是他對慈禧有信心：「只要她活著，能指望她把如此熱烈興起的事業進行到底。她牢牢地抓緊繮繩，毫不遲疑地把國家這輛戰車駛進前人沒有走過的新路。」「從一九〇二年一月宮廷回鑾到現在不過八年。但我們完全可以說，沒有哪個國家在哪怕半個世紀進行了像中國進行的這麼多的風捲殘雲般的改革——只除了中國自稱效法的日本，和大革命時期的法國。」

丁韙良還寫道：慈禧的改革其實從她一掌權就已經開始，它們「使得皇太后的執政成為帝國歷史上最光彩奪目的一頁。這八年的改革是不尋常地深入廣泛，但轉折點是一八六〇年北京條約之後。從一八六一年至一九〇八年，每一個引進西方方式的決策，都是這位傑出的女人執政時做出的。」在這四十七年中，慈禧有效執政了三十六年（同治執政兩年，光緒九年）。三十六年中每項成就都面臨並逾越了巨大障礙。如果一九一六年她還活著，舉行選舉不是不可思議。

30 對付共和派、保皇黨、日本人

（一九〇二～一九〇八）

清代漢族官吏惲毓鼎曾說，慈禧施行立憲「利於中國而大不利於滿州政府」。當時的滿族人多為未來感到惶惶不安。慈禧的威望使人們把命運寄託在她身上，她也盡力維護清王朝。君主立憲就是她的努力之一。但純滿族的皇室是她的致命弱點，而她沒能解決這個問題。雖然她採取行動化除滿漢界限，但是她希望皇室仍然屬於滿族。一九〇二年取消滿漢通婚禁令的諭旨依然說：秀女「仍由八旗挑取，不得采及漢人」。當然，隨著滿漢通婚的普及，純滿人的皇室會愈來愈不可能存在，這個方針在未來完全可能改變。但慈禧在世時沒有及時採取步驟。

滿族人少、會被漢族輕易同化，這使慈禧的滿人意識十分強烈。對宮中女官，她的用語常是「我們滿人」。她不會說滿語，就用服裝、頭飾以及別的方式來表現。外交官大多是漢人，有的要求不穿滿裝穿西裝，但被拒絕。他們剪辮子的願望提也沒敢提。慈禧並非對漢人存有偏見，她執政時漢人得到前所未有的提拔。但慈禧不願讓具有領袖才能的漢族大臣進入決策中樞軍機處，提防他們危及滿人的統治。第一流的漢族大臣中，只有左宗棠在收復新疆後做過軍機大臣。儘管慈禧對李鴻章重用有加，李從來是「外臣」，沒能進宮入軍機。直到一九〇七年，慈禧才幡然改變，提拔張之洞、袁世凱進入軍機處。

滿族皇室這一「軟肋」破壞了君主立憲的吸引力，使大批漢人傾向「共和」。共和潮流的先驅是孫中山。他最早、最持之以恆地致力於用暴力推翻清廷。一八九五年甲午慘敗後，他隨即嘗試武裝起義，之後發動了一連串小規模起事。慈禧對此高度戒備，不斷電令：「該處起事已愈旬日，尚未撲滅，深慮匪黨煽結，致成燎原。」「嚴飭各軍趕緊合力剿捕。」「加意嚴防，認真查緝，毋稍疏虞。」

時稱「革命黨」的共和派，發動起義的手段之一是暗殺。吳樾炸憲政考察團的兩年後，一九〇七年，安徽巡警學堂會辦徐錫麟，借巡警學堂畢業典禮之際，槍殺近在身旁的巡撫恩銘。徐與恩銘無冤無仇，恩銘熱中改革，提拔徐任要職的原因之一是徐「曾經出洋」。徐被捕後，對審訊的人說：「爾等言恩銘是好官，待我甚厚。但我既以排滿為宗旨，即不能問其人之好壞。」報紙刊登他的供詞，說他的宗旨是「殺盡滿人」。在以「革命軍首領徐」的名義寫的、準備革命成功後公布的告示中宣布：「遇滿人皆殺。遇漢奸皆殺。不聽命者皆殺。……」徐被砍了頭，恩銘的下屬把他的心剖出來祭恩銘。

跟徐錫麟共同策畫暴動的浙江秋瑾，也曾留學日本，回省後在女子學堂任教。秋瑾是女權先行者，在公共場合常別出心裁地身著男裝，拄著手杖。她創辦《中國女報》，據報導「到處演說而頗能動人」。有次製造炸彈時，她的手受了傷。她在暴動基地大通學堂被捕，第二天天明前在紹興行刑處古軒亭口被殺。

如果這些事發生在幾年以前，對造反者立即處斬，一般人會覺得理所當然。但是這次，報紙上對政府一片聲討之聲，對秋瑾尤其充滿同情。溫和的《申報》也認為她完全無辜，為當地保守勢力所陷害；說在秋瑾學堂搜出的武器是栽贓，發表的口供是造假。大家都說她只寫了一句千古名句：

秋風秋雨愁煞人。

因為被剖心，徐錫麟得到相當的同情。代表《申報》同人意見的〈論說〉欄發表〈論法部嚴禁各省州縣濫用非刑事〉，稱：「刑律既已減輕矣，梟首、凌遲、戮屍等律，皆已刪除矣，何以皖省之變起，而徐錫麟有剖心之事？」這時的輿論界已是報刊的天下。輿論的壓力使捲入秋瑾案的官吏形同罪人，浙江巡撫請求辭職，當他被調去江蘇時，江蘇士紳拒絕接受他。狂風暴雨般的輿論譴責，導致直接處理秋瑾案的縣令自縊而死。

有著如此威力與自信的報刊，對政府形成強有力的監督。儘管排滿情緒強烈，慈禧沒有實行任何壓制。她不容忍的是武力行動。在事後收到關於秋瑾案的大批材料、證明她確實準備進行武裝暴動後，慈禧對浙江的處理表示同意。在她活著的時候，據《紐約時報》一九〇八年報導：「沒人擔憂會有大的動盪。中國今天比一九〇〇年以來任何時候都安定。」當然，共和派仍然躍躍欲試，等待慈禧去世的一天。

*

慈禧一手對付共和派，一手對付康有為的保皇黨。戊戌變法時謀殺慈禧的企圖未遂，康有為逃避至日本。在那裡他待的時間不長。在清政府的壓力下，日本政府不久禮送他出境。陪他同行的有日本情報部門的中西重太郎，兼任翻譯和保鏢，當然也跟東京保持聯繫。梁啟超留在日本，按康的指示活動，推動光緒復位。這也是日本的希望：光緒復位是控制中國的捷徑。

康有為進行了一系列暗殺慈禧的嘗試，殺手從日本派往北京。其中之一是一九〇〇年準備在暴動時率領海盜行刺的沈藎。那次計畫失敗後，沈藎流亡日本。一九〇三年他來北京再作努力，在警方和太監中廣交朋友。這位殺手的出現，傳到宮廷畫師慶寬的耳朵裡，由於慶寬告密，沈藎被捕，以搞暴動的「會匪」罪名被判處死刑。當時正值光緒生日，按清朝規矩「萬壽月內例不行刑」。但有一種處決辦法不受約束，一般適用於太監：不公開地「杖斃」。慈禧決定採用這種刑法，對刑部下令「即日立斃杖下」。

刑部沒有杖斃經驗和行刑工具，特造了大木板，打手打了好一陣，身強力壯的沈藎才死去。報紙紛紛登載消息，《大公報》連續報導。殘酷的處死細節讓讀者無不反感，西方人更是深惡痛絕。《字林西報》直斥慈禧「罪惡地違背的哪怕是中國的刑法，只有自己的話就是法律的她才敢於做出這樣的事。」英國使團杯葛了慈禧當年秋天的招待會。*

---

* 沈藎的死常被歸結於慈禧打壓新聞記者。事實上，沈藎不是記者，沒有跡象表明他為任何刊物寫過任何文章。他偷偷拿到一份所謂「中俄密約」，發表在日本報紙上。那份文件實際上是義和團後俄國為從滿洲撤軍向中方提的要求，北京並未接受，也沒有訂「密約」。（唯一的《中俄密約》是一八九六年簽訂的。）日本需要沈藎那份文件是為了在日俄戰爭前煽起反俄情緒。即便如此，沈藎判死刑的罪名，也與文件無關。慈禧要他馬上死，是因為她知道沈藎正在密謀暗殺她。

慈禧傳令「立斃杖下」時，可能想都沒想過後果。針對太監下類似的命令對她不是一天兩天。這時她也許才意識到，現代社會不能容忍這種中世紀的殘忍。新政中的法律革命不久禁止了杖斃，慈禧特意聲明她其實「痛恨」酷刑。次年，一九〇四年六月，她宣布大赦捲入康有為密謀的人：「曾經革職者，俱著開復原銜，其通飭緝拿，並現在監禁，及交地方官管束者，著即一體開釋。」未被赦免的只有康有為和梁啟超。

＊

慈禧加強了警衛，太監出入的地方受到監視。一九〇四年十一月，康有為派出以骨幹黨人、保鏢梁鐵君為首的暗殺組，入京謀刺慈禧。成員之一叫羅璞士，赴京行刺前住在梁啟超居所十個月，進行各種準備，最重要的是學習製造炸彈。暗殺組計畫把炸彈放在慈禧經過的地方，還打算如有可能把羅推薦到慈禧來往頤和園乘坐的小火輪上當司機。小火輪的駕駛員從宮外雇用。試驗、運送炸彈的過程中，羅璞士不時需要去日本。一九〇五年七月，他在廣東被捕，隨即被暗暗處死。慈禧學會了在公眾視線外對付暗殺者。康有為不想有主持暗殺的名聲，也不聲張。

羅璞士的死對康黨是一次沉重打擊，梁啟超把它與戊戌、庚子兩次失敗相提並論。一九〇六年八月，梁鐵君也被捕了。他坦然承認「由康南海主使，來京謀刺」。為了避開京城的報刊關注，慈禧沒把他按通常管道遞交刑部，而是「解往北洋」，讓袁世凱在天津由軍法處處理。只有耳朵尖的《中華報》記者追蹤報導了此案。根據報導，可知梁四十餘歲，「貌尤偉」，著「洋裝，衣帽均白色」。在天津，袁世凱審訊了他，然後派人把他送往軍營，「未帶刑具」。軍營奉命「按上等差使接待」，「屋內均用綏裱，每飯酒席極為豐盛」。因為他衣服被汗浸透，軍營為他趕製換洗衣衫，問他用什麼料子，他選了貴重的、涼爽宜人的薯良綢。梁知這樣的待遇意味著自己必死，可是「談笑自若，毫無畏葸之狀」。

袁世凱在審訊梁鐵君後去了北京。九月一日，他以密碼急電從北京下令，將梁鐵君處死，「限一點鐘事畢覆電」。執法官把來電給梁鐵君看，梁說：「既如此，速拿毒藥來，以了君等公事。」他服毒自盡。軍營「買薄棺一口立即殮埋於馬廠南圍門外亂土內（該處有官地一段，專埋正法兵丁及由津解往處決之盜犯）。外邊則咸云得急症死。」

具有諷刺意味的是，這天慈禧發布「預備立憲」的上諭，袁世凱去北京為的是協助擬定上諭。他跟慈禧多次見面，處決梁鐵君無疑是慈禧的意思。

這個案子雖然上了報紙，但未引起軒然大波。就像羅璞士的死一樣，康有為沒有做文章。梁鐵君係自盡，而非處決，也是因素之一。梁其實已經決意不再搞暗殺。他被捕前幾天剛給康有為寫信說：「今日事不必為駱賓王，甯為狄仁傑耳。前事切勿重提。」駱賓王是討伐武則天的人，狄仁傑則輔佐武則天。梁的意思是他希望協助慈禧立憲，要康「切勿重提」暗殺之事。就在被捕前一天，梁還給黨人寫信說：「此後切勿亂動……從此和平辦去。」他的回心轉意未能免除一死。或許他不願出賣黨人？或許慈禧不願輕信他的話？或許他根本就沒有表白自己。

慈禧並非草木皆兵。她在北京城和頤和園之間的來往行程不變。一個下雪天，她乘轎從頤和園去西苑時，一個轎夫滑了一跤，她被扔出轎去。當時關於刺客的傳言很多，隨從都嚇壞了，以為這是刺殺的一部分。御前女官德齡在場，聽見大家驚慌失措地說：「看看老佛爺是不是還活著。」德齡看見慈禧「鎮定地坐在地上，對總管太監發話，不要懲罰轎夫，石頭路濕，太滑」。

＊

暗殺者聚居的日本，是慈禧戒備的焦點。一九〇五年，日本在日俄戰爭中打敗俄國，她的戒心更強烈了。

日俄爭奪的是滿洲。義和團時期，暴民攻擊了在滿洲的俄國人。據維特伯爵回憶：「消息傳到首都的那天，戰爭部長庫若派特金（Kuropatkin）到我在財政部的辦公室來見我，他滿臉帶笑，說：『太好了，我們奪取滿州有口實了。』」辛丑條約簽訂後，外國軍隊都撤走了，但俄國拒絕撤兵。維特伯爵稱這一行為是「背叛」。日本早就想把滿洲囊為己有，便對俄國開戰。在這場兩個外國軍隊在中國土地上的大戰中，慈禧宣布中立。除了這個屈辱的選擇，她別無他法。那些日子她常祈禱，求上天護佑大清帝國。日本戰勝後，許多中國人狂歡，好像日本的勝利是自己的一樣。一個小小的亞洲國家擊敗了歐洲大國，粉碎了歐洲人比亞洲人素質高、白種人比黃種人優越的觀點。人們從來沒像現在這樣崇拜日本。

慈禧沒有先天的種族、膚色偏見，不覺得黃種人就一定比白種人親。她的外國朋友中有美國人、混血兒，也有日本人。各部門、各省都聘請歐美、日本顧問。（但她的政府謝絕任何外國人做皇上的顧問。）對慈禧來說，日本的勝利意味著危機將至。信心和能力都更上一層樓的日本，不久就會來打中國的主意。日本外交官說：「政界意旨，日俄戰後，中東必須聯盟。」慈禧急於施行君主立憲，這是動力之一。她希望做為國民的中國人，會愛國抗日。

日本發起一連串外交攻勢，同英國、法國，甚至俄國，都簽了約，以使列強默契讓它染指中國。它邀請報紙編輯等有影響力的人物訪日，人們無一不對日本留下深刻印象。《大公報》主筆英斂之訪日後感觸道：日本「街市之整齊，人民之樂利，商不欺詐，人無遊惰」，幾乎到了「路不拾遺、夜不閉戶」的地步。他傾向「合邦」，稱兩國「合之兩美，離之兩傷」。同時，日本也花大筆錢賄賂高官，在京西方外交官都知道，為了搞情報，「日人每年在中國要花六百萬到八百萬馬克」（約二百萬至三百萬兩銀子）。外交官們認為，「把日本天皇搬到北京是浮現在日本人眼前的最高目標」，「為什麼五千萬日本人不能像從前八百萬滿洲人一樣呢？」

人們常把「寧贈友邦，不予家奴」這句話說成是慈禧的話。沒有任何史料顯示她說過這句話，她的行為可說是恰恰相反。她一邊給中國人選舉權，一邊竭力防範日本。她不幻想中國在日本統治下會更美好。朝鮮在甲午戰爭後受到日本「保護」。在中國報界眾聲喧嘩議論國事的時代，朝鮮報紙被嚴禁發表含有反日情緒的文章。英國人辦的朝鮮文報紙編輯梁起鐸（Yang Ki-Tak），因為反日言論被捕，關押的囚室「擠滿了人，屋頂又太低，使他既不能躺下，也不能站直」，幾個星期後人形枯槁。原任英國駐華使館翻譯、時任駐朝總領事的亨利．科爾本向日本高官抗議，高官冷冰冰地說，科爾本「堅持在這些小事上糾纏不休，一定是出於他本人對日本不友好，要阻撓日本的發展」。科爾本為這件事、為英國對日本在朝鮮的殘酷統治無動於衷，憤而辭職，過早地結束了一個有著遠大前程的外交官生涯。

一九〇六年，德皇威廉二世讓離任的中國公使「轉達給皇太后陛下一個建議」，即達成友誼協定，擔保在中國本土被日本攻擊時予以支援。慈禧沒有答覆。在經歷了俄國的背叛之後，她對德國人的擔保不抱幻想。尤其德皇還是爭奪中國地盤的領先人、「黃禍」一詞的發明人。德皇對《紐約時報》記者說：「日本控制中國，是白種人文明的大敵。沒有任何災難比這更可怕。」他還說：「未來屬於白色種族，不屬於黃色，不屬於黑色，不屬於橄欖色。未來屬於金髮碧眼的人種。」*

慈禧的沉默使德皇不解，而且急不可耐。「已經一年了，而什麼都還沒做。現在必須做事了！立刻，趕快！」「這件事一年前已對他們解釋過。」「顯然，他們的時間不是金錢！」「中國動作太慢了，他們什麼都拖延，拖延了又拖延。」德皇想把美國拉進來一塊訂條約，而美國是慈禧寄予一點希望的唯一外國。一九〇七年下半年，有兩條消息傳來。一條是美國退還庚款，一條是美國海軍艦隊駛入太平洋。前者讓慈禧看到美國對中國的好意，後者讓她感到有可能利用美國抗衡日本。慈禧決定派特使到美國去，感謝退還庚款，借機探索建立某種進一步關係的可能性。特使也可訪問德國和歐洲其他國家。但是退還庚款推遲了，特使也隨之延遲一年才啟程。慈禧沒有指示她在華盛頓的公使直接同美國商討德皇的提議，也沒有讓特使早些出發，從這裡可以看出，她對美國的希望在消失。美國顯然不會為了中國同日本開戰，更可能的是為了自身利益犧牲中國利益。果不其然，不久美日簽訂協定，美國默認日本在南滿的勢力，日本承認美國占領夏威夷和菲律賓。**

*

一九〇七年夏，未能當上光緒皇帝「顧問」的伊藤博文，在朝鮮做日本「統監」。朝鮮國王不完全聽話，伊藤便廢了他，讓他的兒子繼位。《日韓新協約》簽訂，明文規定，國王發任何指令，預先都要「諮詢於統監」。朝鮮名存實亡，日本所稱的「日韓合邦」又進了一步。（兩年後，伊藤被朝鮮民族主義者刺殺。《紐約時報》標題說：伊藤在朝鮮的「嚴酷統治使得當地人仇恨他」。）

朝鮮和國王的命運，不能不讓慈禧再次想到，戊戌年伊藤差點到了光緒身邊左右光緒，中國曾可能變成朝鮮第二。而且吞噬了朝鮮的日本，如今有了一條與中國相連的陸上邊境線，日本軍隊隨時可能跨過來。

在這一背景下，慈禧把周圍她不放心的人調出北京。其中主要人物是岑春煊。慈禧西逃時，岑春煊護駕，她心存感激，岑得以接近宮廷。後來發現，在八國聯軍入侵時，岑不顧上司阻攔，從遠地帶兵飛速趕來北京，為的是保護光緒，而他這樣做是跟康有為配合。他與康一直保持著祕密關係。慈禧接到密摺稱「岑春煊，自今年五月奉旨簡任粵督，到滬即託病稽留，一再乞假，臣始尚疑

* 記者寫道，在訪問過程中，「皇上陛下的臉脹得通紅，他舉起手，揮舞著握緊的拳頭。他咬緊牙關，臉湊到我面前，一字一句地說……」

** 三十年後，日本羽翼豐滿，對夏威夷群島的珍珠港發動突襲，隨後占領菲律賓。

其借病規避也。乃都人士有從上海來者，咸為康有為、梁啟超現已到滬，與岑春煊時相過往。岑春煊留之寓中，又證以所見各處函電，均確鑿可憑。」梁啟超的確到上海開了會，康有為打算來而沒來。慈禧馬上把岑「開缺養病」。軍機大臣林紹年是岑春煊保薦的，慈禧解除了林紹年的軍機大臣職務，把他調任河南巡撫。在上海，岑繼續與日本政界人物來往，包括最積極贊助康有為、孫中山等的日本未來首相犬養毅。

慈禧改組了軍機處，指定了三名新軍機大臣。一名是袁世凱。儘管在西方人看來他舉止略嫌粗魯，*慈禧仍派他管外交。袁最熱中學習日本，曾下令要轄下的州縣官員，「先赴日本遊歷三個月，參觀行政及司法各官署，並學校實業」。但他早就對日本懷有戒心，有跟日本人打交道「頑強」、「懂得怎樣使日本人就範」的名聲。日本恨他，康有為的刺殺名單上，慈禧之下就是他。

第二位新軍機大臣張之洞，也是日本的崇拜者，在庚子年還跟日本有過密議。但慈禧相信他會堅守中國的獨立，他也不會做任何人的傀儡。

第三名新軍機大臣是載灃，新一代的醇親王。慈禧在培養他做自己的接班人。載灃不是最佳選擇，但周圍也沒有更理想的人。慈禧信任載灃不會把中國交給日本，也能跟西方人友好而有尊嚴地相處。辛丑條約後，載灃十八歲，代表中國赴德就德國公使被害致歉。他不卑不亢地履行了使命。柏林曾要求他和隨從向德皇下跪，他堅決拒絕，措辭委婉地據理力爭，柏林最後放棄了要求。回國後慈禧把榮祿的女兒許配給他。（榮祿於一九〇三年去世。）慈禧讓載灃盡量接觸外國人，有什麼外交活動都派他代表政府出席。在所有的官吏中，他跟公使團和傳教士來往最多。慈禧去世後，載澧的兒子溥儀做皇上，他做攝政王，日本竭力拉攏他，他不為所動。後來溥儀做了滿洲國傀儡皇帝，十四年中載澧只去看過他一次，只住了一個月，未參加政治活動。

＊

日本的主要代理人是肅親王善耆。這時他大約四十來歲，是最親日、最擁戴光緒的顯貴。因為他是個改革派，又能幹，慈禧任命他做北京警察首領。他的日本顧問叫川島浪速，在八國聯軍占領北京時負責治安，頗有效率。肅親王和川島成為好友，把一個女兒送給川島做養女。這個女兒就是在日本侵華時做日本間諜的川島芳子，戰後國民政府以「通謀敵國，圖謀反抗本國」判處她死刑。

肅親王也像女兒一樣狂熱地推崇由日本接管中國。一九〇三年刺客沈藎被捕後，宮廷畫家慶寬給慈禧寫密信說，他在報告肅親王時隱瞞了沈藎的姓名，如果說出實名，肅親王就不會抓沈藎了。慈禧召見肅親王，「厲聲呵之」，說他與康黨的人勾搭，肅親王無話可答，「不能自辯」。慈禧解除了他的警察首領職位，找了個理由說他工作太多。肅親王受到嚴密監視，據他對康有為的聯絡員說，他的家裡「偵探布滿」，甚至「愛妾」也在為慈禧服務，他感到「日坐針氈」。

嚴密監視下的肅親王，在一九〇七年六月，由慈禧重新任命為新成立的「民政部尚書」。該部

＊袁世凱的衛士又高又大，從頭到腳用黃布裹住，畫虎豹頭、虎皮斑，觀者嚇得躲開，稱他們「如虎如熊」，「太凶猛！」

門管轄「京師巡警廳」。這一任命是為日本放的煙幕彈。慈禧那時正把岑春煊等清除出京，不想讓日本人感覺這些措施是衝著他們來的。但她把巡警廳實權交給袁世凱的人。

然而，民政部下面有個京師消防隊。肅親王告訴參與戊戌密謀、慈禧大赦後獲得自由的王照：「我所編練之消防隊，操練軍械，無異正式軍隊。以救火為名，實為遇有緩急保護皇上也。」他倆談到，最佳時刻是「探得太后病不能起之日」，那時肅親王「帶消防隊入南海子『西苑』，擁護皇上入升正殿，召見大臣，誰敢不應？」

＊

在劫走光緒的密謀中，很可能還有日本為頤和園昆明湖建造火輪這樣一件事。這是日本政府以禮品名義贈送皇太后的。慈禧不能拒絕，日本工程師、技術員便進駐頤和園。他們全面考察了昆明湖和通往京城的高梁河，記下水的深度、寬度，哪裡有什麼障礙。從昆明湖進入高梁河有一座石橋，火輪聳立的煙囪便相對縮短，以便順利從橋下穿行。技師還研究了慈禧的其他火輪，以使這條船性能最佳。火輪在日本建造完畢後，部件運往北京，造船所六十多名技工到頤和園進行安裝。一九〇八年五月底，火輪正式完工獻上，外帶日本船員。日本請皇太后給輪船命名，她定了「永和」二字。日本技工、船員在頤和園內到處行走。軍機章京許寶蘅在日記中不無憂慮地寫道：「聞駕駛皆日人，竊謂禁御嚴重，雖尋常百官皆不得擅入，而今外人得朝夕遊處其間，似非所宜。並聞此類日人常縱酒呼呶，萬一有所侵犯，不知何以處之。」

慈禧的擔心肯定會更多。這艘火輪，看去好似砲艇，就像特洛伊木馬一樣深入她的頤和園，能夠輕易接近坐落在湖邊的光緒寢宮，並且快速駛出高粱河。慈禧很快就讓日本技工、船員離開了。她本人從未上過這艘火輪。

火輪完工時，慈禧生病了。起初她還能在參觀中國第一個現代農場時，步行好幾公里（同行的光緒坐著兩人抬的小轎）。到了七月初，病情嚴重了，病歷寫道：「背間忽涼忽熱，牽引臀部，兩目垂重，肢節軟倦，頭有微暈，耳有金聲。」

從東三省總督徐世昌那裡，不斷有中朝邊界令人不安的消息傳來。日本在朝鮮建造渡口，把一條鐵路修到鴨綠江邊，甚至還在江上架橋，架到江心，只由於中方激烈抗議才拆掉。同時，日本公使照會中國，稱在中朝邊境一帶有反日的朝鮮武裝出沒，「中國地方官對該暴徒等若怠於檢束，並萬一有煽動利用情事，在日本自不得不行適當之處置。」看起來，日本可能利用任何藉口出兵，跟北京宮廷的變化配合。

七月十八日，人稱日本「情報戰之父」的福島安正中將來到中國，立刻去湖南拜訪時任巡撫的岑春煊。或者出於某種不祥的預感，慈禧下令袁世凱、張之洞檢查戊戌年、庚子年兩次搜獲的康有為與其他密謀者的來往信件。這道命令很異常，以至於軍機章京許寶蘅在日記中專門記錄。慈禧一般不讓檢查這些信件，以免株連。如今她似乎感到需要了解是否還有更多的「岑春煊」。

在這樣的焦灼氣氛中，光緒在七月二十四日滿三十七歲。他此時病得不輕，全國良醫又被邀請入京。生日慶祝節目單上，慈禧挑選了京劇《連營寨》，講三國時劉備臨死前的故事。慈禧喜愛這出戲，為它在江南配備了全套新行頭：劉備穿的是純白大緞袍子，上面繡著黑龍，臺上白桌圍、白椅帔、白臺帳，「白盔白甲白旗號」。通常，皇上生日禁忌白色，宮廷中的人袖頭裡的白襯裡都不露出來，怕不吉利。慈禧刻意點這出滿臺一片白的戲，就是在詛咒她的養子，盼他死去，只有他死去才能讓日本人斷了利用他的念頭。

31 最後的日子（一九〇八）

西逃回京後，光緒恢復了一些自由，比如可以到天壇去祈禱。慈禧現在有把握光緒身邊的衛士、王公大臣都聽命於她，就放心讓光緒在天壇過夜。但她還是不斷擔心光緒跑掉，有外國人來訪時更是高度警惕。一次慈禧跟一群外國人說話，其中一人事後寫道：

我們聊天的時候皇上一言不發。也許他待得不耐煩，靜靜地走到正在演戲的戲院一道旁門去。好一陣子皇太后沒有注意到他不見了，當她突然意識到時，臉上立刻滿是焦慮。她轉身對總管太監李連英用命令的口氣說：「皇上到哪兒去了？」太監們一片忙亂，到處去找，過了一會兒回來報告他在戲院裡。焦慮從她臉上消失，就像烏雲散去，陽光再現。幾個太監留在戲院裡。

光緒似乎幾次試圖逃走。有人見他竟「逃出西苑門口」，但被「太監多人扭御髮辮拉入」。另一次，一位軍機章京看見光緒祈禱似的「仰首向天而望，又行至乾清門，太監十餘人阻攔去路」。

一般情況下他的住地不許人去，也很少有人跟他說話。容齡入宮時年紀小，光緒遇見她會跟她閒聊幾句。一天，常在光緒身邊服侍的一位孫姓太監到她房裡來，趁著沒有別人，掏出一隻表來給容齡看，表的玻璃罩上用硃筆寫了一個字，孫問容齡：「萬歲爺叫我問你這個人在哪裡，問你知道不知道。」容齡在外國長大，不認識很多漢字，便說：「很對不起，我不認識這是個什麼字。」孫笑著輕輕地對她說：「這個字是一個『康』字。」容齡意識到他指的是康有為，嚇了一大跳，說：「我實在不知道他在哪裡，不知道他的情況，我可以問問我母親看。」孫叫她算了，別去問母親：「萬歲爺說，這件事千萬不可讓任何人知道。」光緒身邊的太監都是慈禧千挑萬選的，不大可能來為光緒傳這樣的話。很可能，光緒同容齡的聊天傳到慈禧耳中，她在試驗這個外國歸來的女孩，弄確實她不會為光緒傳書帶信。

*

一九〇八年夏天，慈禧開始腹瀉。她筋疲力盡，仍照常處理政事，只偶爾把早朝的時間推延到九點。這個階段她批准了《憲法大綱》、《選舉章程》草案，定下九年後開國會的期限。

慈禧還接待了來訪的西藏十三世達賴喇嘛。西藏從十八世紀起被劃入大清帝國版圖，清政府在拉薩設置「駐藏大臣」，西藏行政自治。一八七七年，慈禧以光緒的名義頒發上諭，批准西藏攝政選定的十三世達賴喇嘛（「諭准轉世靈童羅布藏塔布克甲木錯免於掣簽即為十三世達賴呼畢勒罕」）。後來的一系列諭旨又贊同了誰來做達賴喇嘛的老師。從史料上看，藏人一直跟慈禧合作，她也不干涉他們的內務。但她了解西藏事務，自從有了電報，駐藏大臣跟北京保持電信往來。

一九〇三至一九〇四年，英國軍人榮赫鵬（Francis Younghusband）率領軍隊從印度入侵西藏。藏軍激烈抵抗，傷亡甚重。十三世達賴喇嘛出走，英軍占領拉薩，與留守的噶廈官員簽訂《拉薩條約》後退兵。條約包括增開商埠、向英國賠款五十萬英鎊等，並說：「作為對於賠款的擔保，也作為對有關商埠條款的履行……英國將繼續占領春丕。」條約還規定西藏拆除自印度邊界至江孜、拉薩的一切防禦工事，非英國政府事先同意不得跟外國發生重要經濟關係。

清政府駐藏大臣把條約用電報發給慈禧，慈禧立即看出條約「損主權」，馬上「電知該大臣切勿畫押」。一九〇四年十月三日，她發諭旨說：「西藏為我朝二百餘年藩屬。該處地大物博，久為外人垂涎。近日英兵入藏，迫脅番眾立約，情形叵測，亟應思患豫防補救。」她派唐紹儀為「議約全權大臣」到印度，「與英國所派全權大臣」，「改訂」條約，原則是主權「不能稍讓」。

英國同意與慈禧的代表談判。一九〇六年四月最終在北京簽訂了《中英續訂藏印條約》，條約在事實上（但並非明確無誤地）肯定了大清帝國對西藏的主權。

慈禧手中有一張王牌：逃亡中的十三世達賴喇嘛。他年近三十，見過他的人形容他「貌頗豐腴端正，戴僧帽，服紫衣」。出逃後他朝蒙古方向走，最後停留在庫倫，今天的蒙古首都烏蘭巴托，當時是大清帝國的一部分。慈禧發了一系列電報要沿途官員，包括庫倫辦事大臣，「照料保護」達賴喇嘛，派御前大臣等前去慰問，說她對達賴喇嘛「道路風霜」、「備歷艱苦」表示「深為憫惻」。同時，她不斷敦促達賴喇嘛返回西藏，像從前一樣治理這塊地方：「現在藏中無事，切勿輕信浮言，觀望不前。」「及早啟程，毋再延緩。」令隨侍的官員「護送迎接，毋任中途有阻」。官員都知道，「達賴回藏一事，每繫聖懷」，皇太后「冀其早日西返」。

達賴喇嘛此時「堅不啟程」，一再要求去北京見慈禧太后。他先是擔心英國人，後來又顧慮於一九〇六年入藏主持藏務的張蔭棠（張蔭桓之弟）。張不是「駐藏大臣」，清朝規定，這個職位不能由漢人擔任。張蔭棠在西藏搞起了「改革」，受到藏人強烈反對。張曾在印度同英國談判，見識了英國如何管理印度。他向慈禧建議學習英國的辦法，派兵入藏，「分駐要隘，所有一切內政外交，均由我國派員經理」；設立類似印度總督的職位由中國人擔任；對達賴班禪，「尊為藏中教主」，取消他們的政治地位，「如印度各藩王之制」。

慈禧沒有接受張蔭棠的建議，調走了張，用這種方式終止了張的治藏措施。十三世達賴喇嘛再三要求去北京見慈禧，要當面確認慈禧的政策。最後，慈禧發出邀請，十三世達賴喇嘛於一九〇八年九月二十八日到達北京。

慈禧對發邀請猶豫不決，最大的難題是來訪的禮儀，即達賴喇嘛是否對她和皇上下跪。做為宗教領袖，信徒在達賴喇嘛面前匍匐在地；但做為政治人物，他需要向皇權的代表下跪。不跪的只有外國人。如果達賴喇嘛不下跪，人們就會認為這證實了西藏不是中國的一部分。皇上宴請達賴喇嘛那天，這個問題將格外突出，因為那天場合「公開」，蒙古王公也會在場，他們在光緒到來、離去時都會跪下。慈禧知道不少人的眼睛將盯著這場宴會。西方列強會尋找西藏不屬於大清帝國的跡象，而西藏人會害怕他們心目中的神受到屈辱的待遇。禮賓部門問慈禧該怎麼辦，慈禧把奏摺「留中」，考慮了好幾天。最後，她決定達賴喇嘛在其他人下跪時也跪，但不像蒙古王公在光緒駕到和離去時走在門口道旁去跪迎跪送。達賴喇嘛將在自己的座位上行禮。慈禧為他設置了專門的座位：一張「矮床」，這樣他也下跪，但寬大多層的衣袍使人看不出來。達賴喇嘛沒有反對慈禧的安排。

對慈禧來說，用彼此都能接受的方式把西藏保留在大清帝國內至關重要。她在給達賴喇嘛加封號時，在「西天大善自在佛」之上，加上「誠順讚化」字樣，表示達賴忠實於帝國。但同時，她不用強硬的手段去追求順從。那年初，她曾指定了新的駐藏大臣、漢軍旗人趙爾豐，但西藏人反感趙在藏族康區的治理政策，拒絕他入藏，要求撤換他。慈禧沒有派趙強行入藏，命他在西藏外面「擇地暫住，以待後命」。清朝經營西藏以來，還從來沒有過欽命駐藏大臣因藏人拒阻而不能入藏的事，可是慈禧不願「失藏人之心」。趙電奏藏軍「侵犯察臺一帶」，慈禧要他「不可孟浪從事」，冒然與之開戰。她請達賴喇嘛約束藏軍，藏軍退走，慈禧令趙「免於深究」。在北京，她與達賴喇嘛達成共識：達賴喇嘛像從前一樣管理西藏。

*

達賴喇嘛到達北京後，約好的第一次會面不得不取消，慈禧病得起不了身。傳旨改期時，她流著無可奈何的眼淚。再約時間不可能，每天病況都在浮動。十月十四日，她早起感覺還好，就在那天與達賴喇嘛見了面。

達賴喇嘛在京時，恰逢她七十三歲生日，公曆一九〇八年十一月三日。她支撐病體做主人，招待看戲，參加慶典，病歷記載她「得食則瀉，是以精神異常疲倦」。四天後，她感到死亡將至，派慶親王到清東陵去檢查她緊靠兒子和丈夫的陵墓。這最後的安息地對她無比重要，她把它修建得富麗堂皇。隨她下葬的將會有與皇太后身分相稱、數量可觀的珠寶。

慈禧著手安排後事。首先，光緒皇帝怎麼辦？三十七歲的光緒也臥床不起，看似奄奄一息，但完全可能像從前一樣又活過來。如果光緒活著，而慈禧死了，中國無疑會落進日本手裡。就是在這一背景下，慈禧毒殺了自己的養子。二〇〇八年，對光緒遺體的醫療鑑定，權威性地斷定光緒死於大劑量砒霜中毒。慈禧要毒死他易如反掌，她經常送食物給光緒。一九〇八年十一月十四日下午六點三十三分，太醫院的大夫宣布皇上「駕崩」。

光緒咽氣時隆裕皇后在他身旁，據說兩人曾「相對哭泣」，恐怕是近二十年婚姻中絕無僅有的一次。這些天隆裕在丈夫和婆婆的病榻之間來往奔走，宮裡人見她「兩眼哭盡腫」。光緒死後她為丈夫穿衣，照例逝去的皇上口中要含一顆最好的珍珠。隆裕要用光緒皇冠上的珠子，太監說：「沒有旨意，怎敢拆下？」隆裕怒視道：「這是什麼時候，還說旨意。」她把自己冠上的大明珠取下，放入光緒口中。

在光緒的最後時刻進入他寢室的一位外省大夫，描述房間的簡樸。御床「如民間之床」，沒有帷幔外罩，登床的踏板上，只鋪著毯子，而非綾羅綢緞。大夫和內務府大臣守在皇上身旁，但沒有記錄光緒臨終之言。軍機大臣不在場，他們齊聚皇太后床前，聽她安排大清帝國的前途。慈禧指定載灃兩歲的兒子溥儀繼承王位，載灃本人為攝政王。她同時宣布，只要她還活著：「所有軍國政事，悉秉予之訓示，裁度施行。」慈禧要緊握大清帝國的繮繩，直到最後一口氣。

慈禧的生命在一點點流失。但她仍然主持了帝王駕崩後需要處理的千頭萬緒，包括制定以光緒名義頒發的遺詔。遺詔一開頭是總結光緒朝三十四年的主要作為和目標，全都與現代化有關：「折衷中外之治法，輯和民教，廣設學堂，整頓軍政，振興工商，修訂法律，豫備立憲。期與薄海臣庶，共用昇平。」結尾再提九年之後實行君主立憲制，要求「文武臣工」，「恪遵前次諭旨，各按逐年籌備事宜，切實辦理。庶幾九年以後，頒布立憲，克終朕未竟之志。在天之靈，藉稍慰焉。」

一整夜慈禧在處理一件又一件公務中度過。第二天，一九〇八年十一月十五日上午十一點，她不得不因生命「危篤」而停止。三小時後慈禧去世。

慈禧病危時，軍機章京許寶蘅按她的意思擬定了她本人的遺詔，書寫時許緊張地感到「心震手顫，莫知所主」。遺詔簡短回顧了慈禧的從政之路，重點提到她正在辦的大事：「回念五十年來，憂患迭經，兢業之心，無時或釋，今舉行新政，漸有端倪。」「前年宣布預備立憲詔書，本年頒示預備立憲年限，萬機待理，心力俱殫，」「猶未敢一日暇逸。」對後來人，她「有厚望焉」。

*

在生命的最後三個小時中，慈禧口授、由許寶蘅撰寫了一生中最後一道政治諭旨：「現予病勢危篤，恐將不起，嗣後軍國政事，均由攝政王裁定，遇有重大事件必須請皇太后懿旨。」這裡的皇太后指的是隆裕。根據慈禧這道諭旨，隆裕被授予了大清王朝命運的決定權。

見過隆裕的外國人描述她有一張「悲哀、溫和的臉。她的背駝，人瘦，臉長，臉色發黃，牙齒壞得厲害」。他們看到她很少開口，習慣於人們把她不當回事。據經常入宮的美國教會醫生何德蘭女士說：「在公使夫人們覲見時，她總是在場，但總是遠離皇太后、皇上。她帶著宮中女人站在後面不引人注意的地方，一有可能就馬上離開……夏天我們有時看見她和隨從無聊地轉來轉去。她看去就是個一般的溫和安靜和善的人，生怕給人惹麻煩，沒有地位，也沒有事做。」何德蘭聽到隆裕的新角色時的反應是：「她竟成了皇太后！用稱呼慈禧皇太后的同一個詞，來稱呼這個除了和善溫和以外一無所長的人，好像是對英文的扭曲！」

慈禧死前下旨尊隆裕為皇太后，沒人向她傳旨。慈禧死後隆裕為她穿衣入殮時，也沒人告訴她。她惴惴不安地向王公大臣打聽，證實了才喜出望外地放下了心。雖然這頭銜非她莫屬，但她仍怕這是非分之想。她習慣了慈禧看不上她。就像宮中老太監所說，她「每日在太后面前，提心吊膽」，「如一日未得太后之加罪，猶以為知足，真是當了二十年之久的窩囊媳婦。」然而慈禧的最後諭旨，是讓這個女人決定大清王朝的命運。

*

那年初，慈禧在後宮供著佛像的宮殿踱步，叫太監把佛像搬出殿外，換位置重新安放。搬時在夾道中露出一堆年代久遠的土，這堆土整齊乾淨，從未遭到禽鳥狼鼠的踐踏，宮裡相傳為神土。慈禧命太監把它掃掉。李連英諫道：「多年神土，請老祖宗不必除掉。」慈禧生氣說：「什麼神土，趕緊除掉。」她轉身自言自語：「萬里江山又如何呢。」她顯然念叨的是大清的江山。太監聽她「念念不已」，覺得「令人聞之心酸。」

慈禧似乎看到了大清王朝的終結。她興起的改革浪潮在劇烈地改變中國，最後可能埋葬王朝。只要她活著，滿清皇位就是穩固的，但載灃不是她，她努力創建的君主立憲很可能不會成功。中西方觀察家已經在估計，她一旦逝世，「反清大革命」將會爆發。那時滿族人怎麼辦？慈禧在生命的最後時刻擔憂著他們的命運。滿人只占人口一小部分，很容易被全部殺光。當然支持滿清朝廷的漢人不少，但是中國免不了一場血腥內戰。要避免這個命運只有一條路，就是交權。然而慈禧可以肯定，滿族王公寧死也不會選擇這條路，就算有人心裡想，嘴上也不敢說。攝政王也不敢向共和派交權，不敢承擔斷送大清江山的責任。隆裕就不同了，什麼辦法能夠生存下去就會做什麼。深知隆裕的慈禧，為了滿族人的生存，把決策的權力交給了隆裕。

慈禧的預見在三年後實現。一九一一年，先有四川保路，繼以武昌起義，一時暴動、兵變橫掃全國，十多個省陸續宣布脫離清室獨立。儘管這些事件沒有統一領導，*但他們的一致目標是推翻滿清王朝，建立某種形式的共和國。排滿開始演變為種族滅絕，在西安、福州、杭州、南京等城市，大批滿人被屠殺。改革大將端方也被殺害。「清帝退位」的呼聲出現。正如慈禧所預料，滿族王公

---

* 孫中山這時在海外，沒有領導這些起義。但他是最堅持不懈地倡導、推行共和的先行者，是當之無愧的「中華民國之父」。

激烈反對這一主張，要拚命到底。也正如她所預料，攝政王載灃口頭上也說不贊成退位。雖然他明白打下去終歸是死路一條，但載灃不願做埋葬大清王朝的「罪人」。慈禧臨終的安排幫他解決了這個進退維谷的難題。十二月六日，攝政王載灃把政權交給了隆裕皇太后。隆裕決定在「承認共和」的前提下與共和軍隊談判，也就是說，準備退位。她召集王公大臣*，說「都是我的主意」，「只要天下平安就好」。據軍機章京許寶蘅記載：隆裕「言至此，痛哭，諸大臣亦哭。」

一九一二年二月十二日，隆裕皇太后率五歲的溥儀頒發退位詔書，結束了大清王朝入主中原兩百六十八年的統治，也結束了中國千年的君主專制。詔書說：隆裕「特率皇帝將統治權公諸全國，定為共和立憲國體。……總期人民安堵，海宇乂安，仍合滿、漢、蒙、回、藏五族完全領土為一大中華民國。」懦怯的隆裕被賦予這一歷史性的使命，乃是慈禧的安排。慈禧不贊成共和，但她最終接受了共和。共和與她所追求的君主立憲都奉行共同的宗旨：中國的未來屬於那裡的人民。

---

* 張之洞已於一九〇九年故去。

尾聲

慈禧太后死後的中國

慈禧太后的遺產不僅豐富，而且巨大。最重要的是，她在內憂外患、危機四起、非常困難的狀況下，不僅保全了中國，而且打開了中國的大門，把一個中世紀的國家帶入現代。萬事起頭難。是她，使中國開始擁有一個現代國家所具備的幾乎所有標誌：鐵路、電力、電報、電話、西醫藥，現代武器裝備的陸、海軍，以及以現代方式進行的外貿、外交。西方教育體系取代了千年來束縛人們頭腦的科舉制度。新聞界所享有的自由程度前無古人，其後的政權也未能企及。在這個傳統上女性特別受歧視的國度裡，慈禧廢除纏足，首倡婦女解放。她還在漫長的中國歷史上，開啟了人民參政之路。她一生的最後之舉——君主立憲、國會選舉——足見她的勇氣和遠見。尤其值得一提的是，在改變中國時她沒有採行暴力，變革過程既激進，又漸進；既改天換地，又絕少流血。她總是尋求共識，與意見不同的人合作，改革靠的是順應歷史潮流。

慈禧是巨人，但不是聖人。她出自中世紀的土壤，又是世界三分之一人口的專制統治者，毫無疑問，她的手腕能夠像鐵一般的強硬，在奪回新疆和鎮壓武裝暴動時都絕不留情。她試圖利用義和團抵抗入侵者，結果導致義和團的大規模暴行。

儘管如此，與歷代專制統治者比較，慈禧不能算作暴君。她的執政是溫和的。手握絕對權力四十來年，她因為政治原因而殺人，無論合理還是不合理，數量不足二、三十人（本書都有記載）。這些被殺的人中，不少捲入了陰謀要殺她。她的本性並不殘忍。臨終前她牽掛著如何防止血腥內戰和滿人遭受屠殺，她以犧牲清王朝的代價拯救了千百萬滿人和漢人。

慈禧也付出了個人的代價。虔誠相信墓地神聖的她，自己的墓穴慘遭玷污。她死後以袁世凱開頭的歷屆北京政府（袁於一九一六年去世），遵守清帝退位時議定的條件，保護了清王室的陵墓群。一九二七年，蔣介石領導的更激進的國民黨，推翻了北京政府。一年之後，距慈禧去世二十年，一支土匪式的軍隊，為了掠奪陪葬慈禧的珠寶，用炸藥炸開慈禧墓壁，闖進她的墓穴。他們用刺刀和鐵棍撬開她的棺材蓋，在搜盡她身邊的珠寶後，又撕掉她的衣服，掰開她的嘴，拔掉她的牙齒，尋找可能隱藏的寶物。裸露的屍體被棄置一邊。

這個消息對末代皇帝溥儀的打擊極大。這時的他二十多歲，於一九二四年被趕出紫禁城，住在天津。他派前皇室成員去重新安葬慈禧的遺骨，向蔣介石政府提出抗議。慈禧墓地遭到劫掠成了全國性的醜聞。政府進行調查，但再無下文，據說是送足了錢的功勞。當溥儀聽到一個眾人皆信的謠言，說是慈禧口中的珍珠被掏出來做了蔣夫人鞋上的裝飾品，他發誓報仇。他後來說這是促使他投入日本人懷抱的重要原因。日本一九三一年占領東北，溥儀成為傀儡政權滿洲國的皇帝。一九三七年，日本全面入侵中國。

慈禧曾竭盡全力挫敗日本把中國納入其大東亞帝國的企圖，為此不惜毒死養子光緒皇帝。具有諷刺意味的是，如果她把中國交給日本，可以設想，她的陵墓和遺體會受到尊重。

同慈禧一樣，蔣介石選擇抗日。日本的入侵削弱了蔣的政權，使毛澤東得以在史達林的幫助下於一九四九年奪取中國。當二次大戰後的日本演變為生氣蓬勃的民主國家時，中國在毛澤東的統治下，經歷了難以想像的苦難，直到一九七六年毛死去。對於他導致七千多萬人在和平時期死亡，毛未曾有一個字的道歉。而慈禧犯錯時，公開表示自責和悔恨。一八九二年出生在中國的諾貝爾文學獎得主賽珍珠，不僅經歷了慈禧統治，還目睹了不同的政權更替。她在一九五〇年代寫到少時認識的中國人對慈禧的態度：「人民愛戴她。不是全部人，那些革命者，那些不耐煩、想一蹴而就的人，恨她……但農民和小城鎮的人們崇敬她。」當慈禧的死訊傳來，村民們感到「驚慌」，流了眼淚，說：「現在還會有誰關心我們呢？」賽珍珠作結論說：「這，可能就是對一個統治者最好的歷史評價。」

可是，過去的一百年對慈禧不公平。從史書到一般人，不是罵她是邪惡暴君，就是貶她無用無能——要不就兩者都是。慈禧的功績很少得到承認，就是承認，也歸於她身邊的男性官員。慈禧有一個根本上的不幸：她是個女人。她只能用兒子的名義去統治，結果自己的真實角色不為人知。人們不知情，謠言便滿天飛，謊話被編造出來，很能蒙蔽人。就像賽珍珠觀察到的：仇恨她的人比愛戴她的人更善於宣傳。慈禧死後控制中國的政治力量也抹黑她，抹殺她的成就，以便宣稱是他們把國家從慈禧留下的爛攤子中解救出來。

開啟現代中國的是慈禧皇太后。她推行的現代化旨在取代腐朽、貧窮和野蠻；她帶給中國人從未體驗過的人道、開放和自由，不惜削弱自身的絕對權力。她還是一個有良心的人。看看她身後的那幾十年吧，你不能不承認，即便有種種缺陷，慈禧太后仍然是位了不起的政治家。

謝辭

在我研究慈禧、撰寫這部傳記的過程中，不少專家學者給予我慷慨、寶貴的幫助，我衷心感激他們：王道成教授、王俊義教授、戴逸教授、孔祥吉教授、茅海建教授、姜濤教授、馬忠文先生、向斯先生、楊天石教授、黃興濤教授、朱誠如教授、王汝豐教授、黃愛萍教授、李治亭教授、潘向明教授、徐徹教授、關嘉祿教授、楊東梁教授、邱志紅博士、王力雄先生，以及慈禧太后的親屬葉赫那拉·根正先生。

我還要感謝英國女王，允許我使用藏於溫莎城堡的英國皇家檔案。在那裡協助我查找史料的有Sheila De Bellaigue、Pamela Clark、Kate Heard和她們的同仁。其他檔案館的工作人員也都不厭其煩地熱忱相助，抱歉這裡無法一一列舉所有的姓名。美國國家博物館的Freer Gallery of Art and Arthur M. Sackle Gallery是全世界唯一藏有慈禧照片原始底版的地方，跟檔案部主任David Hogge合作是一大樂趣。

謝謝John Röhl教授為我解答有關德國的問題；Ngo Minh Hoang博士為我查閱法國外交檔案；Guido Franzinetti教授為我搜尋義大利資料。

俄羅斯羅曼諾夫王朝繼位人尼古拉・羅曼諾夫親王和英國畫家詹姆士・里烏先生是建議我寫慈禧傳記的兩位朋友。需要致謝的還有使我獲益匪淺的下列人士：John Adamson 教授、鮑樸先生、Robert Bickers 教授、陳鵬仁教授、陳破空先生、Patrick Cockburn 先生、Deborah Devenshire 公爵夫人、Edmund Fawcett 先生、Roy Foster 教授、David Halliday 先生、Charles W. Hayford 先生、Michael Ignatieff 教授、Kazuo Ishiguro 先生、賈英華先生、金鐘先生、鍾芳玲女士、Keswick 爵士及夫人、Gavan McCormack 教授、Roderick MacFarquhar 教授、Derry and Alexandra Moore 伯爵及夫人、Ritblat 爵士夫人、Roberts 爵士夫人、John Sainsbury 男爵及夫人、Selborne 伯爵夫人、鄧永鏘爵士、Q. Edward Wang 教授、Lisa and Stanley Weiss 先生及夫人、Wellesley 女爵士、許國蓉女士、張章先生、張樸先生，以及張金岷先生。

我的代理人 Gillon Aitken，我的出版社編輯和有關人員 Dan Franklin、Will Sulkin、Clare Bullock、Mandy Greenfield、Suzanne Dean，我的助理 Alexandra Adamson 和 Kristyan Robinson，對書的完成都不可或缺。

我的先生喬・哈利戴是《毛澤東：鮮為人知的故事》一書合著者。我很幸運他就在身旁，能讓我無窮無盡地提問。他那些中肯的答覆使我的書增色不少。我把這本書獻給他。

查閱檔案館一覽

中國第一歷史檔案館；
臺灣國立故宮博物院圖書文獻館；
美國國家博物館的 Freer Gallery of Art and Arthur M. Sackle Gallery 檔案部；
美國國會圖書館；
美國波士頓 Isabella Steward Gardner 藝術博物館檔案部；
美國波士頓美術館 Jewell Collection；
英國國家檔案館；
英國皇家檔案館；
英國皇家圖書、圖畫收藏部；
英國 Wellcome 圖書館；
英國牛津大學 Bodleian 圖書館；
英國劍橋大學圖書館手稿檔案部；
法國外交部外交檔案；
義大利外交部外交檔案。

徵引及參考文獻書目

一、中文部分

《時報》，藏於中國社會科學院近代史研究所圖書館，北京
《清實錄》，中華書局，北京，一九八七
丁汝芹，《清代內庭演戲史話》，紫禁城出版社，北京，一九九九
丁寶楨，《丁文誠公（寶楨）遺集》，文海出版社，臺北，一九六七—八
上阪冬子（鞏長金譯），《男裝女諜川島芳子傳》，解放軍出版社，北京，一九八五
上海文物保管委員會編，《康有為與保皇會》，上海人民出版社，上海，一九八二
于作敏，〈重新認識晚清基督教民〉，見《煙臺大學學報》二〇〇五年第三期
中國人民大學清史研究所編，《清史編年》，中國人民大學出版社，北京，二〇〇四
中國人民銀行參事室編，《中國清代外債史資料》，中國金融出版社，北京，一九九一
中國史學會主編，《中日戰爭》，上海書店出版社，上海，二〇〇〇
中國史學會主編，《中法戰爭》，上海書店出版社，上海，二〇〇〇
中國史學會主編，《戊戌變法》，上海書店出版社，上海，二〇〇〇
中國史學會主編，《辛亥革命》，上海書店出版社，上海，二〇〇〇

中國史學會主編，《洋務運動》，上海書店出版社，上海，二〇〇〇
中國史學會主編，《第二次鴉片戰爭》，上海人民出版社，上海，一九七八
中國史學會主編，《義和團》，上海人民出版社，上海，一九六〇
中國史學會主編，《鴉片戰爭》，上海人民出版社，上海，二〇〇〇
中國第一歷史檔案館（秦國經、鄒愛蓮主編），《御筆詔令說清史》，山東教育出版社，濟南，二〇〇一
中國第一歷史檔案館、國家清史編撰委員會．檔案叢刊編，《庚子事變清宮檔案彙編》，中國人民大學出版社，北京，二〇〇三
中國第一歷史檔案館、中國藏學研究中心合編，《清末十三世達賴喇嘛檔案史料選編》，中國藏學出版社，北京，二〇〇二
中國第一歷史檔案館、福建師範大學歷史系合編，《清末教案》，中華書局，北京，一九九六
中國第一歷史檔案館編，《上諭檔：光緒朝》，廣西師範大學出版社，桂林，一九九六
中國第一歷史檔案館編，《上諭檔：咸豐同治朝》，廣西師範大學出版社，桂林，一九九八
中國第一歷史檔案館編，《光緒朝硃批奏摺》，中華書局，北京，一九九五
中國第一歷史檔案館編，《明清檔案與歷史研究——中國第一歷史檔案館六十周年紀念論文集》，中華書局，北京，一九八八
中國第一歷史檔案館編，《明清檔案與歷史研究論文集》，新華出版社，北京，二〇〇八
中國第一歷史檔案館編，《明清檔案與歷史研究論文選》，一九九四．一〇—二〇〇四．一〇，新華出版社，北京，二〇〇五

公丕祥，〈清末法制改革與中國法制現代化〉，見《江蘇社會科學》一九九四年第六期
孔祥吉，村田雄二郎，《中島雄其人與〈往復文信目錄〉》，國家圖書館出版社，北京，二〇〇九
孔祥吉，《戊戌維新運動新探》，湖南人民出版社，長沙，一九八八
孔祥吉，《康有為變法奏章輯考》，北京圖書館出版社，北京，二〇〇八
孔祥吉，《晚清史探微》，巴蜀書社，成都，二〇〇一
孔祥吉，《晚清佚聞叢考》，巴蜀書社，成都，一九九八
孔祥吉，《清人日記研究》，廣東人民出版社，廣州，二〇〇八
孔祥吉、村田雄二郎，〈一個日本書記官記述的康有為與戊戌變法〉，見《廣東社會科學》，二〇〇九年第一期
孔祥吉、村田雄二郎，《罕為人知的中日結盟及其他》，巴蜀書社，成都，二〇〇四
孔祥吉、村田雄二郎，《從東瀛皇居到紫禁城》，廣東人民出版社，廣州，二〇一一
戈斌，〈光緒帝硃批述評〉，見中國第一歷史檔案館編，《明清檔案與歷史研究論文選》，一九九四・一〇—二〇〇四・一〇，新華出版社，北京，二〇〇五，上冊
扎洛，〈清末民族國家建設與張蔭棠西藏新政〉，見《民族研究》二〇一一年第三期
方漢奇等，《大公報百年史》，中國人民大學出版社，北京，二〇〇三
王力雄，《天葬》，大塊文化，臺北，二〇〇九
王文韶，《王文韶日記》，中華書局，北京，一九八九
王克芬、劉恩伯、徐爾充主編，《中國舞蹈大辭典》，文化藝術出版社，北京，二〇一〇

王芸生，《六十年來中國與日本》，三聯書店，北京，一九七九

王俊義，《清代學術探研錄》，中國社會科學出版社，北京，二〇〇二

王彥威纂輯，《清季外交史料》，書目文獻出版社，北京，一九八七—九

王夏剛，《戊戌軍機四章京合譜》，中國社會科學出版社，北京，二〇〇九

王照，〈方家園雜詠紀事〉，見岑春煊、惲毓鼎，《樂齋漫筆，崇陵傳信錄（外二種）》，中華書局，北京，二〇〇七

王道成，〈世界名園頤和園〉，見《史苑》第七期，二〇〇四

王道成，〈北京政變諭旨探析〉，見《首都博物館叢刊》二〇〇四年第一八輯

王道成，〈我的清史研究之路——紀念清史研究所建所三十周年〉，http://www.iqh.net.cn/info.asp?column_id=3486

王道成，〈慈禧的家族、家庭和入宮之初的身份〉，見《清史研究集》第三輯，四川人民出版社，成都，一九八四

王道成，〈頤和園修建經費新探〉，見《清史研究》一九九三年第一期

王道成，〈中日甲午戰爭與慈禧太后〉，見《清史研究》一九九四年第四期

王道成編，《圓明園重建大爭辯》，浙江古籍出版社，杭州，二〇〇七

王廣西，《左宗棠》，知書房出版社，臺北，一九九五

王曉秋，《近代中國與日本——互動與影響》，昆侖出版社，北京，二〇〇五

王曉秋、尚小明主編，《戊戌維新與清末新政》，北京大學出版社，北京，一九九八

王曉秋、楊紀國，《晚清中國人走向世界的一次盛舉》，遼寧師範大學出版社，大連，二〇〇四
王樹卿，〈清代后妃制度中的幾個問題〉，見《故宮博物院院刊》一九八〇第一期
王樹卿，〈清代宮廷膳食〉，見《故宮博物院院刊》一九八三第三期
王樹卿、徐徹主編，《慈禧與我》，遼沈書社，瀋陽，一九九四
左步青，〈乾隆鎮壓王倫起義後的防民舉措〉，見《故宮博物院院刊》一九八三年第二期
中學鋒，〈清代財政收入規模與結構變化述論〉，見《北京社會科學》二〇〇二年第一期
伍廷芳，《一位東方外交家看美國》，南開大學出版社，天津，二〇〇九
全國人大常委會辦公廳研究室編，《中國近代不平等條約匯要》，中國民主法制出版社，北京，一九九六
向斯，《向斯談慈禧》，中國工人出版社，北京，二〇一〇
向斯，《慈禧私家相冊》，中華書局，北京，二〇一一
有泰，《有泰駐藏日記》，http://ishare.iask.sina.com.cn/f/6916711.html
朱金甫、周文泉，〈從清宮醫案論光緒帝載湉之死〉，見《故宮博物院院刊》一九八二年第三期
朱金甫、周文泉，〈論慈禧太后那拉氏之死〉，見《故宮博物院院刊》一九八五年第一期
朱勇，〈清末「新政」：一場真正的法律革命〉，見《濟寧師專學報》二〇〇二年四月
朱家溍，〈清代內廷演戲情況雜談〉，見《故宮博物院院刊》一九七九年第二期
朱家溍，〈德齡、容齡所著書中的史實錯誤〉，見《故宮博物院院刊》一九八二年第四期
朱壽朋編，《光緒朝東華錄》，中華書局，北京，一九八四
佐藤鐵治郎（孔祥吉、村田雄二郎整理），《一個日本記者筆下的袁世凱》，天津古籍出版社，天津，二

〇〇五
何剛德，《春明夢錄》，上海古籍書店影印，上海，一九八三
佚名，〈熱河密劄〉，見《近代史資料》第三六期
佟悅、呂霽虹，《清宮皇子》，遼寧大學出版社，瀋陽，一九九三
吳永，《庚子西狩叢談》，嶽麓出版社，長沙，一九八五
吳汝綸（宋開玉整理），《桐城吳先生日記》，河北教育出版社，石家莊，一九九九
吳相湘，《晚清宮廷實紀》，正中書局，臺北，一九五二
宋艷麗，〈清末新政時期的中英鴉片交涉〉，見《唐都學刊》二〇〇三年第四期
岑春煊、惲毓鼎，《樂齋漫筆，崇陵傳信錄（外二種）》，中華書局，北京，二〇〇七
志村壽子，〈戊戌變法與日本：甲午戰爭後的報刊輿論〉，見《國外中國近代史研究》第七期，中國社會科學出版社，北京，一九八五
志剛，《初使泰西記》，見鐘叔河主編，《走向世界叢書》，嶽麓書社，長沙，一九八五
李允俊主編，《晚清經濟史事編年》，上海古籍出版社，上海，二〇〇〇
李文治編，《中國近代農業史資料》，一八四〇—一九一一，三聯書店，北京，一九五七
李永勝，〈戊戌後康梁謀刺慈禧太后新考〉，見《北京大學學報：哲學社會科學版》二〇〇一年第四期
李吉奎，《晚清名臣張蔭桓》，廣東人民出版社，廣州，二〇〇五
李吉奎，見〈張蔭桓，從一介布衣到重要朝臣〉，http://epaper.oeeee.com/E/html/2008-04/15/content_439567.htm
李治亭，《清康乾盛世》，江蘇教育出版社，南京，二〇〇五

李國梁，〈清代避暑山莊演戲瑣談〉，見《故宮博物院院刊》一九八四年第二期
李國榮，《清宮檔案揭祕》，中國青年出版社，北京，二〇〇四
李寅，《清代帝陵》，中國戲劇出版社，北京，二〇〇五
李細珠，《張之洞與清末新政研究》，上海書店出版社，上海，二〇〇九
李慈銘（吳語亭編），《越縵堂國事日記》，文海出版社，臺北，一九七七
李鴻章（顧廷龍、戴逸主編），《李鴻章全集》，安徽教育出版社，合肥，二〇〇八
杜鍾駿，〈德宗請脈記〉，見鄧之誠，《骨董瑣記全編》，北京出版社，北京，一九九九
杜邁之等輯，《自立會史料集》，嶽麓書社，長沙，一九八三
文廷式（汪叔子編），《文廷式集》，中華書局，北京，一九九三
沃丘仲子，《慈禧傳信錄》，崇文書局，上海，一九一八
沈渭濱，〈慈禧在中法戰爭中的作為〉，http://www.lw23.com/paper_8428261/
辛灝年，〈清末的大論戰與歷史的重要啟示〉，http://big.hi138.com/wenhua/lishixue/200808/51513.asp
那桐（北京市檔案館編），《那桐日記》，新華出版社，北京，二〇〇六
宓汝成，《中國近代鐵路史資料》，中華書局，北京，一九八四
屈春海，《清宮檔案解讀》，華文出版社，北京，二〇〇七
東亞同文會編，《對華回憶錄》，商務印書館，北京，一九五九
林克光、王道成、孔祥吉主編，《近代京華史跡》，中國人民大學出版社，北京，一九八五
林京，《故宮藏慈禧照片》，紫禁城出版社，北京，二〇〇二

金一（李文寧主編），《女界鐘》，紐約天外出版社，紐約，二〇〇三
金易、沈義羚，《宮女談往錄》，紫禁城出版社，北京，一九九二
金梁，《光宣小記》，上海書店出版社，上海，一九九八
金梁，《清宮史略》，一九三三年印行
金普森，〈中日甲午戰爭與中國外債〉，見《東南學術》二〇〇〇年第一期
金鐘，〈中國大一統與「疆獨」〉，見《開放》二〇〇八年九月號
青島市博物館、中國第一歷史檔案館、青島市社會科學研究所合編，《德國侵佔膠州灣史料選編》，山東人民出版社，濟南，一九八七
侯斌，〈那拉氏、榮祿與義和團運動〉，見《義和團研究會會刊》一九八三年第二期
俞炳坤等，《西太后》，紫禁城出版社，北京，一九八五
信修明，《老太監的回憶》，北京燕山出版社，北京，一九八七
姜緯堂，《維新志士愛國報人彭翼仲》，大連出版社，大連，一九九六
姜鳴，《天公不語對枯棋》，三聯書店，北京，二〇〇六
姜鳴，《龍旗飄揚的艦隊》，三聯書店，北京，二〇〇八
姜濤，〈晚清政治史研究五十年〉，見《近代史研究》一九九九年第五期
姜濤，《中國近代人口史》，浙江人民出版社，杭州，一九九三
故宮博物院（朱誠如主編），《清史圖典》，紫禁城出版社，北京，二〇〇二
故宮博物院明清檔案部編，《清代檔案史料叢編》，中華書局，北京，一九七九

故宮博物院明清檔案部編，《清末籌備立憲檔案史料》，中華書局，北京，一九七九
故宮博物院明清檔案部編，《義和團檔案史料》，中華書局，北京，一九七九
故宮博物院編，《清光緒朝中日交涉史料》，北平故宮博物院，北京，一九三二
胡思敬，《國聞備乘》，中華書局，北京，二〇〇七
苑書義，《李鴻章傳》，人民出版社，北京，二〇〇四
茅海建，〈「張之洞檔案」閱讀筆記之一：戊戌變法期間張之洞之子張權、之侄張檢、張彬的京中密信〉，http://ishare.iask.sina.com.cn/f/11618080.html
茅海建，〈「張之洞檔案」閱讀筆記之二：張之洞與楊銳的關係〉，見《中華文史論叢》二〇一〇年第四期
茅海建，〈「張之洞檔案」閱讀筆記之三：戊戌政變前後張之洞與京、津、滬的密電往來〉，見《中華文史論叢》二〇一一年第一期
茅海建，《戊戌變法史事考》，三聯書店，北京，二〇〇五
茅海建，《戊戌變法的另面：「張之洞檔案閱讀筆記」》，上海古籍出版社，上海，二〇一四
茅海建，《依然如舊的月色：學術隨筆集》，三聯書店，北京，二〇一四
茅海建，《苦命天子：咸豐皇帝奕詝》，三聯書店，北京，二〇〇六
茅海建，《從甲午到戊戌：康有為〈我史〉鑒注》，三聯書店，北京，二〇〇九
軍機處隨手登記檔：中國第一歷史檔案館，北京
唐家璿主編，《中國外交辭典》，世界知識出版社，北京，二〇〇〇
唐益年，《清宮太監》，遼寧大學出版社，瀋陽，一九九三

夏曉虹，《晚清女性與近代中國》，北京大學出版社，北京，二〇〇四
孫中山（陳錫祺主編），《孫中山年譜長編》，中華書局，北京，一九九一
孫孝恩、丁琪，《光緒傳》，人民出版社，北京，一九九七
孫毓棠、汪敬虞編，《中國近代工業史資料》，科學出版社，北京，一九五七
孫瑞芹（譯），《德國外交文件有關中國交涉史料選譯》，商務印書館，北京，一九六〇—四
宮崎滔天（陳鵬仁譯），《三十三年之夢》，水牛出版社，臺北，一九八九
容齡，〈清宮瑣記〉，見王樹卿、徐徹主編，《慈禧與我》，遼沈書社，瀋陽，一九九四
徐載平、徐瑞芳，《清末四十年申報史料》，新華出版社，北京，一九八八
徐徹，《一個真實的慈禧太后》，團結出版社，北京，二〇〇七
徐繼畬，《瀛環志略》，一八四八
桑兵，《庚子勤王與晚清政局》，北京大學出版社，北京，二〇〇四
浙江省辛亥革命史研究會、浙江省圖書館合編，《辛亥革命浙江史料選輯》，浙江人民出版社，杭州，一九八二
浙江省社會科學院歷史研究所、浙江圖書館合編，《辛亥革命浙江史料續輯》，浙江人民出版社，杭州，一九八七
翁同龢（陳義傑整理），《翁同龢日記》，中華書局，北京，二〇〇六
翁同龢（謝俊美編），《翁同龢集》，中華書局，北京，二〇〇五
袁世凱，〈戊戌日記〉，見中國史學會主編，《戊戌變法》，第一冊，上海書店出版社，上海，二〇〇〇

袁偉時，〈二〇世紀中國社會變革的可貴開端——我看清末新政〉，http://www.cuhk.edu.hk/ics/21c/issue/articles/063_001112.pdf

袁燮銘，〈安得海生平事跡攷異〉，見《史林》二〇〇六年六期

馬忠文，〈張蔭桓與戊戌維新〉，見王曉秋、尚小明主編，《戊戌維新與清末新政》，北京大學出版社，北京，一九九八

馬忠文，〈戊戌政變研究三題〉，見《福建論壇·人文社會科學版》二〇〇五年第一〇期

馬忠文，〈時人日記中的光緒、慈禧之死〉，見《廣東社會科學》二〇〇六年第五期

馬忠文，〈張蔭桓流放新疆前後事跡考述〉，見《新疆大學學報》一九九六年第四期

高樹，〈金鑾瑣記〉，見岑春煊、惲毓鼎，《樂齋漫筆，崇陵傳信錄（外二種）》，中華書局，北京，二〇〇七

國家檔案局明清檔案館編，《戊戌變法檔案史料》，中華書局，北京，一九五八

康有為，《康南海自編年譜》，中華書局，北京，一九九二

張之洞（苑書義、孫華峰、李秉新主編），《張之洞全集》，河北人民出版社，石家莊，一九九八

張世芸，〈同治大婚禮儀〉，見《故宮博物院院刊》一九九二年第一期

張戎，《鴻：三代中國女人的故事》，中華書局，臺灣，一九九三

張戎、喬·哈利戴，《毛澤東：鮮為人知的故事》，開放出版社，香港，二〇〇六

張志勇，〈清末新政時期的中英禁煙交涉〉，http://www.qinghistory.cn/qsyj/ztyj/zwgx/2007-05-14/25650.shtml

張社生，《絕版李鴻章》，文匯出版社，上海，二〇〇八

張俠等編，《清末海軍史料》，海洋出版社，北京，二〇〇一
張振鶴主編，《中法戰爭續編》，中華書局，北京，一九九六
張海林，《端方與清末新政》，南京大學出版社，南京，二〇〇七
張德彝，〈航海述奇，歐美環遊記〉，見鐘叔河主編，《走向世界叢書》，嶽麓書社，長沙，一九八五
張蓉初（譯），《紅檔雜誌有關中國交涉史料選譯》，三聯書店，北京，一九五七
張德昌，《清季一個京官的生活》，香港中文大學，香港，一九七〇
張蔭桓（任青、馬忠文整理），《張蔭桓日記》，上海書店出版社，上海，二〇〇四
張曉輝、蘇苑，《唐紹儀傳》，珠海出版社，珠海，二〇〇四
戚其章，《甲午戰爭史》，上海人民出版社，上海，二〇〇五
戚其章主編，《中日戰爭續編》，中華書局，北京，一九八九
梁啟超（丁文江、趙豐田編），《梁啟超年譜長編》，上海人民出版社，上海，二〇〇八
梁啟超，《戊戌政變記》，中華書局，北京，一九六四
梁啟超，〈南海康先生傳〉，見《飲冰室合集》，中華書局，北京，一九八九
清政府編，《籌辦夷務始末》，故宮博物院影印出版，北京，一九二九—三〇
清華大學歷史系編，《戊戌變法文獻資料系目》，上海書店出版社，上海，一九九八
畢永年，〈詭謀直紀〉，見湯志鈞，《乘桴新獲》，江蘇古籍出版社，南京，一九九〇
盛宣懷（夏東元編著），《盛宣懷年譜長編》，上海交通大學出版社，上海，二〇〇四
章開沅，《辛亥革命與近代社會》，天津人民出版社，天津，一九八五

許寶蘅（許恪儒整理），《許寶蘅日記》，中華書局，北京，二〇一〇

郭嵩燾，〈倫敦與巴黎日記〉，見鐘叔河主編，《走向世界叢書》，嶽麓書社，長沙，一九八四

郭衛平，〈張蔭棠治藏政策失敗原因初探〉，見《青海民族學院學報》一九八八年第三期

陳破空，〈百年反思〉，見《開放》二〇一一年第十一期

陳鳳鳴，〈康有為戊戌條陳彙錄〉，見《故宮博物院院刊》一九八一年第一期

陳夔龍，《夢蕉亭雜記》，世界知識出版社，北京，二〇〇七

鹿傳霖，〈鹿傳霖日記〉，見《文物春秋》一九九二．〇二—一九九三．〇三

傅國湧，〈秋瑾被殺害之後〉，www.artx.cn/artx/lishi/40096.html

喬兆紅，〈論晚清商品博覽會與中國早期現代化〉，見《人文雜誌》，上海，二〇〇五

單士元，《我在故宮七十年》，北京師範大學出版社，北京，一九九七

單士元，《故宮箚記》，紫禁城出版社，北京，一九九〇

惲毓鼎，《惲毓鼎澄齋日記》，浙江古籍出版社，杭州，二〇〇四

斌椿，〈乘槎筆記，詩二種〉，見鐘叔河主編，《走向世界叢書》，嶽麓書社，長沙，一九八五

曾紀澤，《曾紀澤遺集》，嶽麓書社，長沙，一九八三

曾國藩，《曾國藩日記》，宗教文化出版社，北京，一九九九

湯仁澤，〈崇厚與晚清外交〉，見《史林》二〇〇八年第四期

湯志鈞，《乘桴新獲》，江蘇古籍出版社，南京，一九九〇

湯志鈞，《康有為傳》，臺灣商務印書館，臺北，一九九七

程季華主編，《中國電影發展史》，中國電影出版社，北京，一九八一

紫禁城出版社編，《明清宮廷趣聞》，紫禁城出版社，北京，一九九五

舒新城編，《中國新教育概況》，中華書局，上海，一九二八

辜鴻銘，《辜鴻銘的筆記》，國民出版社，臺北，一九五四

馮爾康，《生活在清朝的人們》，中華書局，北京，二〇〇五

黃晞，《中國近現代電力技術發展史》，山東教育出版社，濟南，二〇〇六

黃瑚，《中國新聞事業發展史》，復旦大學出版社，上海，二〇〇九

黃濬，《花隨人聖盦摭憶》，九思出版社，臺北，一九六八

黃彰健，《戊戌變法史研究》，上海書店出版社，上海，二〇〇七

黃興，〈晚清電氣照明業發展及其工業遺存概述〉，見內蒙古師範大學學報（自然科學漢文版）第三八卷第三期，二〇〇九

黃興濤，〈清末民初新名詞新概念的「現代性」問題〉，見《中國近代史》二〇〇五年第一一期

愛新覺羅．溥儀，《我的前半生》，群眾出版社，北京，一九六四

楊乃濟，〈西苑鐵路與光緒初年的修路大論戰〉，見《故宮博物院院刊》一九八二年第四期

楊天石，〈革命派與改良派的兩次武力嘗試〉，見《文史參考》二〇一一年第五期

楊天石，《晚清史事》，中國人民大學出版社，北京，二〇〇七

溥佳、溥傑等，《晚清宮廷生活見聞》，文史資料出版社，北京，一九八二

葉志如、唐益年，〈光緒朝的三海工程與北洋海軍〉，見《明清檔案與歷史研究－中國第一歷史檔案館六

十周年紀念論文集》，北京，一九八八

葉赫那拉·根正、郝曉輝，《我所知道的末代皇后隆裕》，中國書店，北京，二〇〇八

葉赫那拉·根正、郝曉輝，《我所知道的慈禧太后》，中國書店，北京，二〇〇七

葉曉青，〈光緒皇帝最後的閱讀書目〉，見《歷史研究》二〇〇七年第二期

董守義，《恭親王奕訢大傳》，遼寧人民出版社，瀋陽，一九八九

賈英華，《末代太監孫耀庭傳》，人民文學出版社，北京，二〇〇四

載澤，〈考察政治日記〉，見鐘叔河主編，《走向世界叢書》，嶽麓書社，長沙，一九八六

雷家聖，《力挽狂瀾：戊戌政變新探》，萬卷樓，臺北，二〇〇四

榮祿，《榮祿存劄》，齊魯書社，濟南，一九八六

榮慶，《榮慶日記》，西北大學出版社，西安，一九八六

滿學研究會編，《清代帝王后妃傳》，中國華僑出版公司，北京，一九八九

趙矢元，〈丁戊奇荒述略〉，http://www.qinghistory.cn/qsyj/ztyj/shs/2004-12-13/25842.shtml

趙楊，〈清代宮廷戲曲活動綜述〉，http://www.mam.gov.mo/showcontent2.asp?item_id=20081213010301&lc=1

趙爾巽等，《清史稿》，中華書局，北京，一九七六

趙廣軍，〈清末報刊對世界婦女運動的報導及其對中國婦女運動的啟蒙作用〉，見《婦女研究論叢》二〇〇六年第三期

劉小萌，《清代八旗子弟》，遼寧民族出版社，瀋陽，二〇〇八

劉半農等，《賽金花本事》，嶽麓書社，長沙，一九八五

劉坤一，《劉坤一遺集》，中華書局，北京，一九五九
劉若宴，〈風雨百年「永和」輪〉，見《頤和園耕織圖觀文化專刊》第四集
德齡，《童年回憶錄》，百新書店，上海，一九四八
潘向明，〈論醇親王奕譞〉，見《清史研究》二〇〇六年第二期
鄧之誠，《骨董瑣記全編》，北京出版社，北京，一九九九
鄭孝胥（中國國家博物館編），《鄭孝胥日記》，中華書局，北京，二〇〇五
澤旺奪吉，〈論清末川軍入藏和十三世達賴喇嘛外逃〉，見《藏族史論文集》，四川民族出版社，成都，一九八八
遲雲飛，〈戊戌以後康梁與清廷官員的聯絡活動〉，見《北大史學》第二集
戴逸，〈光緒之死〉，見《清史研究》二〇〇八年第四期
戴鴻慈，〈出使九國日記〉，見鐘叔河主編，《走向世界叢書》，嶽麓書社，長沙，一九八六
薛福成（蔡少卿、江世榮主編），《薛福成日記》，吉林文史出版社，長春，二〇〇四
薛福成，《庸庵續編》，一八九七
薛福成，《庸盦筆記》，江蘇人民出版社，南京，一九八三
薛寶田，《北行日記》，河南人民出版社，鄭州，一九八五
羅惇曧，《庚子國變記》，維基文庫
蘆笛，《捫虱談史》，未刊
鐘叔河主編，《走向世界叢書》，嶽麓書社，長沙，一九八四—六

二、外文部分

Astor, Brooke, *Patchwork Child*, Weidenfeld and Nicolson, London, 1963

Bird,Isabella, *The Yangtze Valley and Beyond,* Virago Press, London, 1985

Bland, J.O.P. & Backhouse, E.,*China under the Empress Dowager*, William Heinemann, London, 1910

Borel, Henri, *The New China: a Traveller's Impressions*, T. Fisher Unwin, London & Leipsic, 1912

Boulger, Demetrius Charles, *The Life of Gordon*, Volume I, The Project Gutenberg e-book

Brown, Arthur Judson, *New Forces in Old China: An Inevitable Awakening*, http://infomotions.com/etexts/gutenberg/dirs/etext99/ldchn10.htm, 1904

Buck, Pearl S., 'Foreword', *Imperial Woman*, Moyer Bell, Mount Kisco, New York & London, 1991

Carl, Katharine A., *With the Empress Dowager of China,* Eveleigh Nash, London, 1906

Chen Pokong, 'Toward the Republic: A Not-So Distant Mirror', in *China Rights Forum*, 2003, no. 4

Cockburn, Patrick, 'A Prehistory of Extraordinary Rendition', in *London Review of Books*, 13 September 2012

Conger, Sarah Pike, *Letters from China*, Hodder & Stoughton, London, 1909

Cooley, James C., Jr, *T. F. Wade In China, 1842–1882*, E. J. Brill, Leiden, The Netherlands, 1981

Cranmer-Byng, J. L. (ed.), *An Embassy to China. Being the journal kept by Lord Macartney during his embassy to the Emperor Ch'ien-lung, 1793–1794*, Longmans, London, 1962

Crossley, Pamela Kyle, 'The Late Qing Empire in Global History', in *Education about Asia*, 2008, vol. 13, no. 2

Cuba Commission, *Chinese Emigration: Report of the Commission Sent by China to Ascertain the Condition of*

Chinese Coolies in Cuba, Imperial Maritime Customs Press, Shanghai, 1876

Dan, Lydia, 'The Unknown Photographer: Statement Written for the Smithsonian', Freer Gallery of Art and Arthur M. Sackler Gallery Archives, Washington D.C., 1982

Denby, Charles, *China and Her People*, L. C. Page & Company, Boston, 1906

Der Ling, Princess, *Two Years in the Forbidden City*, 1st World Library, Fairfield, IOWA, 2004

Dugdale, E. T. S. (ed. & tr.), *German Diplomatic Documents, 1871–1914*, Harper & Brothers, New York, 1930

Edwards, E. H., *Fire and Sword in Shansi*, Oliphant Anderson & Ferrier, Edinburgh & London, 1907

Fairbank, John King, Coolidge, Martha Henderson and Smith, Richard J., *H. B. Morse: Customs Commissioner and Historian of China*, University Press of Kentucky, Kentucky, 1995

Feuchtwang, Stephan, *Popular Religion in China: The Imperial Metaphor*, Curzon Press, Surrey, Britain, 2001

Fleming, Peter, *The Siege at Peking*, Rupert Hart-Davis, London, 1959

Franzini, Serge (ed.), 'Le docteur Dethève appelé en consultation par l'empereur Guangxu', in *Etudes chinoises*, 1995, vol. XIV, no. 1

Freeman-Mitford, Algernon B., *The Attaché at Peking*, Elibron Classics, www.elibron.com, 2005

Gordon, Henry William, *Events in the Life of Charles George Gordon*, Kegan Paul, Trench, London, 1886

Grant, James Hope, *Incidents in the China War of 1860*, Elibron Classics, www.elibron.com, 2005

Hake, A. Egmont, *Events in the Taeping Rebellion, Being Reprints of MSS. Copied by General Gordon, C. B. in His Own Handwriting*, W. H. Allen & Co., London, 1891

Hansard, edited verbatim report of proceedings of both the House of Commons and the House of Lords, London

Hart, Robert, *Entering China's Service: Robert Hart's Journals, 1854–1863*, edited by Katherine F. Bruner, John K. Fairbank & Richard J. Smith, Council on East Asian Studies, Harvard University, Cambridge (Mass.) & London, 1986

Hart, Robert, *Robert Hart and China's Early Modernization: His Journals, 1863–1866*, edited by Richard J. Smith, John K. Fairbank & Katherine F. Bruner, Council on East Asian Studies, Harvard University, Cambridge (Mass.) & London, 1991

Hart, Robert, *The I.G. in Peking: Letters of Robert Hart, Chinese Maritime Customs, 1868–1907*, edited by John King Fairbank, Katherine Frost Bruner & Elizabeth MacLeod Matheson, The Belknap Press of Harvard University, Cambridge (Mass.) & London, 1975

Hayter-Menzies, Grant, *Imperial Masquerode*, Hong Kong University Press, Hong Kong, 2008

Headland, Isaac Taylor, *Court Life in China*, Fleming H. Revell Company, New York, 1909

Hogge, David, 'The Empress Dowager and the Camera: Photographing Cixi, 1903-1904', http://ocw.mit.edu/ans7870/21f/21f.027/empress_dowager/cx_essay_03.pdf

Hubbard, Clifford L. B., *Dogs in Britain*, Macmillan and Co., London, 1948

Hunt, Michael H., 'The American Remission of the Boxer Indemnity: A Reappraisal', in *Journal of Asian Studies*, 1972, vol. 31, no. 3

Hurd, Douglas, *The Arrow War*, Collins, London, 1967

Ignatieff, Michael, *The Russian Album*, Chatto & Windus, London, 1987

Kecskes, Lily, 'Photographs of Tz'u-hsi in the Freer Gallery Archives', *Committee on East Asian Libraries*

Bulletin, no. 101, The Association for Asian Studies, Inc., December 1993

Keswick, Maggie (ed.), *The Thistle and the Jade*, Francis Lincoln, London, 2008

Kwong, Luke S. K., *T'an Ssu-t'ung, 1865–1898: Life and Thought of a Reformer*, E. J. Brill, Leiden, The Netherlands, 1996

Lovell, Julia, *The Opium War*, Pan Macmillan, London, 2011

MacDonald, Sir Claude et al., *The Siege of the Peking Embassy, 1900*, The Stationery Office, London, 2000

Martin, W. A. P., *A Cycle of Cathay*, Oliphant Anderson and Ferrier, Edinburgh & London, 1896

Martin, W. A. P., *The Awakening of China*, The Project Gutenberg e-book, produced by Robert J. Hall, 2005

Maugham, W. Somerset, *On a Chinese Screen*, Vintage, London, 2000

Millar, Oliver, *The Victorian Pictures in the Collection of Her Majesty the Queen*, Cambridge University Press, Cambridge, 1992

Morse, H. B., *The International Relations of the Chinese Empire*, first published in 1910; this edition reprinted by Cheng Wen Publishing Company, Taipei, 1971

Naquin, Susan, *Shantung Rebellion*, Yale University Press, New Haven (Conn.), 1981

Packard, J. F., *Grant's Tour Around the World*, Forshee & McMakin, Cincinnati (Ohio), 1880

Parkes Papers 28/10, in the Department of Manuscripts and University Archives, Cambridge University Library, Cambridge

Procès-verbaux des Séances du Gouvernement Provisoire de Tientsin, Liu Haiyan et al. (trs.), Tianjin shehui kexue chubanshe, Tianjin, 2004

Reynolds, Douglas R., *China, 1898–1912: The Xinzheng Revolution and Japan*, Council on East Asian Studies, Harvard University, Cambridge (Mass.) & London, 1993

Richard, Timothy, *Forty-five Years in China*, Frederick A. Stokes Company, New York, 1916

Ridley, Jasper, *Lord Palmerston*, Constable, London, 1970

Robbins, Helen H., *Our First Ambassador to China*, Elibron Classics, www.elibron.com, 2005

Roberts, Andrew, *Salisbury: Victorian Titan*, Weidenfeld & Nicolson, London, 1999

Rockhill, William Woodcille, *Diplomatic Audiences at the Court of China*, Luzac & Co., London, 1905

Rohl, John, *Wilhelm II: Der Weg in den Abgrund 1900–1941*, C. H. Beck Verlag, Munich, 2008

Roosevelt Longworth, Alice, *Crowded Hours*, Charles Scribner's Sons, New York & London, 1933

Salvago Raggi, Giuseppe, *Ambasciatore del Re: Memorie di un diplomatico dell'Italia liberale*, Le Lettere, Firenze, 2011

Schrecker, John, 'For the Equality of Men – For the Equality of Nations: Anson Burlingame and China's First Embassy to the United States, 1868', in *Journal of American–East Asian Relations*, 2010, vol. 17

Seagrave, Sterling, *Dragon Lady*, Vintage Books, New York, 1993

Shore, Henry Noel, *The Flight of Lapwing*, Longmans, Green & Co., London, 1881

Simpson, William, *Meeting the Sun*, Longman, London, 1874

Smith, Arthur H., *China in Convulsion*, Fleming H. Revell Company, New York, 1901

Spence, Jonathan D., *The Search for Modern China*, W. W. Norton & Co., New York & London, 1990

Swinhoe, Robert, *Narrative of North China Campaign of 1860*, Elibron Classics, www.elibron. com, 2005

Thomson, John, *Through China with a Camera*, A. Constable & Co., London, 1898

Townley, Lady Susan, *The Indiscretions of Lady Susan*, D. Appleton and Co., New York, 1922

Trevor-Roper, Hugh, *Hermit of Peking*, Macmillan, London, 1976

UNESCO Courier, November 1985

Varè, Daniele, *The Last of the Empresses*, John Murray, London, 1936

Von Waldersee, Count Alfred, *A Field Marshal's Memoirs: From the Diary, Correspondence and Reminiscences of Alfred, Count Von Waldersee*, Hutchinson & Co., London, 1924

Waley, Arthur, *The Opium War Through Chinese Eyes*, Routledge, London, 1958

Warner, Marina, *The Dragon Empress*, History Books Club, London, 1972

Weale, B. L. Putnam, *Indiscreet Letters from Peking*, Dodd, Mead and Co., New York, 1907

Westad, Odd Arne, *Restless Empire: China and the World Since 1750*, Basic Books, New York, 2012

Witte, *The Memoirs of Count Witte*, Doubleday, Page & Co., Garden City, New York & Toronto, 1921

Wolseley, Garnet Joseph, *Narrative of the War with China in 1860*, Elibron Classics, www. elibron.com, 2005

Xiang Lanxin, *The Origins of the Boxer War*, RoutledgeCurzon, London, 2003

Yung Wing, *My Life in China and America*, Henry Holt & Co., New York, 1909

圖像來源

封面原版圖（黑白）：Freer Gallery of Art and Arthur M. Sackler Gallery, Smithsonian Institution

序號：**1**：Blair House, The President's Guest House, United States Department of State；**2**、**6**、**33**、**60**：北京故宮博物院（攝影：劉志崗）；**3**、**9**：北京故宮博物院（攝影：馮輝）；**4**：Royal Collection Trust/© Her Majesty Queen Elizabeth II 2013；**5**、**7**：北京故宮博物院（攝影：劉明傑）；**8**、**63**：攝影：張戎；**10**：The Trustees of the British Museum；**11**：北京故宮博物院（攝影：胡錘）；**12**：Photography of a painting made available by kind permission of David Fahie, great-grandson of Sir Claude MacDonald；**13**：Freer Gallery of Art and Arthur M. Sackler Gallery, Smithsonian Institution, Washington, DC: Gift of the Imperial Chinese Government, S"011.16.1-2a-ap；**14**、**17**、**29**、**34**、**42**、**53**、**54**、**55**、**56**、**59**：Freer Gallery of Art and Arthur M. Sackler Gallery Archives, Smithsonian Institution, Washington, DC（攝影：勛齡）；**15**、**19**：Wellcome Library, London（photographer: John Thomson）；**16**：From *The Siege at Peking* by Peter Fleming, Birlinn Ltd., Edinburgh, 2001；**18**、**22**、**35**、**36**、**39**、**41**、**44**、**45**、**49**、**51**：Every effort has been made to trace copyright holder；**20**、**21**：Frances Nutt Design；**23**：From *Memoirs of Li Hung Chang*, edited by William Francis Mannix, Houghton Mifflin Company, Boston, 1913；**24**、**25**、**32**、**57**：From *Court Life in China*, by Isaac Taylor Headland, Fleming H. Revell Company, New York, 1909；**26**：The

Stephan Loewentheil collection of Chinese Photography ·· **27** ·· From *Events in the Taeping Rebellion*, by Charles Gordon, W. H. Allen, London, 1891 ·· **28** ·· From *With the Empress Dowager of China,* by Katharine A. Carl, The Century Company, New York, 1905 ·· **30** ·· From *Old China and Young America*, by Sarah Pike Conger, F. G. Browne & Company, Chicago, 1913 ·· **31** ·· Richard Nathanson Fine Art, London ·· **37** ·· George Eastman House, International Museum of Photography and Film ·· **38** ·· Painting by James Stoddart, Royal Collection Trust/© Her Majesty Queen Elizabeth II 2014 ·· **40** ·· 北京故宮博物院 ·· **43** ·· From *American Democrat: The Recollections of Perry Belmont*, Columbia University Press, New York, 1941 ·· **46** ·· The Embassy of Japan, London ·· **47** ·· Library of Congress/The Whiting View Company © 1901, by The Whiting Bros ·· **48** ·· Library of Congress/Underwood & Underwood, 1901 ·· **50** ·· Marcelo Loeb, Buenos Aires ·· **52** ·· Isabella Stewart Gardner Museum, Boston, Massachusetts ·· **58** ·· From *Letters from China* by Sarah Pike Conger, A. C. McClurg & Company, Chicago, 1909 ·· **61** ·· Topical Press Agency/Getty Images ·· **62** ·· Photographer unknown, additional editing by Frances Nutt Design.

國家圖書館出版品預行編目資料

慈禧：開啟現代中國的皇太后／張戎著. --
初版. -- 臺北市：麥田出版：家庭傳媒城
邦分公司發行, 2014.09
面；　公分
譯自：Empress Dowager Cixi: the concubine
who launched modern China
ISBN 978-986-344-137-3（平裝）

1.（清）慈禧太后　2.傳記　3.晚清史

627.81　　103012626

慈禧：開啟現代中國的皇太后
Empress Dowager Cixi: The Concubine Who Launched Modern China

作　　者　張戎（Jung Chang）
特約編輯　曾淑芳
封面設計　莊謹銘
責任編輯　巫維珍

編輯總監　劉麗真
事業群總經理　謝至平
發 行 人　何飛鵬
出　　版　麥田出版
地址：115台北市南港區昆陽街16號4樓
電話：(02)2500-0888　傳真：(02)2500-1951
發　　行　英屬蓋曼群島商家庭傳媒股份有限公司城邦分公司
地址：115台北市南港區昆陽街16號8樓
網址：http://www.cite.com.tw
客服專線：(02)2500-7718｜2500-7719
24小時傳真專線：(02)2500-1990｜2500-1991
服務時間：週一至週五09:30-12:00｜13:30-17:00
劃撥帳號：19863813　戶名：書虫股份有限公司
讀者服務信箱：service@readingclub.com.tw
香港發行所　城邦（香港）出版集團有限公司
地址：香港九龍土瓜灣土瓜灣道86號順聯工業大廈6樓A室
電話：+852-2508-6231　傳真：+852-2578-9337
馬新發行所　城邦（馬新）出版集團【Cite(M) Sdn. Bhd. (458372U)】
地址：41-3, Radin Anum, Bandar Baru Sri Petaling,
57000 Kuala Lumpur, Malaysia.
電話：+603-9056-3833　傳真：+603-9057-6622
麥田部落格　http:// ryefield.pixnet.net
印　　刷　前進彩藝有限公司
初　　版　2014年9月
初版34刷　2024年7月
售　　價　450元
ISBN 978-986-344-137-3

城邦讀書花園
www.cite.com.tw